Johann Weilharter

Spaß mit Algorithmen

Anwendungen von Mikrocomputern

Einführung in BASIC
von W. Schneider

Lehr- und Übungsbuch für die Rechnerserien cbm 2001 und cbm 3001
von G. Oetzmann

BASIC für Fortgeschrittene
von W. Schneider

Einführung in PASCAL
von W. Schneider

Lehr- und Übungsbuch für die Rechnerserien cbm 4001 und cbm 8001
von G. Oetzmann

BASIC-Programmierbuch zu den grundlegenden Ablaufstrukturen der Datenverarbeitung
von E. Kaier

Lehr- und Übungsbuch für Commodore-Volkscomputer
von G. Oetzmann

Assembler-Programmierung von Mikroprozessoren (8080, 8085, Z80) mit dem ZX81
von P. Kahlig

Einführung in die Anwendung des Betriebssystems CP/M
von W. Schneider

Assembler Programmierung von Mikroprozessoren (8080, 8085, Z80) mit dem ZX Spectrum
von P. Kahlig

Springer Fachmedien Wiesbaden GmbH

Johann Weilharter

Spaß mit Algorithmen

Einführung in das strukturierte Programmieren
mit 42 BASIC-Programmen

Herausgegeben von Harald Schumny

Springer Fachmedien Wiesbaden GmbH

CIP-Kurztitelaufnahme der Deutschen Bibliothek

Weilharter, Johann:
Spaß mit Algorithmen: Einf. in d. strukturierte
Programmieren mit 42 BASIC-Programmen/
Johann Weilharter. Hrsg. von Harald Schumny. —

ISBN 978-3-528-04281-3   ISBN 978-3-663-13937-9 (eBook)
DOI 10.1007/978-3-663-13937-9

Umschlaggestaltung: Peter Lenz, Wiesbaden
Satz: Vieweg, Braunschweig

ISBN 978-3-528-04281-3

Inhaltsverzeichnis

4 Zahlentheorie 2

5 Rekursions- und Iterationsverfahren

6 Da war doch noch etwas ...

Zeichenerklärung

+	plus
−	minus
$*, \cdot$	mal
$:, /$	geteilt durch (Bruchstrich)
$x1 \in N$	X1 ist Element der Menge N (natürliche Zahlen)
$\Rightarrow$	impliziert (daraus folgt)
=	gleich (auch: Wertzuweisung)
$\neq, <>$	ungleich
$[x]$	nächstkleinere ganze Zahl (Gaußklammerfunktion)
$x \equiv 2\,(5)$	Beispiel für zahlentheoretische Kongruenz
$x \not\equiv 2\,(5)$	zahlentheoretisch nicht kongruent
$<$	kleiner
$>$	größer
$\leq, <=$	kleiner (oder) gleich
$\geq, >=$	größer (oder) gleich
$\wedge$	und (aussagenlogisch)
$\vee$	oder
$\Leftrightarrow$	äquivalent
$\not\Leftrightarrow$	antivalent
$\neg C, C'$	Negation
Σ	Summenzeichen
$Z \times Z$	Produktmenge
x_i, α_k	indizierte Variable
A, B	Matrix
A^{-1}	inverse Matrix
a, b	Vektor
A^T	transponierte Matrix
a^T	transponierter Vektor

SPASS MIT ALGORITHMEN

Zusammenfassung der in diesem Buch verwendeten Sprachelemente von BASIC

BASIC-Zeichen	Bedeutung
.	Der Punkt ist das Dezimalkomma
+ −	Addition, Subtraktion plus, minus Das Zeichen „−" dient auch als Vorzeichen. Ein positives Vorzeichen wird im allgemeinen nicht geschrieben.
* /	Multiplikation, Division mal, durch Das Multiplikationszeichen muß immer geschrieben werden.
( )	Klammern zur Abänderung der Rechenpriorität, bzw. zur Angabe des Arguments bei Funktionen.
^	Potenzieren einer beliebigen positiven Potenzbasis mit einem beliebigen Exponenten.
INT	Nächstkleinere ganze Zahl
ABS	Absolutbetrag
RND	Zufallszahlengenerator
$	Kennzeichnung von Stringvariablen
+	Stringaddition
LEN(X$)	übergibt die Länge des Strings x$
LEFT$(A$, N)	übergibt die ersten n Zeichen eines Strings
RIGHT$(A$, N)	übergibt die letzten n Zeichen eines Strings
MID$(A$, M, N)	übergibt n Zeichen eines Strings ab der Stelle m
STR$(X)	Verwandelt x in einen String
VAL(X$)	übergibt den Wert eines Strings
ASC(A$), CHR$(A)	ASCII-Funktionen (American Standard Code for Information Interchange)
PRINT, ?	Ausgabebefehl: Der aktuelle Wert einer Variablen wird nach dem PRINT-Befehl ausgegeben. Der PRINT-Befehl kann mit Berechnungen kombiniert werden (Direktmodus)
PRINT "TEXT"	Ausgabebefehl für einen vorgeschriebenen Text
PRINT A;B;C	Durch Semikolons getrennte Ausdrücke werden ohne Zwischenraum nebeneinander geschrieben (bei Zahlen das versteckte Vorzeichen beachten — es wird ein Leerraum anstelle des positiven Vorzeichens geschrieben!)

BASIC-Zeichen	Bedeutung
PRINT A,B	Durch das Komma wird das Schreibfeld in vertikale Zonen einge-teilt. Diese Einteilung ist herstellerabhängig.
TAB(X)	Der Tabulatorbefehl wirkt als Teil des PRINT-Befehls. Der Wert des folgenden Ausdrucks wird ab Spalte x gedruckt. In manchen BASIC-Versionen ist der Befehl mit dem SPC(X)-Befehl identisch.
SPC(X)	Wirkt ebenfalls als Teil des PRINT-Befehls. X Leerräume werden erzeugt.
PRINT USING	Formatierter Ausdruck (nicht in allen BASIC-Versionen verfügbar)
GO TO, GOTO	Unbedingter Sprungbefehl (auch Warmstart)
ON GOTO	Sprungverteiler
FOR ... TO	Zählschleife.
NEXT	Die zwischen FOR und NEXT stehenden Anweisungen werden mehrfach durchlaufen.
STEP	Schrittweite der Zählschleife; STEP 1 kann entfallen
INPUT	Unterbrechung des Programms zur Dateneingabe über die Tastatur
INPUT#	Dateneingabe aus einer logischen Datei
GET (INKEY$)	Abfrage auf Tastendruck
READ ... DATA	Den Variablen im READ-Befehl werden die Daten der DATA-Zeile zugeordnet.
IF ... THEN	Abfrage (Verzweigung) Prüfen einer Bedingung
AND OR NOT IMP EQV XOR	Aussagenlogische Verknüpfungsoperatoren
GOSUB	Aufruf eines Unterprogramms
RETURN	Rücksprung ins Hauptprogramm
ON ... GOSUB	Unterprogrammwähler (Menütechnik)
DIM	Dimensionierung, Speicherreservierung
RUN	Programmstart mit Speicher löschen (Kaltstart)
GOTO	Programmstart ohne Speicher löschen (Warmstart)
LIST	Ausgabe des im Arbeitsspeicher befindlichen Programms
NEW	Programm löschen
STOP	Anhalten des Programms. Fortsetzung mit CONT ist möglich.
END	Abschluß eines Programms
OPEN	Ansprechen einer logischen Datei
CLOSE	Abmelden von logischen Dateien

Zur Problemanalyse und zur graphischen Darstellung von Algorithmen

A. Problemanalyse

In den Programmbeispielen dieses Buches wird stets von einem konkreten Problem, dargestellt in der *Problembeschreibung*, ausgegangen.

Vor der Programmierung muß man stets eine *Problemanalyse* durchführen, um über das Problem Klarheit zu gewinnen.

Zur Problemanalyse gehört

(1) der Versuch, das Problem *allgemeingültig* und *vollständig* zu formulieren (die Problembeschreibungen geben teilweise nur unvollständige, spezielle Formulierungen eines Problems!), und

(2) eine *Untersuchung* der mathematischen und algorithmischen *Strukturen*.

(3) Die *Variablenlegende* wird am besten bereits in dieser Phase formuliert.

Die Problemanalyse hat zu untersuchen,

(1) ob das Problem überhaupt mit Hilfe eines Computers gelöst werden kann,

(2) ob sich alternative Lösungswege anbieten und

(3) welche der möglichen Lösungen die günstigste ist.

Das ist eine Aufgabe, die an den Computerbenützer hohe Anforderungen stellt.

B. Programmablaufpläne

Nachdem durch die Problemanalyse ein Lösungsweg ausgewählt wurde, empfiehlt es sich, den *Algorithmus* für diesen Lösungsweg graphisch darzustellen (ja vielmehr: den Algorithmus graphisch zu entwickeln).

Ein Programmablaufplan setzt sich aus Sinnbildern zusammen, in die Texte zur genauen Spezifizierung der Vorgänge eingetragen werden können.

Die Vorzugsrichtungen der Ablaufpläne sind

a) von oben nach unten,
b) von links nach rechts.

Abweichungen von der Vorzugsrichtung müssen auf jeden Fall durch einen Pfeil angedeutet werden.

Da jedoch der Ablaufplan ein *gerichteter Graph* ist, empfiehlt es sich, *die Reihenfolge immer durch Pfeile anzudeuten.*

C. Struktogramme

Struktogramme sind eine etwas andere Darstellungsform von Algorithmen, die mit sehr wenigen Symbolen auskommen und unkontrollierte Sprünge im Programmablauf vermeiden helfen.

Sie sind aber prinzipiell den Programmablaufplandarstellungen äquivalent.

Sinnbilder in den Programmablaufplänen

Sinnbild	Bedeutung	Beispiele
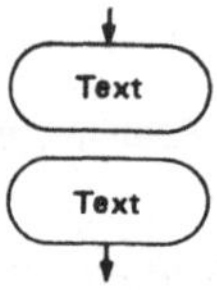 Text (Grenzstelle)	Grenzstelle (Beginn und Ende eines Programms)	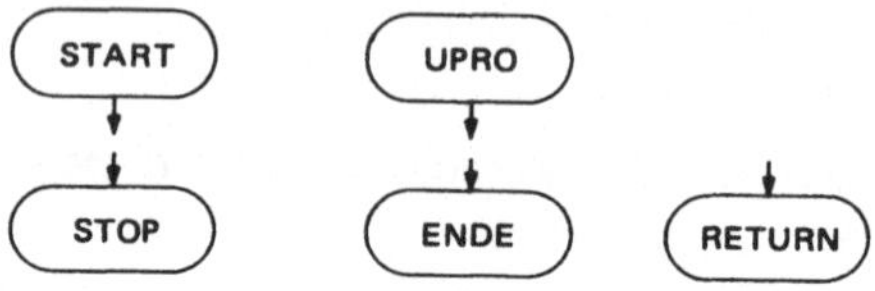 START → STOP UPRO → ENDE RETURN
 Text (Parallelogramm)	Eingabe Ausgabe	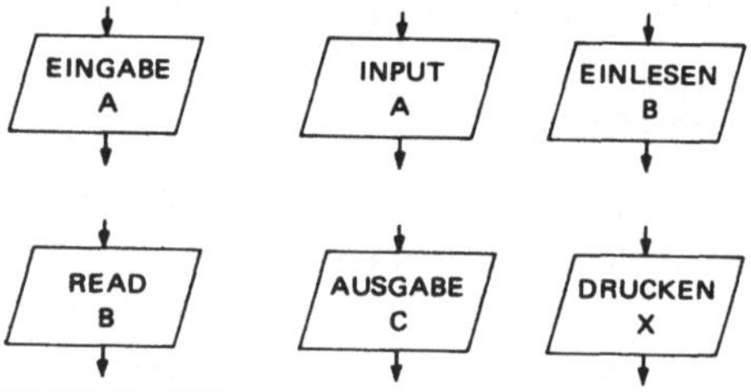 EINGABE A INPUT A EINLESEN B READ B AUSGABE C DRUCKEN X
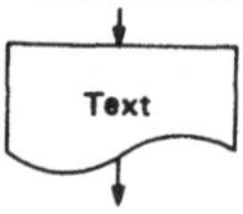 Text (Datenflußplan-Symbol)	Symbol aus Datenflußplan: „Ausgabe auf dem Blattschreiber"	wird anstelle von 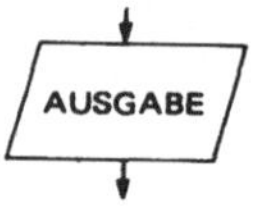 AUSGABE verwendet
 Text (Rechteck)	allgemeine Operation	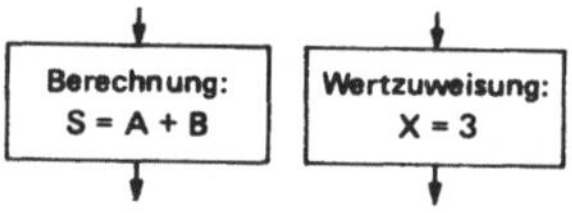 Berechnung: S = A + B Wertzuweisung: X = 3
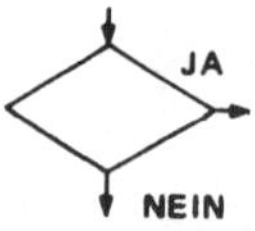 Verzweigung (Raute) JA / NEIN	Verzweigung: wenn nicht anders angegeben, erfolgt die Verzweigung immer bei „JA"	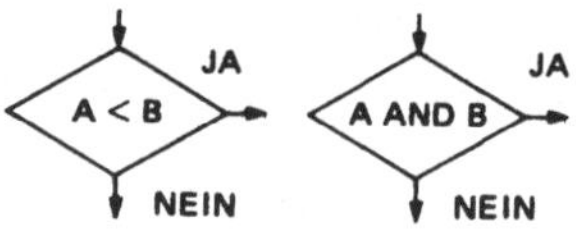 A < B (JA / NEIN) A AND B (JA / NEIN)

Sinnbild	Bedeutung	Beispiele
↓	Richtungspfeil	Falls keine Richtungspfeile angegeben sind, wird der Ablaufplan von oben nach unten und von links nach rechts gelesen
 ○○	Übergangsstelle (Konnektor)	Dieses Sinnbild dient vor allem zum Zusammenfügen von Teilen des Programmablaufplans
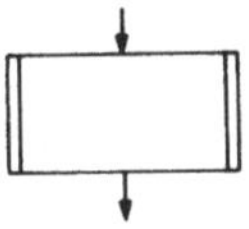 ▭	Unterprogramm	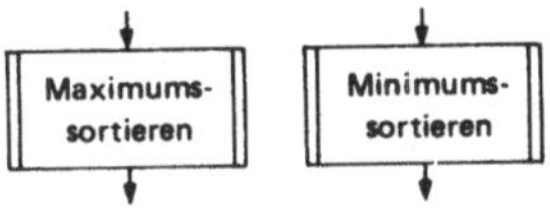 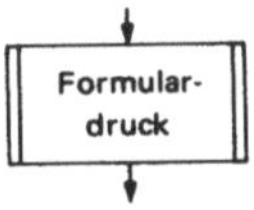 Maximums-sortieren Minimums-sortieren Formular-druck Die Funktion des Unter-programms wird meistens in das Sinnbild eingetragen
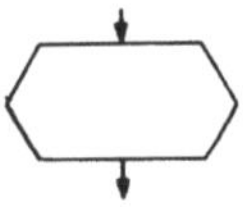 ⬡	Symbol aus dem Datenflußplan: "Variieren eines Parameters"	Das Symbol wird hier als Grenzstelle einer Zählschleife verwendet! 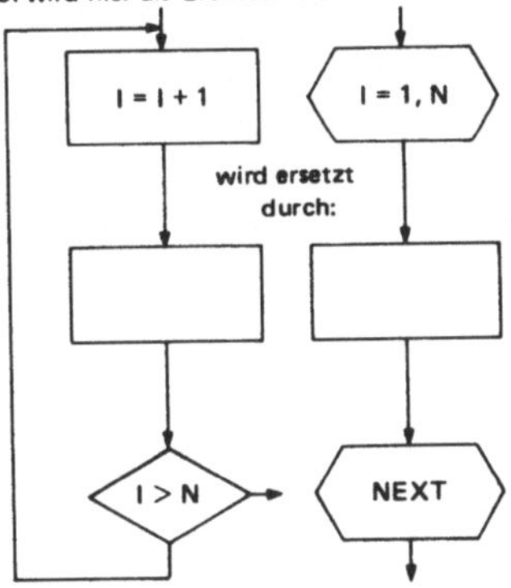 I = I + 1 I = 1, N wird ersetzt durch: I > N NEXT

1 Zahlentheorie 1
Elementare Techniken

1.1 Mathematische Vorbemerkungen zum Abschnitt Zahlentheorie 1

A. Gleichungen

(1) Ein *Term* ist ein aus Zahlen, Buchstaben und mathematischen Zeichen sinnvoll gebildeter Ausdruck.

(2) Durch Gleichsetzen zweier Terme erhält man eine *Gleichung*. Eine Gleichung in mindestens einer Variablen (Veränderlichen, Unbekannten) ist eine Aussageform, die in eine wahre oder falsche Aussage übergeht, wenn man den Variablen Werte einer gegebenen Grundmenge zuordnet.

Dieser Aspekt spielt bei der *Lösungssuche mittels Computer* eine große Rolle.

(3) Stehen mehrere Gleichungen zur Bestimmung der Variablen zur Verfügung, so spricht man von einem *Gleichungssystem*.

B. Diophantische Gleichungen

Bei diophantischen Gleichungen werden nur *ganze Zahlen* als Lösungen gesucht.
Entsprechend definiert man Systeme von diophantischen Gleichungen.

C. Kongruenz von Zahlen

m sei eine natürliche Zahl. Zwei ganze Zahlen a und b heißen *kongruent modulo m*, in Zeichen

$$a \equiv b\,(m),$$

wenn eine der beiden Bedingungen erfüllt ist:

(1) a und b ergeben bei der Division durch m den gleichen Rest.
(2) $a - b$ ist durch m teilbar.

Man kann

$$a \equiv b\,(m)$$

auch so lesen:

a gibt bei Division durch m den Rest b.

Beispiele:

a) 12 ergibt bei Division durch 4 den Rest 0:

$$12 \equiv 0\,(4)$$

(12 ist durch 4 teilbar, 12 und 0 ergeben bei Division durch 4 denselben Rest 0, $12 - 0$ ist durch 4 teilbar)

b) 13 ergibt bei Division durch 5 den Rest 3:

$$13 \equiv 3\,(5)$$

(13 und 3 ergeben bei Division durch 5 denselben Rest 3, $13 - 3$ ist durch 5 teilbar)

Anmerkung: In modernen BASIC-Versionen gibt es eine Modulo-Funktion.

D. Restbestimmung

Wir beginnen mit Beispielen:

a) $7/4 = 1 + 3/4$
   oder
   $7 : 4 = 1$
   3 Rest

b) $13/5 = 2 + 3/5$
   oder
   $13 : 5 = 2$
   3 Rest

Allgemein ist

$$a/b = q + r/b$$

a ... Dividend
b ... Divisor
q ... ganzzahliger Quotient
r ... Rest

Formen wir diese Gleichung um so ergibt sich

$$r/b = a/b - q$$

$r = b\,(a/b - q)$, woraus sich eine für einfache BASIC-Versionen brauchbare Methode zur Restbestimmung ergibt.

In modernen BASIC-Versionen kann die Modulo-Funktion verwendet werden.

E. Teilbarkeit

Eine Zahl a heißt teilbar durch b, wenn der Rest bei ganzzahliger Division null ist.

F. Unterschied zweier Zahlen

Unter dem Unterschied zweier Zahlen a, b verstehen wir den Absolutbetrag ihrer Differenz:

$$U\,(a,\,b) := |a - b| = |b - a|$$

Anmerkung: Bei Abfragen muß wegen der beschränkten Rechengenauigkeit

$$a = b\,?$$

oft durch

$$|a - b| < e$$

ersetzt werden.

e ist darin eine kleine Zahl, die größer als 0 ist, z. B. 0.00001

1.2 Die zwei Truthähne

Problembeschreibung

,,Diese beiden Truthähne wiegen zusammen 20 Pfund'', sagte der Metzger. ,,Der kleinere kostet pro Pfund 2 Cents mehr als der große.''

Frau Schmidt kaufte den kleineren für insgesamt 82 Cents, und Frau Braun zahlte für den großen 2 Dollar 96. Wieviel haben die beiden gewogen?

Zeige, daß die Lösung ganzzahlig ist!

Problemanalyse

x   ... Gewicht des größeren Truthahns in Pfund

y   ... Gewicht des kleineren Truthahns in Pfund

$\dfrac{82}{y}$ .. Preis des kleineren Truthahns in Cent pro Pfund

$\dfrac{296}{x}$. Preis des größeren Truthahns in Cent pro Pfund

Es gelten die beiden Gleichungen:

$$x + y = 20$$

$$\frac{82}{y} - 2 = \frac{296}{x}$$

Aufgabe

Es ist ein *Programmablaufplan* zu erstellen und ein BASIC-Programm zu schreiben.

Lösung

Der größere Truthahn wog 16 Pfund, der kleinere 4 Pfund.

Programmablaufplan

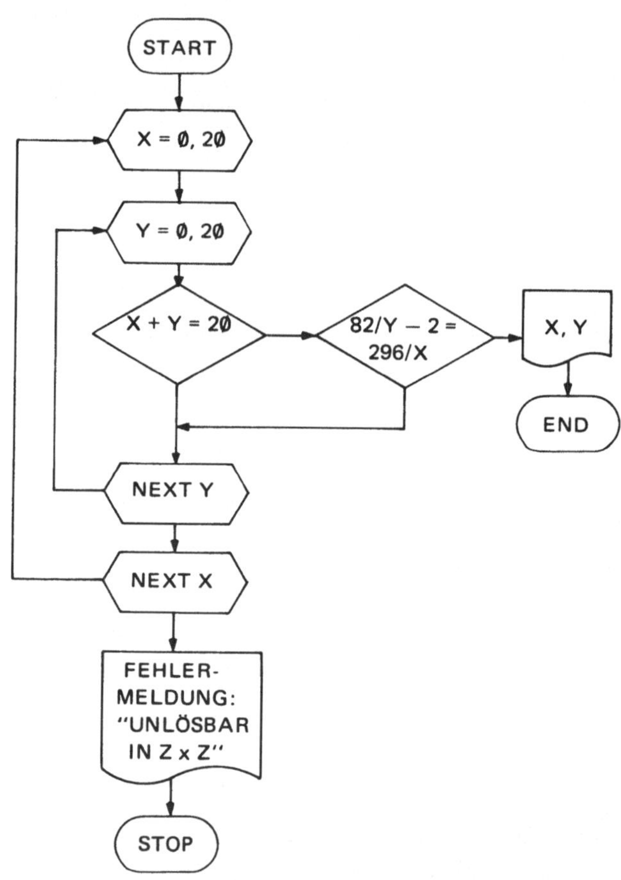

Erläuterungen zum Programmablaufplan

Weil die zwei Truthähne zusammen 20 Pfund wiegen, kann man als großzügige Schranken für das Gewicht 0 und 20 Pfund angeben. Wir schachteln die Variation der Gewichte und erhalten dadurch alle möglichen Kombinationen. Ob die Gleichungen erfüllt sind, wird mittels *Abfragen* ermittelt. Bei unzulänglichen Rechengenauigkeiten dürfte in den Abfragen das Gleichheitszeichen nicht vorkommen. Wir haben es hier verwendet und fassen daher die Möglichkeiten ins Auge, daß keine Lösung gefunden wird.

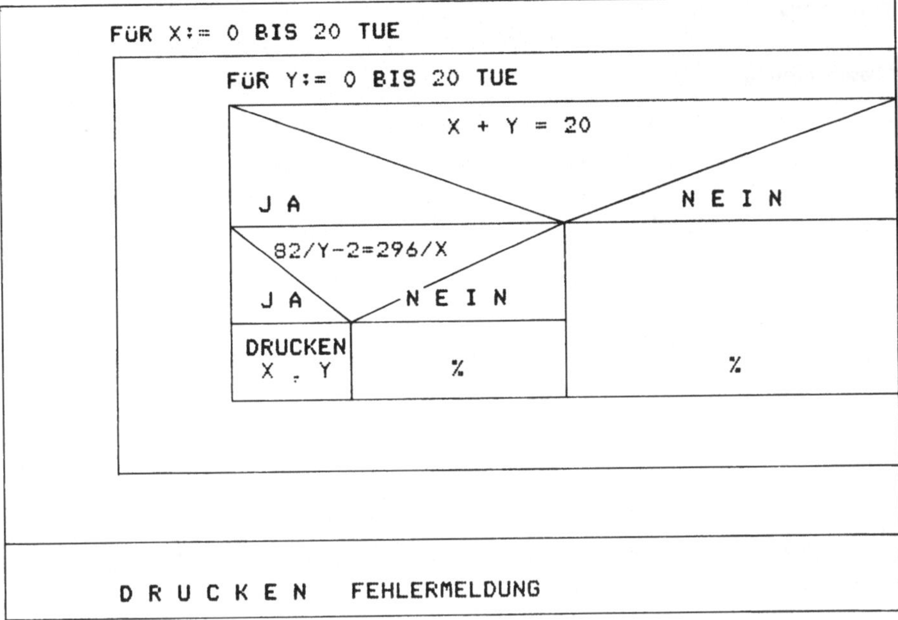

Programm und Probelauf

```
10  for x=1to20
20  for y=1to 20
30  ifx+y=20thenif82/y-2=296/xthenprint"x=";x,"y=";y:end
40  next y
50  next x
60  print"Problem unlösbar in Z.Z!"
70  stop
ready.

x= 16            y= 4

ready.
```

Erläuterungen zum Programm

Anweisung Nr.	Erläuterung
10, 50	Anweisungspaar für Schleife zur Variation von x
20, 40	Anweisungspaar für Schleife zur Variation von y
30	Wahrheitswert der Aussageformen prüfen
30	Lösung ausdrucken
60	Fehlermeldung
70	Abnormales Programmende

1.3 Ein Ernteproblem

Problembeschreibung

100 Menschen, Männer, Frauen und Kinder, arbeiten auf einem Gut bei der Weizenernte. Als Lohn stehen insgesamt 100 Scheffel Weizen zur Verfügung, wovon jeder Mann 3 Scheffel, jede Frau 2 Scheffel und jedes Kind einen halben Weizenscheffel bekommt. Wieviel Männer, Frauen und Kinder waren beschäftigt?

Problemanalyse

Wir setzen die Anzahl der Männer = x, die Anzahl der Frauen = y und die Anzahl der Kinder = z.

Daraus ergibt sich das *diophantische Gleichungssystem*

$$x + y + z = 100$$
$$3x + 2y + 0,5z = 100$$

welches mit Hilfe ineinandergeschachtelter FOR-NEXT-Schleifen auf Lösungen untersucht werden kann.

Der Wahrheitswert der Gleichungen (als Aussageformen betrachtet) wird mit Hilfe von Abfragen bestimmt.

Aufgabe

Erstellen Sie einen Programmablaufplan und ein BASIC-Programm, mit dem sich das Problem untersuchen und lösen läßt.

Programmablaufplan

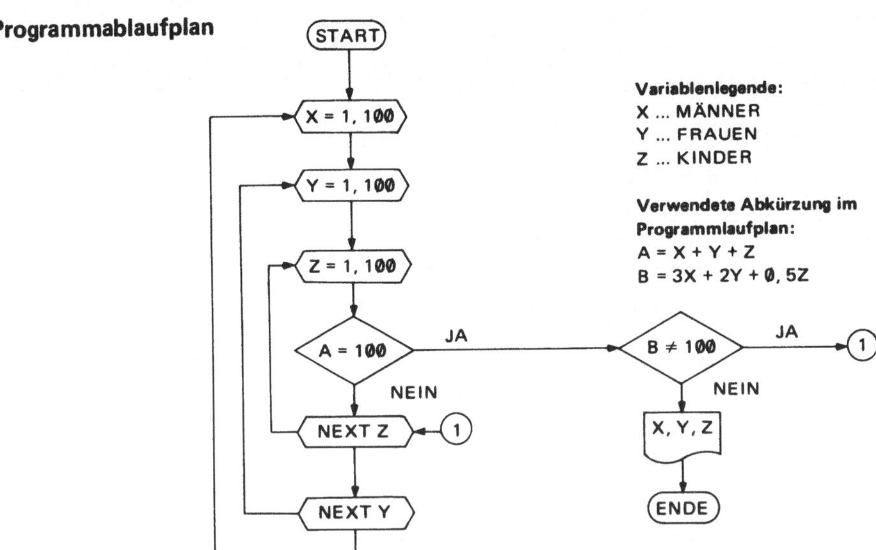

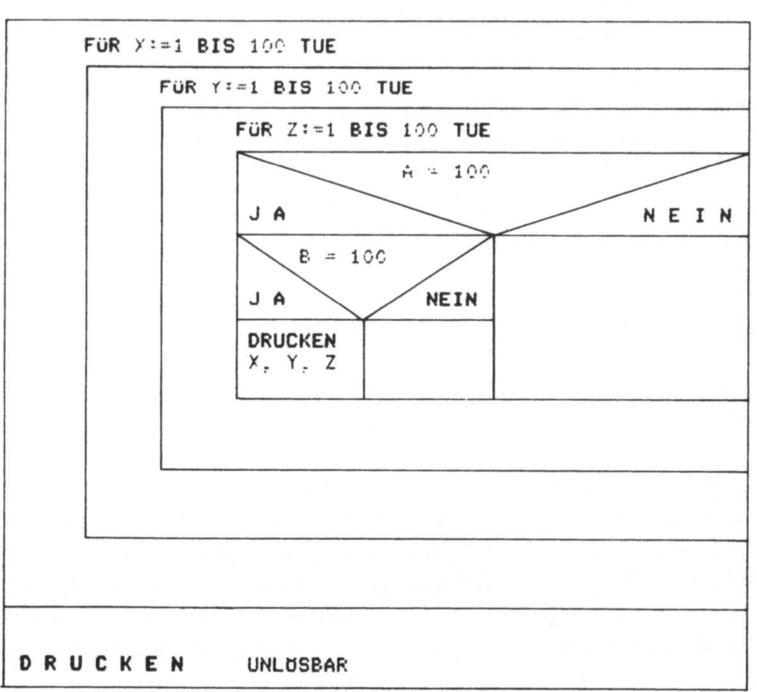

Programm

```
100 REM "Ein Ernteproblem"
110 FOR X = 1 TO 100
120 FOR Y = 1 TO 100
130 FOR Z = 1 TO 100
140 IF X+Y+Z=100 THEN 220
150 NEXT Z
160 NEXT Y
170 NEXT X
180 PRINT "unlösbares Problem"
190 STOP
200 LPRINT X;"Männer",Y;"Frauen",Z;"Kinder"
210 STOP
220 IF 3*X+2*Y+.5*Z=100 THEN 200
230 GOTO 150
```

Probelauf

```
2 Männer        30 Frauen        68 Kinder
```

Erläuterungen zum Programm

Anweisung Nr.	Erläuterung
100	Kommentaranweisung
110, 170	Anweisungspaar für Schleife zur Variation der Anzahl der Männer
120, 160	Anweisungspaar für Schleife zur Variation der Anzahl der Frauen
130, 150	Anweisungspaar für Schleife zur Variation der Anzahl der Kinder
140	Bedingte Verzweigung: in Summe müssen 100 Erntehelfer im Einsatz sein
180, 190	Es wurde keine Lösung gefunden, abnormales Programmende!
200, 210	Ergebnisausdruck und normales Programmende
220	Bedingung, die sich aus der Entlohnung mit Weizenscheffeln ergibt
230	Unbedingter Rücksprung

1.4 Das Pflaumenproblem

Problembeschreibung

Das Pflaumenkörbchen

Eine sagenhafte Königin gab ihren drei Freiern eine Aufgabe, von deren Lösung sie die Eheschließung abhängig machte. Der erfolgreiche Freier mußte durch Kopfrechnen anzugeben wissen, wieviele Pflaumen in dem Körbchen liegen müssen, aus dem die Königin dem ersten Freier die Hälfte und eine Pflaume, dem zweiten die Hälfte des Restes und eine Pflaume, dem dritten die Hälfte des jetzigen Restes und die dann noch im Körbchen liegenden drei letzten Pflaumen geben wird. Wären Sie in dieser Situation konkurrenzfähig gewesen?

Problemanalyse

X Pflaumen sind im Körbchen. Nach der Zuteilung an die Freier verbleiben nach dem

1. Freier

$$X1 = X/2 - 1$$

2. Freier

$$X2 = X1/2 - 1$$

3. Freier

$$X3 = X2/2 - 3$$

Abbruchbedingung: X3 = Ø

Aufgabe

Ein Programmablaufplan ist zu erstellen und ein BASIC-Programm zu schreiben, wenn eine Lösung durch Variation der Pflaumenzahl gesucht werden soll.

Programmablaufplan

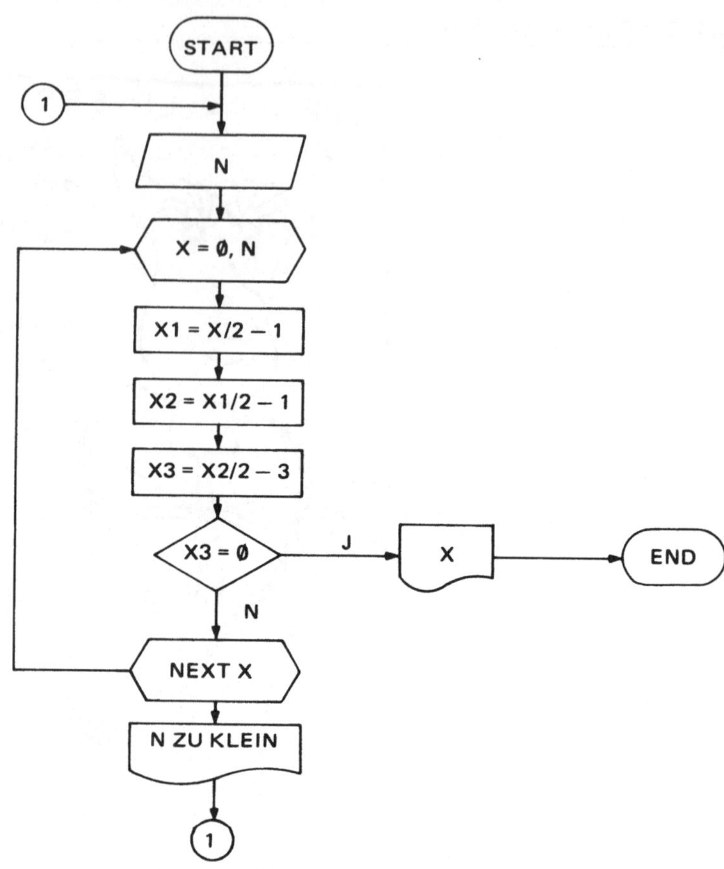

START
1
N
X = 0, N
X1 = X/2 − 1
X2 = X1/2 − 1
X3 = X2/2 − 3
X3 = 0
J
X
END
N
NEXT X
N ZU KLEIN
1

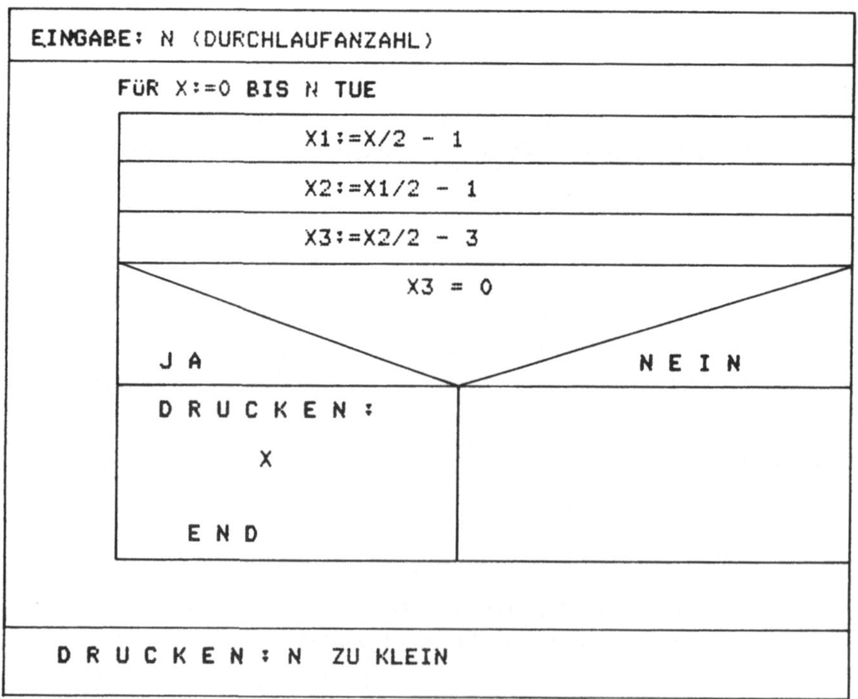

EINGABE: N (DURCHLAUFANZAHL)
FÜR X:=0 BIS N TUE
X1:=X/2 − 1
X2:=X1/2 − 1
X3:=X2/2 − 3
X3 = 0
J A
N E I N
D R U C K E N :
X
E N D
D R U C K E N : N ZU KLEIN

Programm

```
10 INPUT N
20 FOR X = 1 TO N
30 X1 = X/2 - 1
40 X2 = X1/2 - 1
50 X3 = X2/2 - 3
60 IF X3 = 0 THEN LPRINT "Lösung="X : END
70 NEXT X
80 PRINT "n zu klein"
90 GOTO 10
```

Probelauf

```
Lösung= 30
```

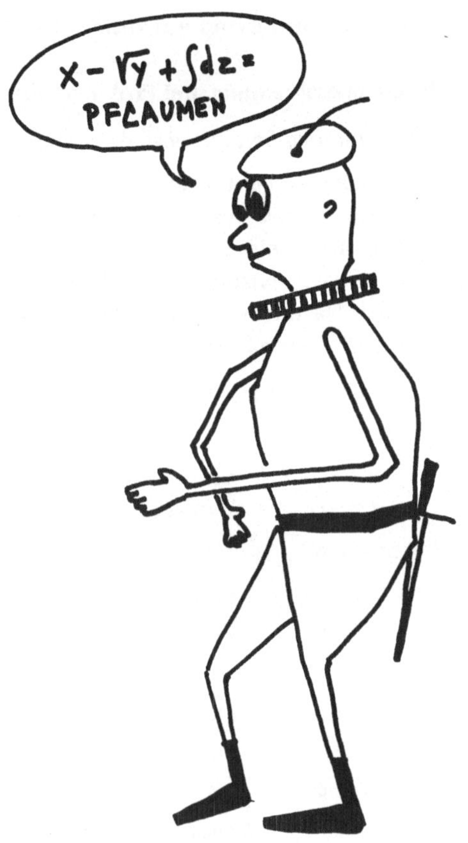

Erläuterungen zum Programm

Anweisung Nr.	Erläuterungen
10	Wahl der gewünschten Durchlaufanzahl
20, 70	Anweisungspaar für Schleife. In der Schleife werden n natürliche Zahlen als Pflaumenzahl probiert.
30, 40, 50	Verteilung der Pflaumen, mathematisch formalisiert.
60	Abbruchbedingung: alle Pflaumen sind verteilt, gegebenenfalls Ausdruck der Lösung x.
80, 90	Anregung zur Wahl einer größeren Durchlaufanzahl.

1.5 Ein Sonderling auf einer Ausstellung

Problembeschreibung und Problemanalyse

Ein Sonderling besucht eine Ausstellung

Ein Sonderling geht in eine Ausstellung, die vier Eingänge und im Inneren unter anderem ein gut geführtes Restaurant hat. Er zahlt am ersten Eingang DM 1,— Eintritt, kauft sich im Restaurant ein Essen um die Hälfte seiner augenblicklichen Barschaft und geht beim ersten Eingang wieder hinaus. Er wiederholt dieses Verfahren am zweiten und am dritten Eingang. Nachdem er am vierten Eingang seinen Eintritt bezahlt hat, bemerkt er, daß er kein Geld mehr hat. Mit welchem Betrag begann er diese seltsame Tour?

Der Sonderling hat x DM!

1. Abteilung:

$$x = x - 1 \qquad \text{Eintritt zahlen}$$
$$x = x/2 \qquad \text{Verbrauch}$$

2. Abteilung:

$$x = x - 1 \qquad \text{Eintritt zahlen}$$
$$x = x/2 \qquad \text{Verbrauch}$$

3. Abteilung:

$$x = x - 1 \qquad \text{Eintritt zahlen}$$
$$x = x/2 \qquad \text{Verbrauch}$$

4. Abteilung:

$$x = x - 1 = 0 \; \textit{alles verbraucht!}$$

Aufgabe

Ein Programmablaufplan und ein BASIC-Programm zur Problemlösung wären zu erstellen.

Programmablaufplan

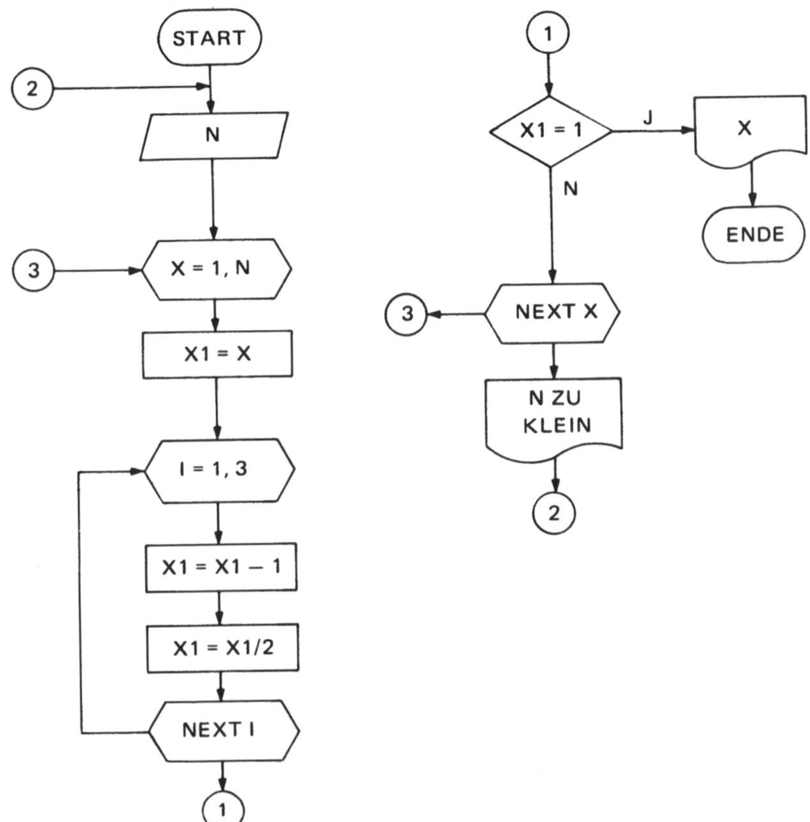

Erläuterungen zum Programmablaufplan

(1) Sprungmarke 2

(2) Eingabe der gewünschten Durchlaufanzahl n

(3) Für X   = 1 bis n tue

   X1 = X

   für I = 1 bis 3 tue

      X1 = X1 − 1

      X1 = X1/2

   nächstes I

   wenn X1 = 1

        dann drucke die Lösung X, anschließend Ende.

   nächstes X

(4) Drucke: gewünschte Durchlaufanzahl zu klein

(5) Sprung zu Sprungmarke 2

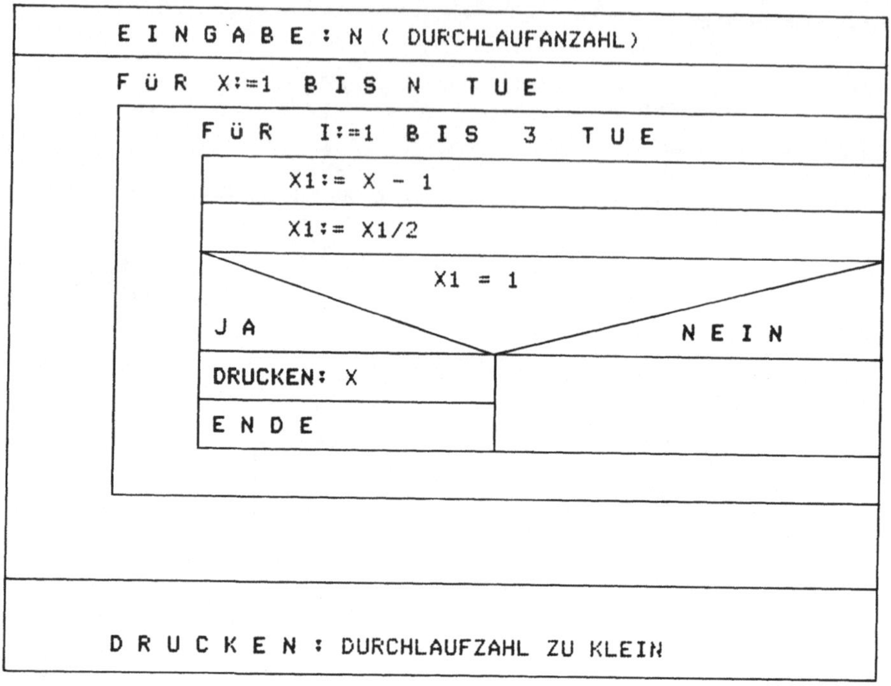

E I N G A B E : N (DURCHLAUFANZAHL)

F Ü R X:=1 B I S N T U E

F Ü R I:=1 B I S 3 T U E

X1:= X - 1

X1:= X1/2

X1 = 1

J A N E I N

DRUCKEN: X

E N D E

D R U C K E N : DURCHLAUFZAHL ZU KLEIN

Programm

```
10 INPUT "Anzahl der gewünschten Durchläufe";N
20 FOR X = 1 TO N
30 X1 = X
40 FOR I = 1 TO 3
50 X1 = X1-1:X1 = X1/2
60 NEXT I
70 IF ABS(X1-1) < .000001 THEN PRINT "Lösung";X:END
80 NEXT X
90 PRINT "N ist zu klein"
100 GOTO 10
```

Probelauf

```
run
Anzahl der gewünschten Durchläufe? 100
Lösung 15
ready
```

Erläuterungen zum Programm

Anweisung Nr.	Erläuterungen
10	Eingabe der gewünschten Durchlaufanzahl
20, 70	Anweisungspaar für Schleife zur Variation der gesuchten Geldmenge
30, 50	Anweisungspaar für Schleife zur Variation der Ausstellungsabteilungen
40	1 DM ist Eintritt, die Hälfte des restlichen Geldes wird verbraucht
60	Abbruchbedingung: in der vierten Abteilung hat der Sonderling nur mehr Geld für den Eintritt
80, 90	Wenn keine Lösung gefunden wird, muß man eine höhere Durchlaufanzahl einsetzen

1.6 Die Dame, die Markstücke ausgibt

Problembeschreibung

Eine Dame hat eine Anzahl Markstücke in der Tasche und sonst kein Geld.

1. Die Hälfte des Geldes gibt sie für einen Hut aus, und eine Mark spendet sie einem Bettler vor dem Laden.

2. Die Hälfte der verbleibenden Summe verbraucht sie für ihr Mittagessen im Restaurant und gibt noch 2 Mark Trinkgeld.

3. Die Hälfte von dem, was sie nun noch hat, gibt sie für ein Buch aus, und ehe sie endlich nach Hause geht, nimmt sie noch ein Paar Drinks in einer Bar zu sich. Diese kosten drei Mark.

Nun hat sie nur noch eine Mark. Wieviele Markstücke hatte sie anfangs, wenn sie niemals Geld gewechselt hat?

(Problemstellung von *Martin Gardner*)

Problemanalyse

Sei die Anzahl der Markstücke X. Dann ist der Rest nach Schritt 1:

$$X1 = X/2 - 1 \text{ und } X1 \in N,$$

Schritt 2:

$$X2 = X1/2 - 2 \text{ und } X2 \in N,$$

Schritt 3:

$$X3 = X2/2 - 3 \text{ und } X3 = 1.$$

Aufgabe

Es ist ein Programmablaufplan zu erstellen, wenn durch Variation von X mittels einer Schleife das Problem erfaßt werden soll. Es ist ein BASIC-Programm zu schreiben, welches die Problemlösung ausdruckt.

Programmablaufplan

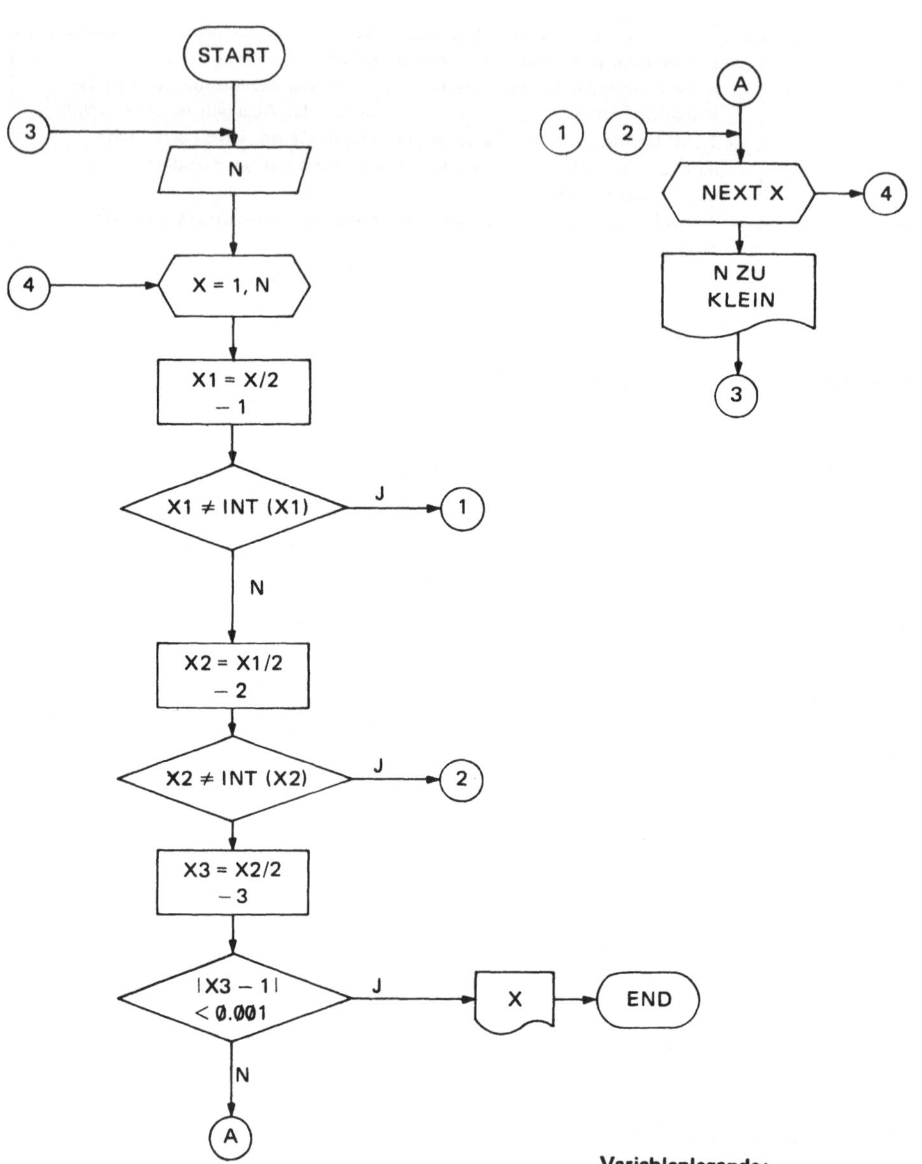

Variablenlegende:

N ... Anzahl der gewünschten
       Durchläufe
X ... Anzahl der Markstücke
X1 ... Anzahl der Markstücke nach
       Schritt 1
X2 ... Anzahl der Markstücke nach
       Schritt 2
X3 ... Anzahl der Markstücke nach
       Schritt 3

```
EINGABE: N   (GEWÜNSCHTE DURCHLAUFANZAHL)

   FÜR X:=1 BIS N TUE

      UM DIE HÄLFTE DES GELDES WIRD EIN HUT GEKAUFT, 1 MARK FÜR DEN
      BETTLER:
                    X1:=X/2-1

         X1 NICHT
         GANZZAHLIG?
          X1<>INT(X1)
      JA                                              NEIN

            DIE HÄLFTE DER VERBLEIBENDEN SUMME FÜR DAS
            MITTAGSESSEN. 2 MARK TRINKGELD:
                    X2:=X1/2-2

            X2 NICHT GANZZAHLIG?
             X2<>INT(X2)
         JA                                           NEIN

               DIE HÄLFTE DER VERBLEIBENDEN SUMME FÜR EIN
               BUCH, 3 MARK FÜR DRINKS:
                    X3:=X2/2-3

                            ABBRUCHBEDINGUNG:
                                X3 = 1 ?
               JA                                     NEIN

               DRUCKEN:

                    X

               ENDE

   DRUCKEN: DURCHLAUFANZAHL ZU KLEIN
```

Programm

```
10 PRINT "****** Die Dame, die Markstücke ausgibt (von Martin Gardner) ******"
20 PRINT "+++++++++++++++ Lösungsprogramm von Prof.J.Weilharter +++++++++++++"
30 PRINT
40 INPUT "Anzahl der gewünschten Durchläufe"; N
50 FOR X = 1 TO N
60 X1 = X/2 - 1
70 IF X1 <> INT(X1) THEN 200
80 X2 = X1/2 - 2
90 IF X2 <> INT(X2) THEN 200
100 X3 = X2/2 - 3
110 IF ABS(X3 - 1) < .000001 THEN PRINT "Lösung=";X: END
200 NEXT X
210 PRINT "n zu klein": GOTO 10
```

Probelauf

```
****** Die Dame, die Markstücke ausgibt (von Martin Gardner) ******
+++++++++++++++ Lösungsprogramm von Prof.J.Weilharter +++++++++++++

Lösung= 42
```

Erläuterungen zum Programm

Anweisung Nr.	Erläuterung
10, 20, 30	Überschrift drucken
40	Eingabe der gewünschten Durchlaufanzahl
50, 200	Anweisungspaar für Schleife zur Variation der gesuchten Markstücke
60	Die Dame gibt die Hälfte des Geldes für einen Hut aus und spendet dem Bettler vor dem Laden 1 Mark
70	Wenn das Restgeld nicht ganzzahlig ist, ist die Lösung unzulässig, da niemals gewechselt wird
80	Die Hälfte der aus 60 verbleibenden Summe wird für das Mittagessen verbraucht, 2 Mark sind Trinkgeld
90	Prüfung auf Ganzzahligkeit, wie in 70
100	Die Hälfte dessen, was in 80 geblieben ist, wird für ein Buch ausgegeben und 3 Mark für Drinks
110	Abbruchbedingung: 1 Mark soll übrigbleiben
210	Innerhalb der gegebenen Durchlaufanzahl wurde keine Lösung gefunden

1.7 Ein zahlentheoretisches Problem mit physikalischer Anwendung

Problembeschreibung

Gesucht sind zwei natürliche Zahlen, deren Summe ihr Produkt teilt. Es ist nachzuweisen, daß es zu dieser Aufgabe mindestens 3 physikalische Anwendungen gibt:

a) Linsengleichung,

b) Parallelschaltung von Widerständen,

c) Serienschaltung von Kondensatoren.

Anmerkung:

Auch ein statistisches Problem führt auf dieselbe Aufgabe: Gesucht ist ein ganzzahliges harmonisches Mittel zweier natürlicher Zahlen.

Problemanalyse

Wenn a und b die gesuchten Zahlen sind, so ist die diophantische Gleichung

$$a * b/(a + b) = c$$

zu lösen, wo a, b und c natürliche Zahlen sind.

Die Linsengleichung lautet:

$$1/b + 1/g = 1/f \Rightarrow b * g/(b + g) = f.$$

Die beschränkte Meßgenauigkeit und die Möglichkeit, eine geeignete Maßeinheit zu wählen, führen dazu, daß das Problem hier nur ganzzahlig gelöst zu werden braucht.

Analog für: $1/R1 + 1/R2 = 1/Rges$ (Parallelschaltung von Widerständen)

$\qquad\qquad 1/C1 + 1/C2 = 1/Cges$ (Serienschaltung von Kondensatoren)

Aufgabe

Es ist ein Programmablaufplan zu erstellen, wenn a und b mit FOR-Schleifen variiert werden sollen. Die Lösungen sollen in Tabellenform ausgedruckt werden. Das BASIC-Programm ist zu schreiben.

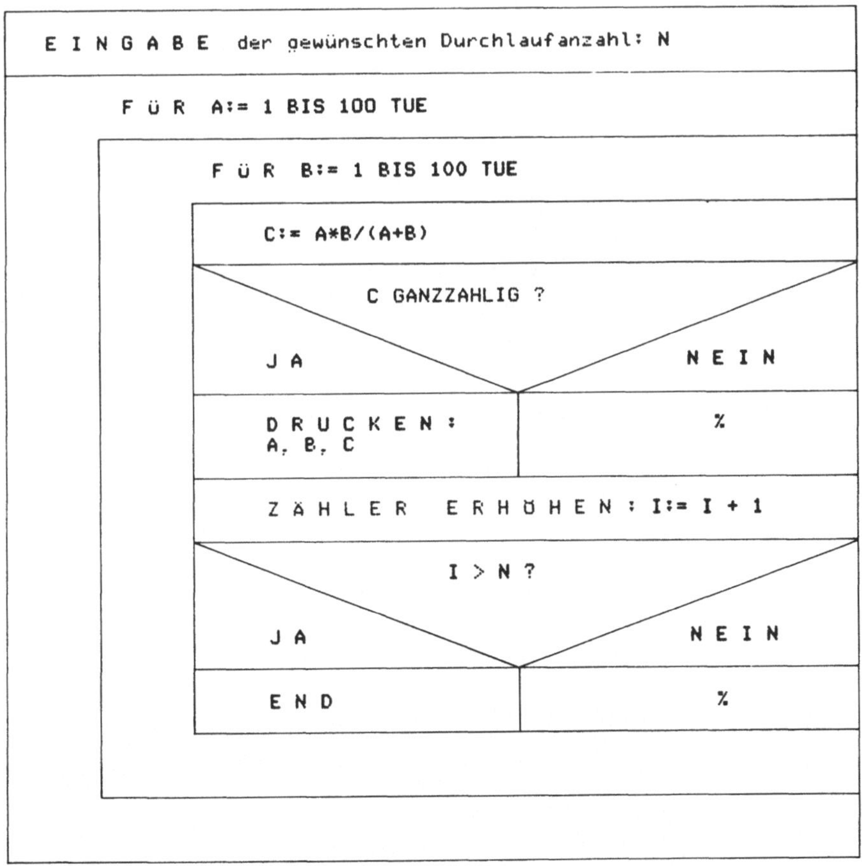

Programmablaufplan

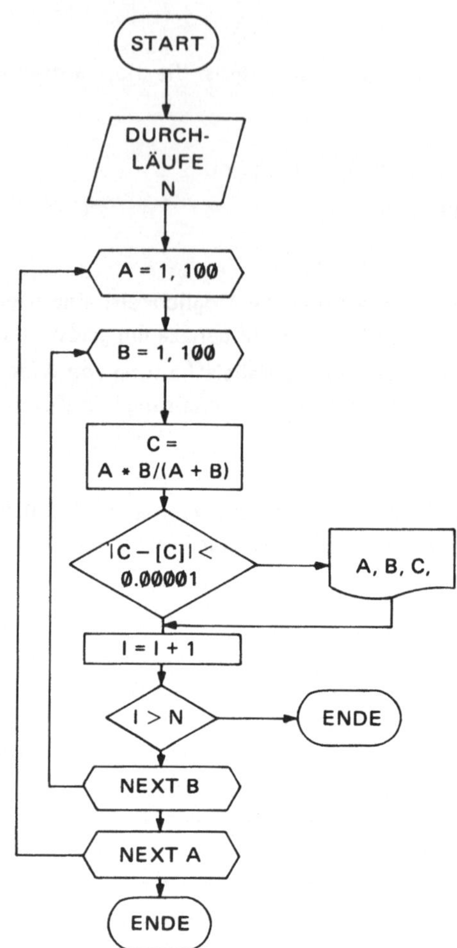

Programm

```
1 print"Bildschirm oder Drucker?(b/d)"
2 geta$:ifa$=""then2
3 ifa$<>"b"anda$<>"d"then2
4 ifa$="b"thenka=3:goto6
5 ka=5
6 open1,ka
10 rem linsengleichung etc.
20 input"Anzahl der Durchläufe";n
24 print#1,
25 print#1," a"," b"," c"
26 print#1,"========================"
30 fora=1to100
40 forb=1to100
50 c=a*b/(a+b)
60 ifabs(c-int(c))<.00001thenprint#1,a,b,c
70 i=i+1
80 ifi>nthen end
90 nextb,a
100 end
ready.
```

Probelauf (Ausschnitt)

72	90	40
74	74	37
75	50	30
76	76	38
77	44	28
78	39	26
78	78	39
78	91	42
80	20	16
80	48	30
80	80	40
82	82	41
84	14	12
84	28	21
84	42	28
84	60	35
84	63	36
84	84	42
86	86	43
88	33	24
88	88	44
90	10	9
90	18	15
90	45	30
90	60	36
90	72	40
90	90	45
91	78	42
92	92	46
94	94	47
96	32	24
96	48	32
96	96	48
98	98	49
99	22	18

Erläuterungen zum Programm

Anweisung Nr.	Erläuterung
1 − 6	Die Ausgabeeinheit wird festgelegt (Bildschirm = 3, Tally Printer = 5). Die Anweisungen können ersetzt werden durch: 6 open 1, 3 (nur Bildschirmausgabe!)
20	Begrenzung der Durchlaufanzahl (das Schleifenpaar in 30, 40 würde 10000 Durchläufe erlauben!)
24, 25, 25	Überschriftgestaltung
30, 40, 90	Schleifenpaar zur Bildung von 10000 ganzzahligen Kombinationen für a und b.
50, 60	Berechnung: Produkt/Summe; Prüfung auf Ganzzahligkeit und gegebenenfalls Ausdruck.
70, 80	Zähler und Abbruchbedingung (Überschreiten der maximalen Durchlaufanzahl)

1.8 Aus einer Kurzgeschichte von Ben Ames Williams

Problembeschreibung

Eine Geschichte mit dem Titel „Kokosnüsse" erzählt von fünf Seeleuten und einem Affen, die sich als Schiffbrüchige auf einer Insel wiederfanden. Den ersten Tag sammelten sie Kokosnüsse. Nachts wachte einer der Seeleute auf und beschloß, sich seinen Anteil an den Kokosnüssen zu sichern. Er unterteilte sie in fünf gleich große Haufen. Eine Nuß blieb übrig, und er gab sie dem Affen. Dann versteckte er seinen Anteil und legte sich wieder hin.

Bald darauf wachte der zweite Seemann auf und tat dasselbe. Nachdem er die Nüsse in fünf Haufen unterteilt hatte, war eine Nuß übrig, und auch er gab sie dem Affen. Dann versteckte er seinen Anteil und legte sich wieder schlafen.

Der dritte, vierte und fünfte machten es genauso. Am nächsten Morgen, nachdem alle erwacht waren, teilten sie die übriggebliebenen Kokosnüsse in fünf gleiche Teile. Diesmal blieb keine Nuß übrig. Wieviele Kokosnüsse hatten sie am Tag vorher gesammelt?

Problemanalyse

Seien X Kokosnüsse vorhanden. Es verbleiben nach dem

1. Seemann:

$$X1 = X - [X/5] - 1 \text{ mit } X1 \equiv 1 \ (5),$$

2. Seemann:

$$X2 = X1 - [X1/5] - 1 \text{ mit } X2 \equiv 1 \ (5),$$

3. Seemann:

$$X3 = X2 - [X2/5] - 1 \text{ mit } X3 \equiv 1 \ (5),$$

4. Seemann:

$$X4 = X3 - [X3/5] - 1 \text{ mit } X4 \equiv 1 \ (5),$$

5. Seemann:

$$X5 = X4 - [X4/5] - 1 \text{ mit } X5 \equiv 0 \ (5).$$

Aufgabe

Es ist ein Programmablaufplan und das zugehörige BASIC-Programm zu erstellen, wenn durch Variation der Anzahl der Kokosnüsse eine Lösung gesucht werden soll.

Programmablaufplan

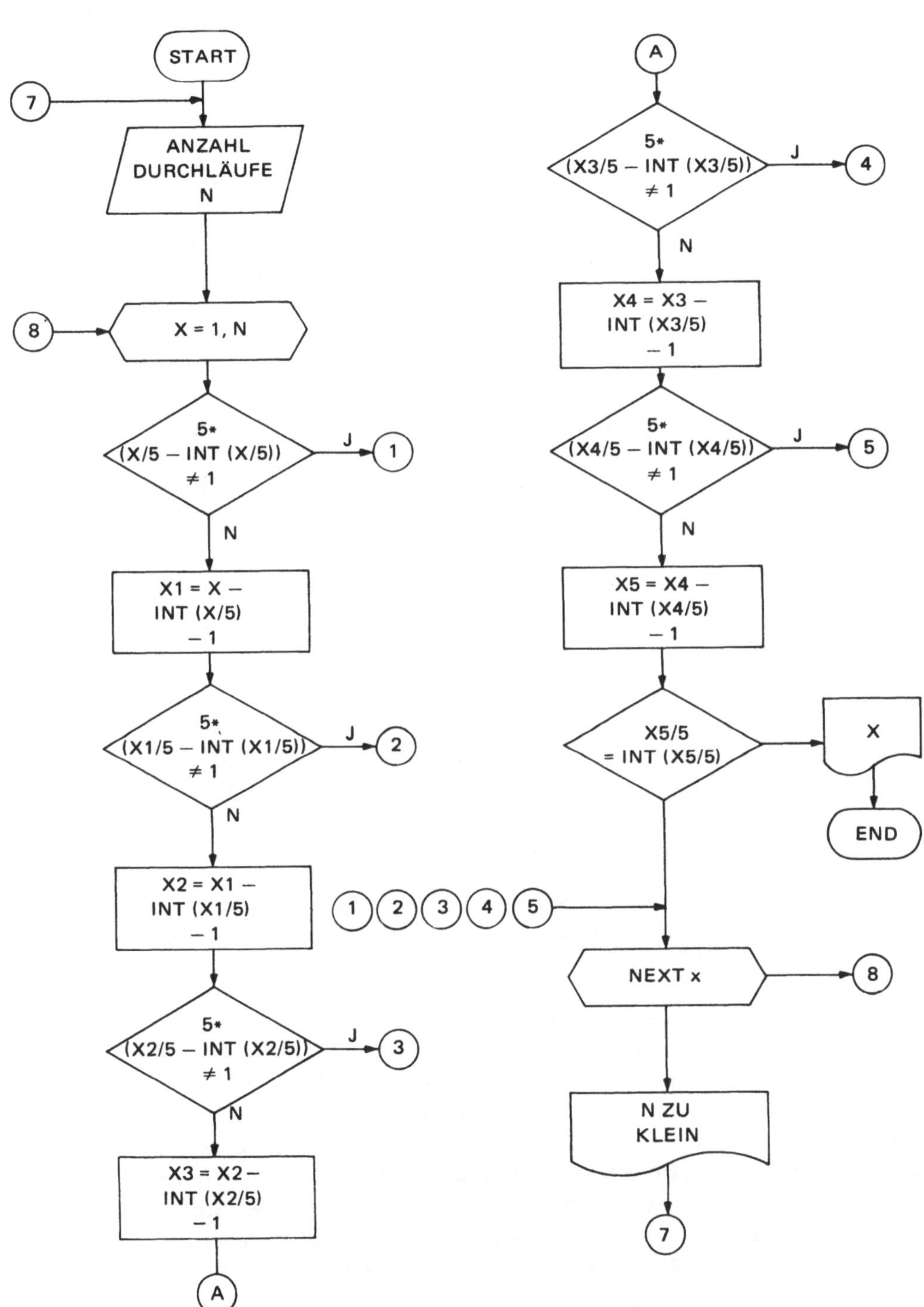

Erläuterungen zum Programmablaufplan

Wir beginnen mit der Eingabe der gewünschten Durchlaufanzahl. Dadurch wird die FOR-Schleife gesteuert. Die Bestimmung des Rests mittels INTEGER-Funktion ist die einfachste, in allen BASIC-Versionen realisierbare Möglichkeit. Der erste Seemann teilt die Kokosnüsse in fünf gleiche Haufen, wobei eine Kokosnuß übrig bleibt. Ob die durch die FOR-Schleife gewählte Zahl diese Bedingung erfüllt, wird durch Abfrage 1 überprüft. Danach nimmt er „seinen" Teil der Nüsse fort und gibt eine Nuß dem Affen. Die nächste Abfrage betrifft den zweiten Seemann, auch hier soll bei der Aufteilung in fünf Haufen der Rest eins sein. Danach wird der Kokoshaufen vermindert, um 1/5 und eine Nuß für den Affen. Auch bei der Teilung durch den dritten, vierten und fünften Seemann ist die Situation dieselbe, was jeweils durch Abfrage und Anzahlverminderung ausgedrückt wird.

Erst bei der Teilung am nächsten Tag bleibt kein Rest — das ist die *Abbruchbedingung*. Falls sie erfüllt ist, kann die Anzahl der Kokosnüsse ausgegeben werden, und der Algorithmus ist zu Ende. Nach Abschluß der FOR-Schleife gibt es noch eine Fehlermeldung, falls die gewünschte Durchlaufanzahl nicht ausreichend war.

Programm

```
ready.

10  print"K o k o s n ü s s e - von Martin Gardner"
20  print"LÖSUNGSPROGRAMM VON PROF.JOHANN WEILHARTER"
30  print
40  input"Anzahl der beabsichtigten Durchläufe";n
50  forx=1ton
60  ifabs(5*(x/5-int(x/5))-1)>.00001then300
70  x1=x-int(x/5)-1
80  ifabs(5*(x1/5-int(x1/5))-1)>.00001then300
90  x2=x1-int(x1/5)-1
100  ifabs(5*(x2/5-int(x2/5))-1)>.00001then300
110  x3=x2-int(x2/5)-1
120  ifabs(5*(x3/5-int(x3/5))-1)>.00001then300
130  x4=x3-int(x3/5)-1
140  ifabs(5*(x4/5-int(x4/5))-1)>.00001then300
150  x5=x4-int(x4/5)-1
160  ifx5/5=int(x5/5)thenprint"L ö s u n g";x:end
300  nextx
310  print"n zu klein":goto40
ready.
```

Probelauf

```
run
K o k o s n ü s s e - von Martin Gardner
LÖSUNGSPROGRAMM VON PROF.JOHANN WEILHARTER

Anzahl der beabsichtigten Durchläufe? 20000
L ö s u n g 18746

ready.

run
K o k o s n ü s s e - von Martin Gardner
LÖSUNGSPROGRAMM VON PROF.JOHANN WEILHARTER

Anzahl der beabsichtigten Durchläufe? 4000
L ö s u n g 3121

ready.
```

Erläuterungen zum Programm

Anweisung Nr.	Erläuterung
10, 20, 30	Drucken der Überschrift mit Zeilenvorschub
40	Eingabe der gewünschten Durchlaufanzahl
50, 300	Anweisungspaar für Schleife zur Variation der Anzahl der Kokosnüsse
60, 80, 100, 120, 140	Bei Division durch 5 muß der Rest 1 sein
70, 90, 110, 130, 150	Verbleibende Menge nach der jeweiligen Verteilung
160	Wenn alle teilen, bleibt kein Rest — Abbruchbedingung!
310	Innerhalb der angegebenen Durchlaufzahl wurde keine Lösung gefunden

1.9 Der Teufel an der Staatsbrücke

Problembeschreibung

An der Staatsbrücke in Salzburg steht ein Sandler und seufzt: „Wenn mir bloß ein Teufel einen guten Rat geben könnte, wie man reich wird!"

Kaum hatte er es ausgesprochen, da stand der Teufel vor ihm (in Salzburger Trachtenanzug gekleidet, aber mit Hahnenfeder auf dem Hut). „Ich will dir helfen," sprach er. „Die Art ist leicht, und du wirst reich."

„Was soll ich tun", sprach der Sandler ein wenig erschrocken. „Wenn du über die Staatsbrücke gehst, wird sich dein Geld verdoppeln, dafür gibst du mir 24 Schillinge."

Der Sandler ging dreimal über die Brücke, jedesmal verdoppelte sich der Geldbetrag, den er gerade besaß, und jedesmal mußte er dem Teufel 24 Schillinge geben.

Wieviel Geld hat er mitgehabt, wenn er nach dem dritten Übergang nur mehr genau 24 Schillinge hatte, um „dem Teufel zu geben, was des Teufels ist"?

Problemanalyse

Das Problem ist offenbar ganzzahlig. X sei der gesuchte Geldbetrag, der mit einer Schleife variiert werden kann.

Für jeden Übergang gilt:

    Betrag = Betrag * 2
    Betrag = Betrag − 24

Das Problem ist gelöst, wenn nach 3 Übergängen der Betrag = Ø ist. Das Problem ist auch rein algebraisch leicht lösbar.

Aufgabe

Erstellen Sie ein Struktogramm und entwickeln Sie daraus ein lauffähiges BASIC-Programm zur Problemlösung.

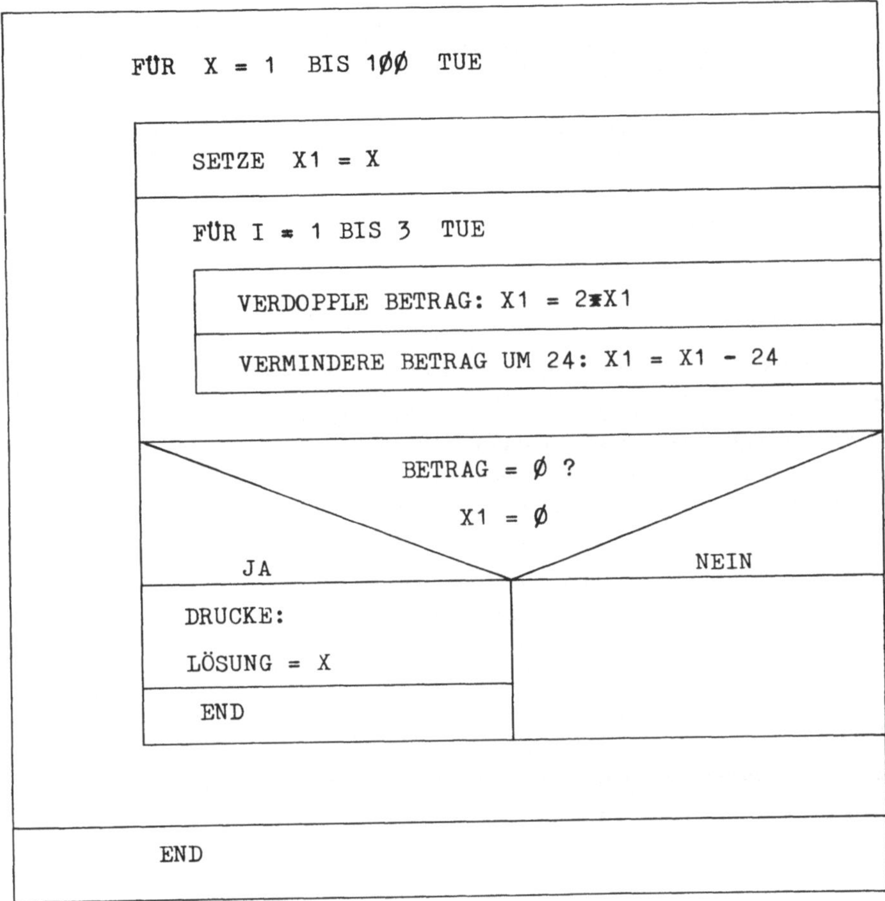

Programm

```
10 FOR X = 1 TO 100
20 X1 = X
30 FOR I = 1 TO 3
40 X1 = 2*X1
50 X1 = X1 - 24
60 NEXT I
70 IF X1 = 0 THEN PRINT "Lösung";X:END
80 NEXT X
90 END
```

Probelauf

Lösung 21

Erläuterungen zum Programm

Anweisung Nr.	Erläuterung
10, 80	Anweisungspaar für Schleife zur Variation der gesuchten Geldmenge
20	Initialisieren von $X1$
30, 60	Anweisungspaar für Schleife zur Variation der 3 Gänge des Sandlers über die Salzburger Staatsbrücke
40	Verdoppelung des Geldes
50	24 Schillinge muß der Sandler dem Teufel geben
70	Abbruchbedingung: „Das letzte Geld ist zum Teufel gegangen"

1.10 Der Fischverkäufer

Problembeschreibung

Ein Junge züchtet Goldfische als Hobby. Eines Tages beschließt er, alle Fische zu verkaufen. Er tut es in 5 Schritten:

1. Er verkauft die Hälfte seiner Fische und einen halben Fisch.
2. Er verkauft ein Drittel des Restes und einen Drittelfisch.
3. Er verkauft von dem, was ihm bleibt, ein Viertel und einen Viertelfisch.
4. Er verkauft ein Fünftel des Restes und einen Fünftelfisch.

Nun hat er noch 11 Goldfische übrig. Natürlich wird kein Fisch zerteilt oder irgendwie verletzt. Wieviele Fische hatte er am Anfang?
(Problem von *Martin Gardner*).

Problemanalyse

Sei X die gesuchte Anzahl der Fische. Nach Schritt 1 bleiben

$$X1 = X - (X/2 + 1/2) \text{ und } X1 \in N,$$

nach Schritt 2

$$X2 = X1 - (X1/3 + 1/3) \text{ und } X2 \in N,$$

nach Schritt 3

$$X3 = X2 - (X2/4 + 1/4) \text{ und } X3 \in N,$$

nach Schritt 4

$$X4 = X3 - (X3/5 + 1/5) \text{ und } X4 = 11.$$

Aufgabe

Es ist ein Programmablaufplan zu erstellen, wenn durch Variation von X mittels einer Schleife das Problem erfaßt werden soll. Es ist auch ein BASIC-Programm zu schreiben!

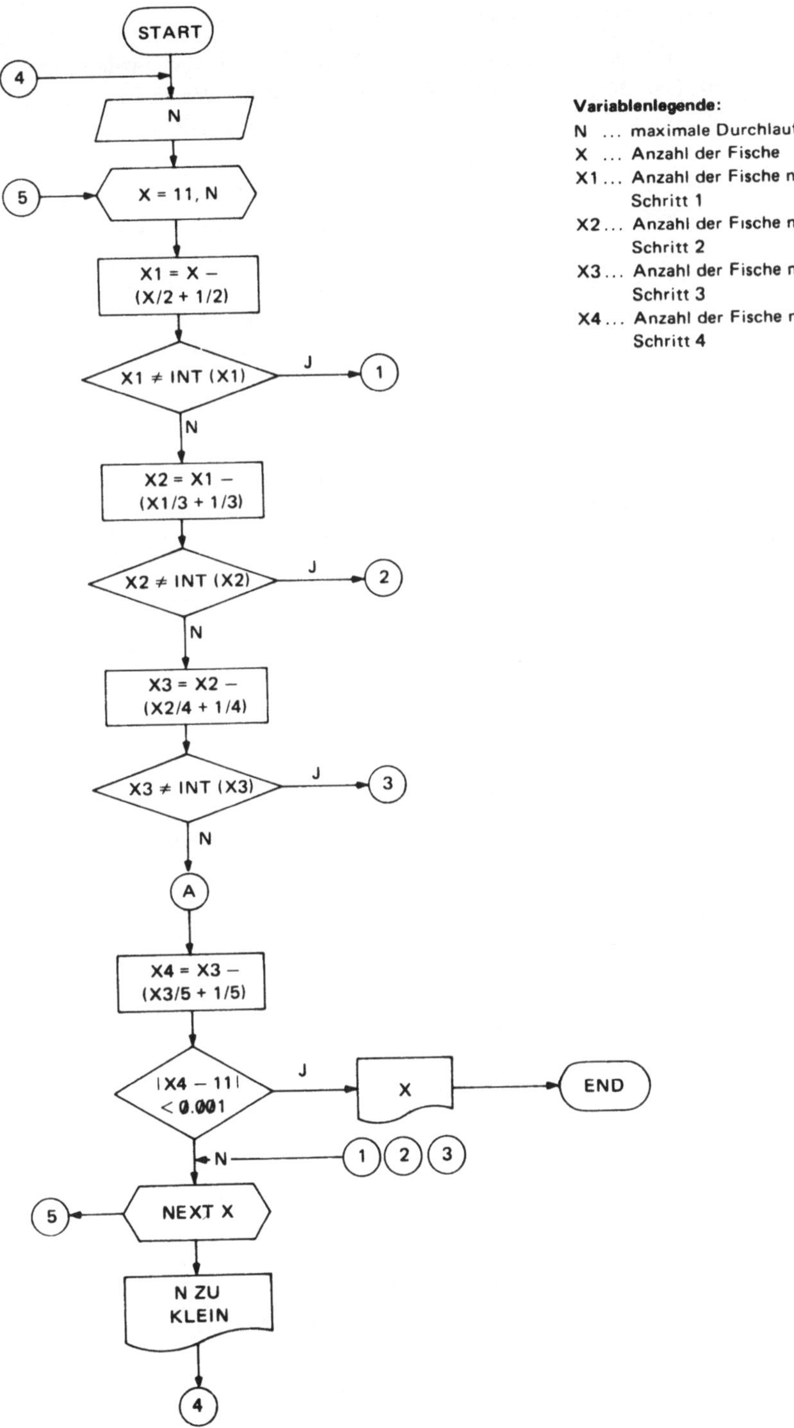

Variablenlegende:

N ... maximale Durchlaufanzahl
X ... Anzahl der Fische
X1... Anzahl der Fische nach Schritt 1
X2... Anzahl der Fische nach Schritt 2
X3... Anzahl der Fische nach Schritt 3
X4... Anzahl der Fische nach Schritt 4

Erläuterungen zum Programmablaufplan

Wir beginnen, wie bei allen Suchalgorithmen, mit der Eingabe der gewünschten maximalen Durchlaufzahl. Der Bereich der FOR-Schleife umfaßt die Werte 11 bis zur eingegebenen maximalen Durchlaufanzahl. Wir beginnen mit 11, da laut Problembeschreibung 11 Fische übrigbleiben. Die erste Operation ist der Verkauf der Hälfte aller Fische und eines halben Fisches. Daß dabei kein Fisch zerschnitten wird, ist durch die erste Abfrage auf Ganzzahligkeit der verbleibenden Fische sichergestellt. Die zweite Operation ist der Verkauf eines Drittels der übriggebliebenen Fische und eines Drittelfisches. Die Abfrage prüft wieder auf Ganzzahligkeit. Im weiteren wird analog verfahren. Nach dem vierten Verkauf müssen $x4 = 11$ Fische übrigbleiben. Bei ungenauen Rechnern führt die direkte Abfrage, ob $x4 = 11$ ist, zum Übergehen der möglichen Lösung 59. Daher ist es besser zu fragen, ob der Unterschied von $x4$ und 11 kleiner als eine vorgegebene kleine Schranke ist:

$$|x4 - 11| < E.$$

Wir wählen $E = 0.001$. Ist diese *Abbruchbedingung* erfüllt, so kann die Lösung ausgedruckt werden und der Programmablauf ist zu Ende. Nach Abschluß der FOR-Schleife gibt es noch eine Fehlermeldung, wenn die gewünschte maximale Durchlaufanzahl nicht ausreichend war.

Programm

```
0:FISH

ready.

  1 print"***Fischverkauf(von Martin Gardner);Programm zu Lösungssuche***
  2 print"***************Prof.Johann Weilharter*************************** "
 10 print"Anzahl der beabsichtigten Durchläufe";:inputn
 20 forx=11ton
 30 x1=x-(x/2+1/2)
 40 ifx1<>int(x1)then200
 50 x2=x1-(x1/3+1/3)
 60 ifx2<>int(x2)then200
 70 x3=x2-(x2/4+1/4)
 80 ifx3<>int(x3)then200
 90 x4=x3-(x3/5+1/5)
100 ifx4<>int(x4)then200
110 ifabs(x4-11)<.001thenprint"Lösung";x:end
200 nextx
210 print"n zu klein":goto10
ready.
```

Probelauf

```
run
***Fischverkauf(von Martin Gardner);Programm zu Lösungssuche***
***************Prof.Johann Weilharter***************************

Anzahl der beabsichtigten Durchläufe? 1000

Lösung 59

ready.
```

Erläuterungen zum Programm

Anweisung Nr.	Erläuterung
1, 2	Drucken der Überschrift
10	Eingabe der gewünschten Durchlaufanzahl
20, 200	Anweisungspaar für Schleife zur Variation der Anzahl der Fische
30	Der Junge verkauft die Hälfte seiner Fische und einen halben Fisch
40	Die verbleibende Anzahl muß ganzzahlig sein (kein Fisch wird zer-schnitten!)
50	Der Junge verkauft ein Drittel des Restes und einen Drittel-Fisch
60, 80, 100	Wie in 40
70	Der Junge verkauft von dem ,was ihm bleibt, ein Viertel und einen Viertel-Fisch
90	Der Junge verkauft ein Fünftel des Restes und einen Fünftel-Fisch
110	Abbruchbedingung: 11 Goldfische bleiben übrig
210	Innerhalb der gegebenen Durchlaufanzahl wurde keine Lösung gefunden

1.11 Zifferntausch

Problembeschreibung

Es gibt Produkte zweistelliger Zahlen, die sich nicht ändern, wenn man die Ziffern vertauscht, z. B.:

$$36 \cdot 84 = 63 \cdot 48$$

a) Man finde alle Lösungen von

$$(ab) (cd) = (ba) (dc)$$

b) Man schließe triviale Lösungen wie

$$11 \cdot 22 = 11 \cdot 22$$

oder

$$12 \cdot 21 = 21 \cdot 12$$

aus!

Die Anzahl der Lösungen soll jeweils gezählt werden.

Problemanalyse

Wir erzeugen die zweistelligen Zahlen durch Variationen der Ziffern

    A, C ... Hundertziffern
    B, D ... Einerziffern

Die Zahlen errechnen sich dann zu:

$$X1 = 10 * A + B$$
$$X2 = 10 * C + D$$

Die Zahlen mit vertauschten Ziffern sind:

$$X3 = 10 * B + A$$
$$X4 = 10 * D + C$$

Durch Abfragen kann man auf Produktgleichheit schließen.

Aufgabe

Erstellen Sie einen Programmablaufplan und schreiben Sie ein BASIC-Programm zur Berechnung der gesuchten Zahlen!

Programmablaufplan

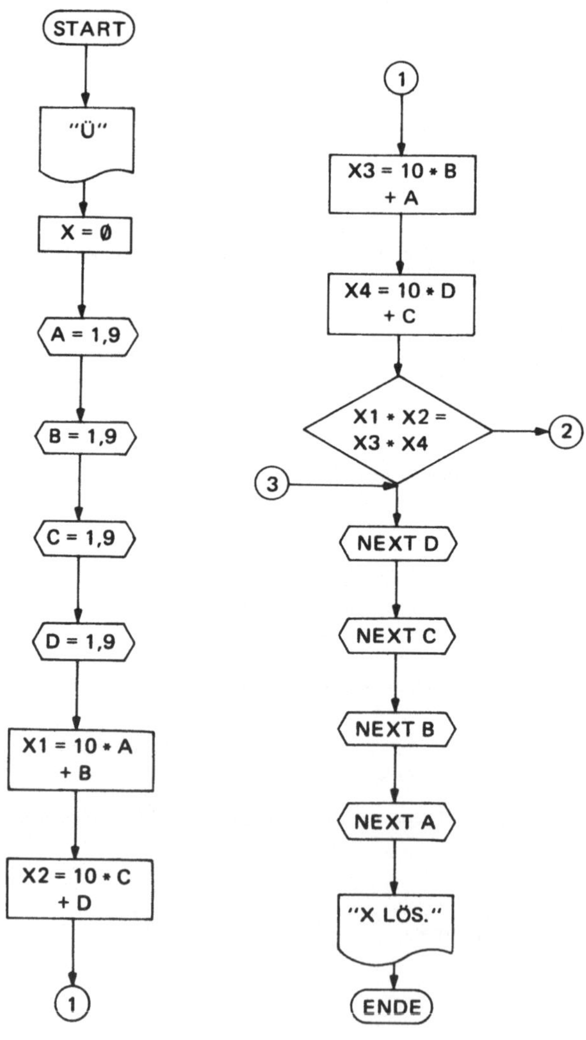

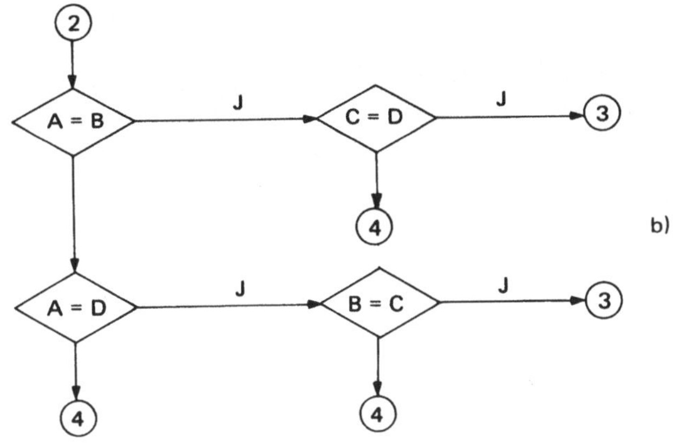

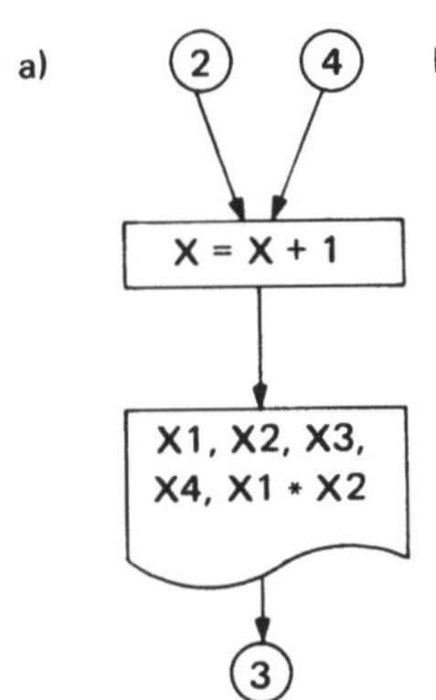

a) Berechnung aller Lösungen
b) Ausscheiden trivialer Lösungen:
    (a = b ∧ c = d) V
    (a = d ∧ b = c)

Variable

A, B, C, D ... Ziffern
X ... Zähler
X1, X2, X3, X4 ... Zahlen

Erläuterungen zum Programmablaufplan

Wir lassen zunächst eine Tabellenüberschrift drucken und legen uns damit auf tabellarische Ausgabe fest. Die vier Zahlen und ihre Produkte sollen gedruckt werden. Die Initialisierung des Lösungszählers ist in den meisten BASIC-Versionen nicht nötig. Die vier FOR-Schleifen dienen zur Variation der Einer- und Zehnerziffern. Da nur zweistellige Zahlen zulässig sind, kommt 0 als Ziffer nicht in Betracht. In den folgenden vier Operationen werden die Zahlen aus dem Ziffernvorrat aufgebaut. Die Abfrage prüft auf Produktgleichheit. Im Fall der Gleichheit wird zum Ausdruckmodul verzweigt. Die FOR-Schleifen müssen von innen nach außen geschlossen werden.

Der Ausdruck der Lösungsanzahl ist die letzte Operation. Im Ausdruckmodul können auf Wunsch triviale Lösungen durch Abfragen ausgeschlossen werden. Wichtig ist, daß der Lösungszähler im Ausdruckmodul erhöht wird.

Programm

```
100 PRINT " x1"," x2"," x3"," x4","x1*x2=x3*x4"
110 X=0:REM zaehler
120 FOR A=1 TO 9
130 FOR B=1 TO 9
140 FOR C=1 TO 9
150 FOR D=1 TO 9
160 X1=10*A+B
170 X2=10*C+D
180 X3=10*B+A
190 X4=10*D+C
200 IF X1*X2=X3*X4 THEN 260
210 NEXT D
220 NEXT C
230 NEXT B
240 NEXT A
250 PRINT "Das Problem hat ";X;" Lösungen":STOP
260 X=X+1
270 PRINT X1,X2,X3,X4,X1*X2
280 GOTO 210
```

Programm ohne triviale Lösungen

```
100 LPRINT " x1"," x2"," x3"," x4","x1*x2=x3*x4"
110 X=0:REM zaehler
120 FOR A=1 TO 9
130 FOR B=1 TO 9
140 FOR C=1 TO 9
150 FOR D=1 TO 9
160 X1=10*A+B
170 X2=10*C+D
180 X3=10*B+A
190 X4=10*D+C
200 IF X1*X2=X3*X4 THEN 290
210 NEXT D
220 NEXT C
230 NEXT B
240 NEXT A
250 PRINT "Das Problem hat ";X;" Lösungen":STOP
260 X=X+1
270 LPRINT X1,X2,X3,X4,X1*X2
280 GOTO 210
290 IF A=B THEN 320
300 IF A=D THEN 340
310 GOTO 260
320 IF C=D THEN 210
330 GOTO 260
340 IF B=C THEN 210
350 GOTO 260
```

Probelauf

x1	x2	x3	x4	x1*x2=x3*x4
12	42	21	24	504
12	63	21	36	756
12	84	21	48	1008
13	62	31	26	806
13	93	31	39	1209
14	82	41	28	1148
21	24	12	42	504
21	36	12	63	756
21	48	12	84	1008
23	64	32	46	1472
23	96	32	69	2208
24	21	42	12	504
24	63	42	36	1512
24	84	42	48	2016
26	31	62	13	806
26	93	62	39	2418
28	41	82	14	1148
31	26	13	62	806
31	39	13	93	1209
32	46	23	64	1472
32	69	23	96	2208
34	86	43	68	2924
36	21	63	12	756
36	42	63	24	1512
36	84	63	48	3024
39	31	93	13	1209
39	62	93	26	2418
41	28	14	82	1148
42	12	24	21	504
42	36	24	63	1512
42	48	24	84	2016
43	68	34	86	2924
46	32	64	23	1472
46	96	64	69	4416
48	21	84	12	1008
48	42	84	24	2016
48	63	84	36	3024
62	13	26	31	806
62	39	26	93	2418
63	12	36	21	756
63	24	36	42	1512
63	48	36	84	3024
64	23	46	32	1472
64	69	46	96	4416
68	43	86	34	2924
69	32	96	23	2208
69	64	96	46	4416
82	14	28	41	1148
84	12	48	21	1008
84	24	48	42	2016
84	36	48	63	3024
86	34	68	43	2924
93	13	39	31	1209
93	26	39	62	2418
96	23	69	32	2208
96	46	69	64	4416

Erläuterungen zum Programm ohne triviale Lösungen

Anweisung Nr.	Erläuterung
100	Ausdrucken der Tabellenüberschrift
110	Zähler initialisieren (in den meisten BASIC-Versionen unnötig)
120–150, 210–240	Anweisungspaare für Schleifen zur Variation der Ziffern
160–190	Aufbau der Zahlen
200	Falls Produktgleichheit vorliegt, überprüfen, ob die Lösung trivial ist
250	Ausdrucken der Lösungsanzahl und Programmende
260	Lösungszähler erhöhen
270	Lösung ausdrucken (Tabellenzeile)
280	Rücksprung in Schleife
290–350	Prüfprogramm auf triviale Lösungen

1.12 Ein Programm zur Berechnung der beweglichen Feste während eines Jahres

(für den CBM 8032 von Commodore)

Die Gaußsche Osterformel erlaubt die Bestimmung der beweglichen Feste während eines Jahres.

Im folgenden wird die Bestimmung von Ostern, Pfingsten, Fronleichnam, Christi Himmelfahrt und der Adventsonntage im einzelnen analysiert und für den CBM 8032 in BASIC (4.0) codiert.

Die Einzelbausteine können zu einem umfassenden Programm zur Bestimmung der beweglichen Feste zusammengesetzt werden:

● Module: Menü + (1 – 8).

Soll nur das Osterdatum bestimmt werden, genügen die Module: 1 + 2 + 3 + 4.

Wichtige Anmerkung zur Programmierung:

<CTRL> bedeutet Drücken der Controltaste.

1.12.1 Die Gaußsche Osterformel

Problembeschreibung

Für eine gegebene Jahreszahl kann nach folgendem Algorithmus das Datum des Ostersonntags berechnet werden:

Wenn j die Jahreszahl bezeichnet, setze man den Neunzehnerrest von j = a, den Viererrest von j = b, den Siebenerrest von j = c, den Dreißigerrest von (19a + m) = d und den Siebenerrest von (2b + 4c + 6d + n) = e.

Ostern ist dann am (22 + d + e)ten März; falls d + e größer als 9 ist, nimmt man den (d + e – 9)ten April.

Zwei Ausnahmefälle:

- für d = 29 und e = 6 ist Ostern am 19. April
- für d = 28, e = 6 und a größer als 10 ist Ostern am 18. April.

Die Werte von m und n sind der folgenden Tabelle zu entnehmen:

bis 1582   m = 15, n = 6
1583—1699   m = 22, n = 2
1700—1799   m = 23, n = 3
1800—1899   m = 23, n = 4
1900—2099   m = 24, n = 5
2100—2199   m = 24, n = 6
2200—2299   m = 25, n = 0

(Formel den wissenschaftlichen Nachrichten entnommen)

Problemanalyse

In der Division c = a/b bestimmt man den Rest auf folgende Weise:

1. r = (c − int (c)) * b
2. r = int (r + 0.5)

Schritt 2 ist aufgrund der Rechnerungenauigkeit erforderlich.

Die Ermittlung von m und n erfolgt in einer Abfragenkette.

Die Ausnahmefälle werden über Abfragen ermittelt.

Aufgabe

Es ist ein Programmablaufplan zu erstellen und ein BASIC-Programm zu schreiben unter Berücksichtigung der folgenden Auflagen:

- modularer Aufbau des Programms mit Unterprogrammen
- Eingabe der Jahreszahl
- Ausgabe des Osterdatums

Variablenlegende

j   ... Jahreszahl
m, n   .. Parameter
r   ... Hilfsvariable (meistens in der Bedeutung von Rest)
a, b, c, d, e ... nötige Reste
d1 ... Divisor, d2 ... Divident, x ... Quotient

Programmablaufplan

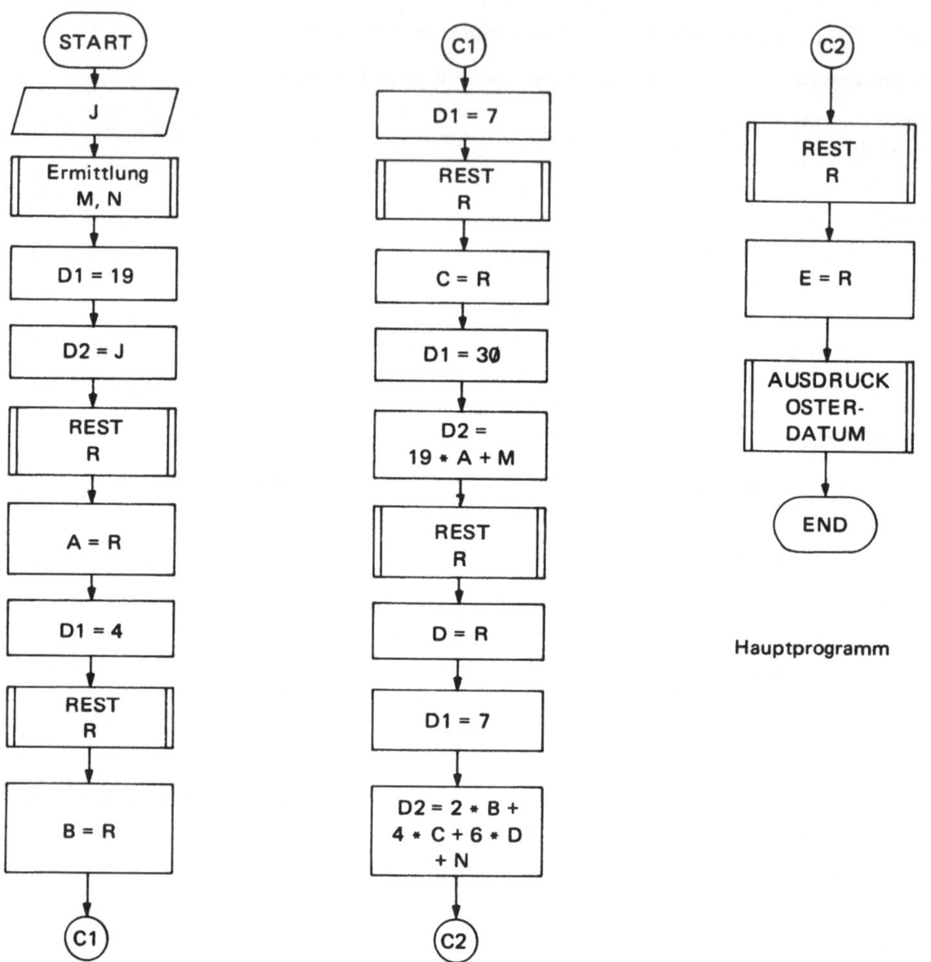

Erläuterungen zum Programmablaufplan

Der Ablaufplan beginnt mit der Eingabe einer Jahreszahl. Die Jahreszahl muß für den Aufruf des 1. Unterprogramms (Ermittlung von M und N) verfügbar sein.

Die zwei folgenden Operationen sind Parameterübergaben, die für das 2. Unterprogramm (Restbestimmung) Voraussetzung sind.

Der erste ermittelte Rest wird unter der Bezeichnung A gespeichert (Wertzuweisung). Im weiteren werden jeweils die Reste B, C, D und E bestimmt, wobei vor Aufruf des Unterprogramms jeweils die Parameter D1 (Divisor) und D2 (Dividend) übergeben werden müssen. Die Reste werden gespeichert. Nach der Bestimmung sämtlicher Reste kann der Ausdruckmodul für das Osterprogramm aufgerufen werden.

Der Ausdruckmodul für Ostern kann durch andere Ausdruckmodule ersetzt werden.

```
1000 REM *** B E G I N N   D E S   H A U P T P R O G R A M M S ***
1005 PRINT"<CLR>"
1010 PRINT"W E L C H E   J A H R E S Z A H L ? (<RETURN> SCHLIESZT AB!)";
1015 INPUTJ
1019 GOSUB2000:REM +++ BESTIMMUNG VON M UND N +++
1020 D1=19:D2=J:GOSUB3000:REM RESTBESTIMMUNG
1030 A=R:D1=4:GOSUB3000
1040 B=R:D1=7:GOSUB3000
1050 C=R:D1=30:D2=19*A+M:GOSUB3000
1060 D=R:D1=7:D2=2*B+4*C+6*D+N:GOSUB3000
1070 E=R
1080 IFT=0THEN4000:REM +++ NUR OSTERFORMEL +++
1090 ON T GOTO 4000,5000,6000,7000,8000
1100 REM SCHRITT 1090 FUER UMFASSENDES PROGRAMM
1110 END:REM ENDE DES HAUPTPROGRAMMS

READY.
```

Modul 1: Hauptprogramm

Erläuterungen zum Hauptprogramm

Anweisung Nr.	Erläuterung
1005	Bildschirm löschen
1010, 1015	Eingabe der Jahreszahl
1019	Aufruf eines Unterprogramms zur Bestimmung von M und N
1020—1070	Festsetzen von Parametern für das Unterprogramm Restbestimmung und Aufrufen dieses Unterprogramms. Speichern der Reste A — E.
1080	Ansteuern des Ausdrucks für die Osterformel (bei Fehlen einer Menüsteuerung).
1090	Sprungverteiler für umfassendes Programm der beweglichen Feste (wird durch das Programmenü angesprochen).

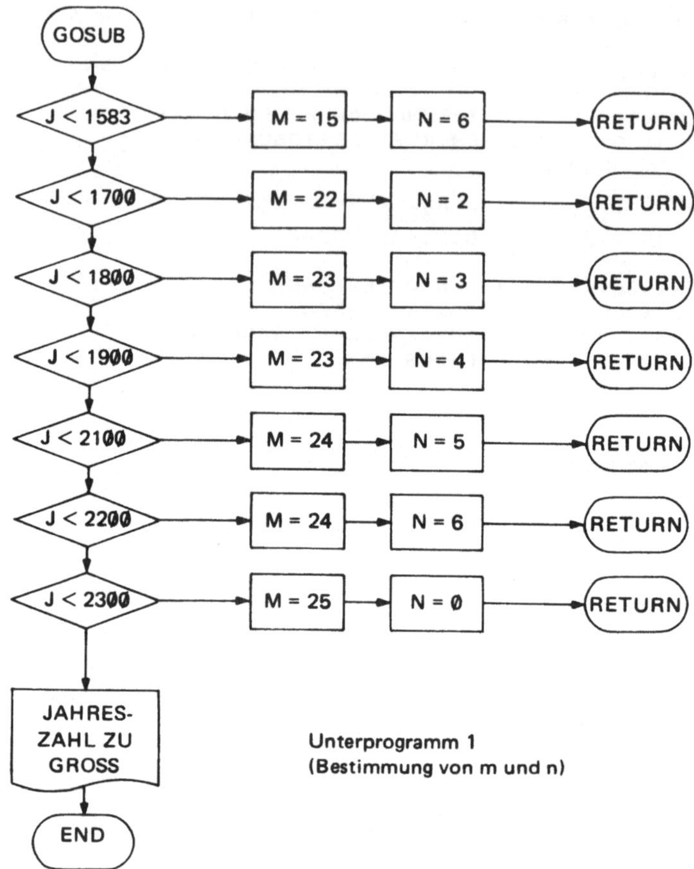

Erläuterungen zum Programmablaufplan von Unterprogramm 1

In diesem Unterprogramm werden die Parameter M und N zugewiesen. Diese Parameter hängen nur von der Jahreszahl ab.

Wenn wir die Sinnbilder von oben nach unten lesen, finden wir

(1) eine *Grenzstelle* (Beginn des Unterprogramms),

(2) eine *Abfrage*, zwei *Operationen* und eine *Grenzstelle* (Prüfung des Jahreszahl, Zuweisung der Parameter und Rückkehr ins Hauptprogramm).

Der weitere Ablauf ist analog zu (2).

Der Ablaufplan zeigt noch

(3) die *Ausgabe* einer Fehlermeldung, wenn die eingegebene Jahreszahl größer gleich 2300 ist. Diese Jahreszahlen sind in der vorliegenden Form der Osterformel noch nicht erfaßt.

```
2000 REM *** B E S T I M M U N G    VON  M  UND N ***
2010 IFJ<1583THENM=15:N=6:RETURN
2020 IFJ<1700THENM=22:N=2:RETURN
2030 IFJ<1800THENM=23:N=3:RETURN
2040 IFJ<1900THENM=23:N=4:RETURN
2050 IFJ<2100THENM=24:N=5:RETURN
2060 IFJ<2200THENM=24:N=6:RETURN
2070 IFJ<2300THENM=25:N=0:RETURN
2080 PRINT"<CTRL>R J A H R E S Z A H L   Z U   H O C H"
2090 PRINT
2100 PRINT"A B N O R M A L E S  P R O G R A M M E N D E"
2110 END

READY.
```

Modul 2: Bestimmung von M und N

Erläuterungen zum Modul 2

Anweisung Nr.	Erläuterung
2010—2070	Abfragen der Jahreszahl und entsprechende Zuweisung von M und N; Rückkehr in das Hauptprogramm.
2080—2100	Fehlermeldung (diese Jahreszahl wird von der Osterformel nicht mehr erfaßt) mit der Folge eines abnormalen Programmendes. Hier könnte ebenfalls eine Rückkehr in das Hauptprogramm veranlaßt werden (zur Wiederholung der Eingabe; die Unterprogrammansteuerung und die Rückkehr in das Hauptprogramm muß dann mit GOTO geschehen und nicht mit GOSUB-RETURN, weil zwei verschiedene Rücksprung-adressen auftreten!).

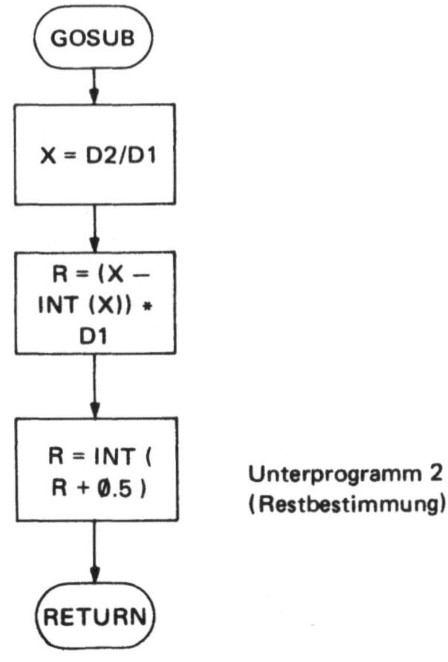

Unterprogramm 2
(Restbestimmung)

Erläuterungen zum Programmablaufplan des Unterprogramms 2

Dieser Modul besteht aus 3 Operationen:

Zunächst wird die Division ausgeführt.

Beispiel: $D2 = 3$ $D1 = 4$

$\Rightarrow X = 0.75$

Der Rest:

$R = (0.75 - INT (0.75)) * 4$
$R = 3$

Die Rundung hilft, Rechenungenauigkeiten abzufangen.

Anmerkung: Modernere BASIC-Versionen bestimmen den Rest über die MODULO-Funktion.

```
3000 REM +++ RESTBESTIMMUNG +++
3010 X=D2/D1
3030 R=(X-INT(X))*D1
3040 R=INT(R+.5)
3050 RETURN
3060 REM +++ ENDE DES UNTERPROGRAMMS +++

READY.
```

Modul 3: Restbestimmung

Erläuterungen zum Modul 3

Anweisung Nr.	Erläuterung
3010	Bestimmung des Quotienten
3030	Berechnung des Restes: Nachkommateil des Quotienten • Divisor
3040	Rundung des Restes wegen der begrenzten Rechnergenauigkeit (um Reste wie z. B. 1.9999999 zu vermeiden)
3050	Rückkehr in das Hauptprogramm

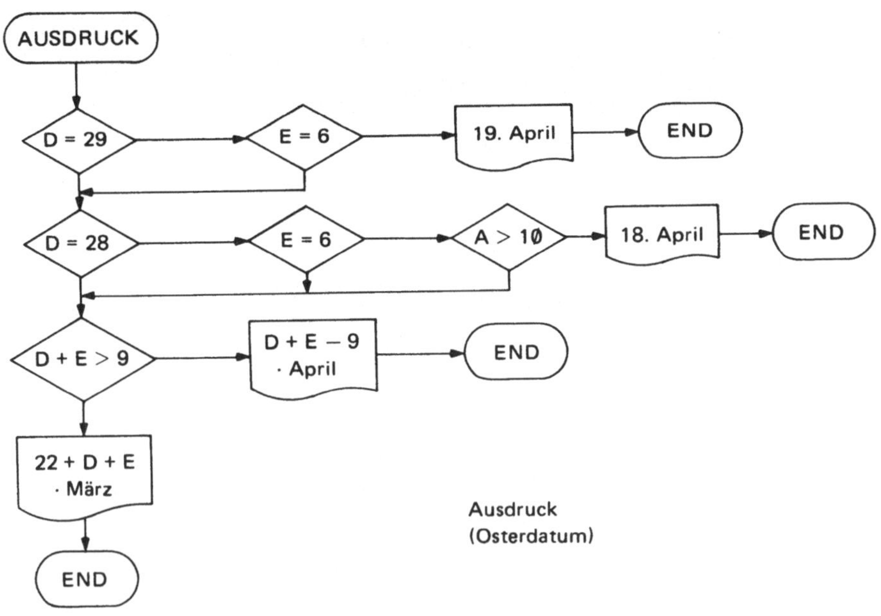


```
4000  REM **** AUSDRUCK FUER DIE OSTERFORMEL ****
4005  PRINT:PRINT
4010  PRINT"<CTRL>RO S T E R S O N N T A G  IST  AM";
4020  IFD=29THENIFE=6THENPRINT" 19.APRIL":END
4030  IFD=28THENIFE=6THENIFA>10THENPRINT" 18.APRIL":END
4040  IFD+E>9THENPRINTSTR$(D+E-9)+".A P R I L":END
4050  PRINTSTR$(22+D+E)+".M Ä R Z"
4060  END:REM+++ENDE DES AUSDRUCKS OSTERFORMEL+++
```

Modul 4: Ostern

Erläuterungen zum Modul 4

Anweisung Nr.	Erläuterung
4005	zweifacher Zeilenvorschub
4010	Einschalten des REVERSE-Modus; Beginn des Ausdrucks.
4020, 4030	Hier werden die zwei Ausnahmefälle der Osterformel erfaßt. In 4020 wäre die Realisierung: 4040 IF D = 29 AND E = 6 THEN … ebenfalls möglich, die vorliegende Realisierung ist aber schneller, da nicht immer beide Bedingungen nachgeprüft werden müssen (ähnliches gilt für 4030). Fortsetzung des Ausdrucks.
4040, 4050	Ausdruck, falls keine Ausnahme vorliegt. Die Verwendung von STR$ schließt eine Lücke im Ausdruck, was durch Weglassen dieser Anweisung nachgeprüft werden kann.
4060	Hier könnte man auch eine Rückkehr ins Menü vorsehen.

1.12.2 Die Pfingstformel

Problembeschreibung

Die Gaußsche Osterformel erlaubt die Berechnung des Osterdatums einzig und allein aus der Jahreszahl. Alle beweglichen Feste hängen nun von Ostern ab, weil sie vom Osterdatum nur durch eine bestimmte Anzahl von Tagen getrennt sind. Pfingsten ist immer 7 Wochen nach Ostern.

Daher ist es auch möglich, das Pfingstdatum aus den Divisionsresten der Osterformel zu bestimmen. Man bestimme also zunächst die Divisionsreste a, b, c, d, e.

Pfingsten ist dann am

- (10 + d + e)ten Mai, wenn d + e kleiner als 22 ist, sonst am
- (d + e − 21)ten Juni.

Natürlich gibt es auch hier zwei *Ausnahmefälle:*

- falls d = 29 und e = 6 ist, ist Pfingsten am 7. Juni,
- falls d = 28, e = 6 und a größer als 10 ist, ist Pfingsten am 6. Juni.

Problemanalyse

Ein Vorteil der modularen Programmierung wird offenbar:

Nur der Ausdruckteil (= Ausdruckmodul) der Osterformel ist durch den Ausdruckmodul der Pfingstformel zu ersetzen.

Aufgabe

Der Programmablaufplan des Ausdruckmoduls der Pfingstformel ist zu erstellen und in BASIC zu codieren. (Der Modul kann später in ein umfassendes Programm für bewegliche Feste eingearbeitet werden).

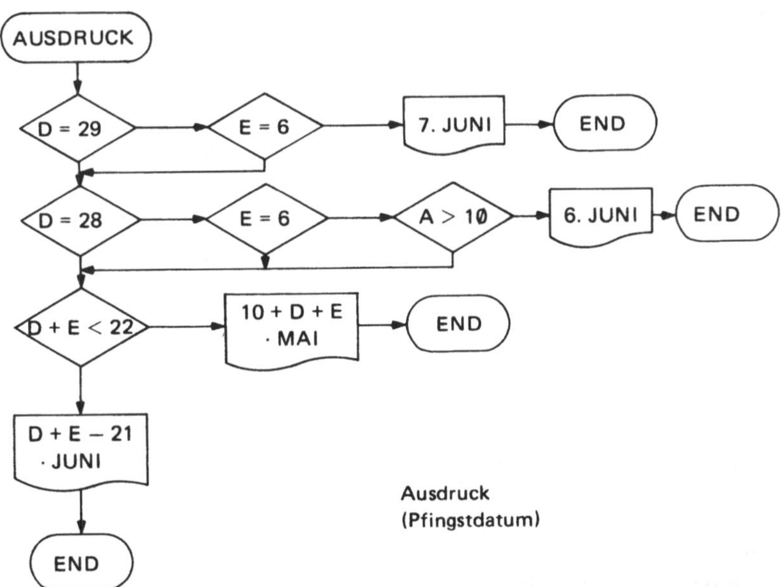

Ausdruck
(Pfingstdatum)

```
5000 REM +++ P F I N G S T F O R M E L - AUSTAUSCHMODUL +++
5005 PRINT:PRINT
5010 PRINT"<CTRL>RP F I N G S T S O N N T A G  IST  AM";
5020 IFD=29THENIFE=6THENPRINT" 7.J U N I":END
5030 IFD=28THENIFE=6THENIFA>10THENPRINT" 6.J U N I":END
5040 IFD+E<22THENPRINTSTR$(D+E+10)+".M A I ":END
5050 PRINTSTR$(D+E-21)+".J U N I"
5060 END:REM+++ENDE DES AUSDRUCKS PFINGSTFORMEL+++
```

Modul 5: Pfingsten

1.12.3 Berechnung des Fronleichnamstermins

Problemstellung

Auch Fronleichnam ist vom Osterdatum abhängig.

Es sind daher auch hier zunächst für ein bekanntes Jahr j wie in der Osterformel die Reste a, b, c, d, e zu bestimmen.

Ist d + e kleiner als 11, dann ist Fronleichnam am:

- (21 + d + e)ten Mai,

sonst am:

- (d + e − 10)ten Juni.

Ausnahmefälle:

- d = 29 und e = 6 .... 18. Juni
- d = 28, e = 6 und a größer als 10 .... 17. Juni

Problemanalyse

In der Osterformel ist wiederum nur der Ausdruckmodul durch den Ausdruckmodul für Fronleichnam zu ersetzen.

Aufgabe

Der Programmablaufplan für den Ausdruckmodul Fronleichnam ist zu erstellen und in BASIC zu codieren. (Auch dieser Modul kann später in ein umfassendes Programm der beweglichen Feste leicht eingearbeitet werden).

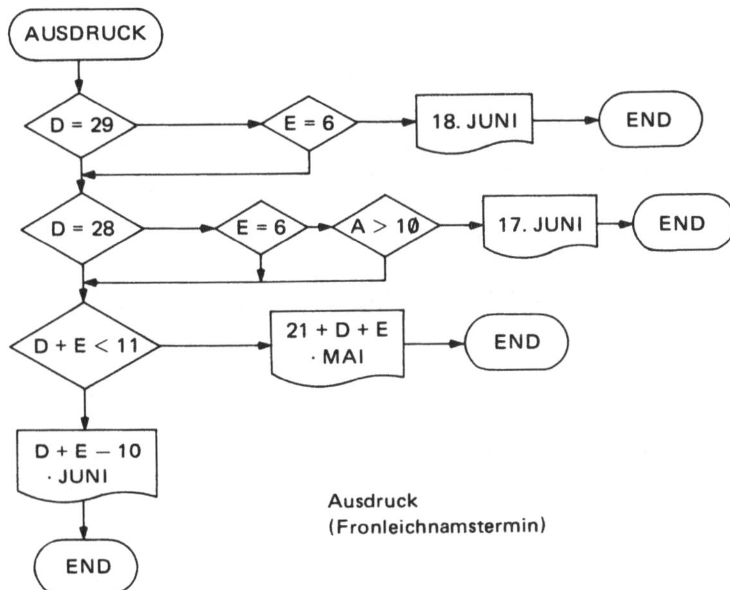

Ausdruck
(Fronleichnamstermin)

```
6000 REM +++ FRONLEICHNAMSTERMIN - AUSTAUSCHMODUL +++
6005 PRINT:PRINT
6010 PRINT"<CTRL>RF R O N L E I C H N A M  IST  AM";
6020 IFD=29THENIFE=6THENPRINT" 18.J U N I":END
6030 IFD=28THENIFE=6THENIFA>10THENPRINT" 17.J U N I":END
6040 IFD+E<11THENPRINTSTR$(D+E+21)+".M A I ":END
6050 PRINTSTR$(D+E-10)+".J U N I"
6060 END:REM+++ENDE DES AUSDRUCKS FRONLEICHNAM+++
```

Modul 6: Ausdruck Fronleichnam

1.12.4 Bestimmung des Datums von Christi Himmelfahrt

Problembeschreibung

Christi Himmelfahrt ist ebenfalls vom Osterdatum abhängig (daher müssen wie in der Osterformel die Reste a, b, c, d, e berechnet werden); der Termin kann auf drei verschiedene Monate fallen.

Datum von Christi Himmelfahrt:

$d + e = 0$ . . . . 30. April

$1 \leqslant d + e \leqslant 31$ . . . . (d + e)ter Mai

$32 \leqslant d + e \leqslant 35$ . . . . (d + e − 31)ter Juni

Ausnahmefälle:

$d = 29$ und $e = 6$ . . . . 28. Mai

$d = 28$, $e = 6$ und $a > 10$ . . . . . . 27. Mai

Problemanalyse

Wie bei Osterformel; der Ausdruckmodul ist abzuändern.

Aufgabe

Erstellung des Programmablaufplanes für den Ausdruckmodul, BASIC-Codierung desselben; später Einbau in ein umfassendes Programm der beweglichen Feste.

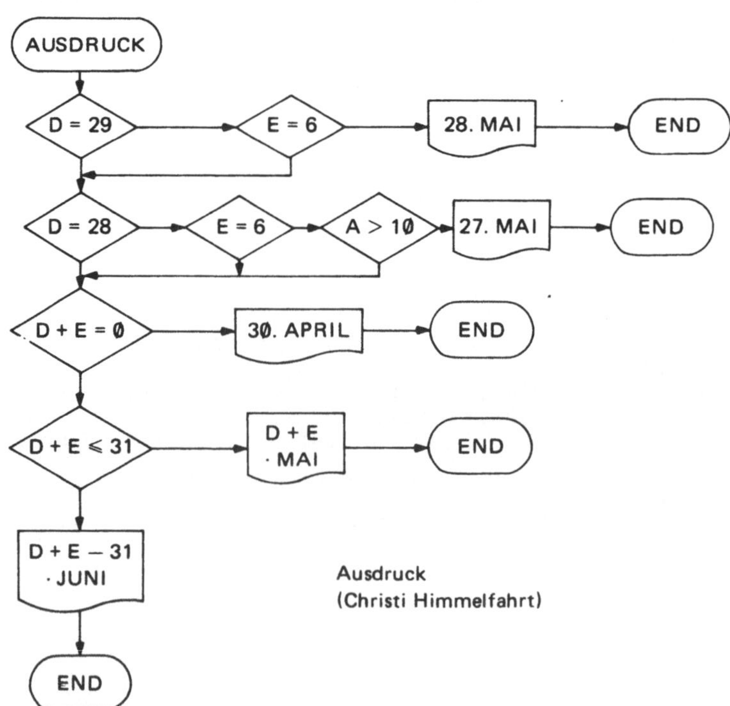

Ausdruck
(Christi Himmelfahrt)

```
7000 REM +++ CHRISTI HIMMELFAHRT - AUSTAUSCHMODUL +++
7005 PRINT:PRINT
7010 PRINT"<CTRL>RC H R I S T I   H I M M E L F A H R T   IST  AM";
7020 IFD=29THENIFE=6THENPRINT" 28.M A I ":END
7030 IFD=28THENIFE=6THENIFA>10THENPRINT" 27.M A I ":END
7035 IFD+E=0THENPRINT" 31.A P R I L":END
7040 IFD+E<31THENPRINTSTR$(D+E)+".M A I ":END
7050 PRINTSTR$(D+E-31)+".J U N I"
7060 END:REM+++ENDE DES AUSDRUCKS CHRISTI HIMMELFAHRT+++
```

Modul 7: Christi Himmelfahrt

1.12.5 Berechnung der Adventsonntage

Problembeschreibung

Mit Hilfe der Gaußschen Osterformel lassen sich auch die Daten der vier Adventsonntage bestimmen.

Wir bestimmen zunächst wieder die Reste a, b, c, d,.

Der Siebenerrest von d + e = f,

die nächstkleinere ganze Zahl von f/5 = g.

Der erste Adventsonntag ist am

(29 + f − 7g)ten November, falls (29 + f − 7g) ⩽ 30,

sonst am

(f − 7g − 1)ten Dezember.

Problemanalyse

Der Ausdruckmodul der Osterformel ist durch einen Adventmodul zu ersetzen.

Aufgabe

Der Adventmodul ist in einem Programmablaufplan darzustellen und für den späteren Einbau in ein umfassendes Programm für die Berechnung von beweglichen Festen während eines Jahres in BASIC zu codieren!

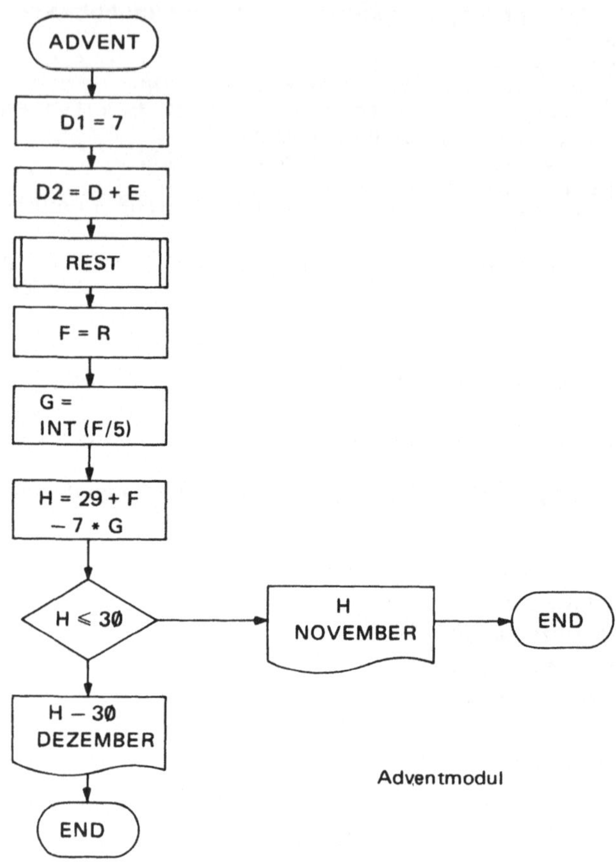

Adventmodul

```
8000 REM ***ADVENT - AUSTAUSCHMODUL***
8010 D1=7:D2=D+E:GOSUB3000
8020 F=R:G=INT(F/5):H=29+F-7*G
8025 PRINT:PRINT
8030 PRINT"<CTRL>R1. A D V E N T S O N N T A G  IST  AM";
8040 IFH<=30THENPRINTSTR$(H)+".NOVEMBER":END
8050 PRINTSTR$(H-30)+".DEZEMBER"
8060 END:REM +++ ENDE DES ADVENTMODULS +++
READY.
```

Modul 8: Advent

```
EADY.

20 REM *** W A H L P R O G R A M M ***
30 REM ++++++ C B M   8 0 3 2++++++++
40 REM
50 PRINT"<CTRL><SHIFT>N":REM GROSZSCHREIBUNG
100 PRINT"<CLR><CTRL>RU M F A S S E N D E S     P R O G R A M M   Z U R    "
101 PRINT"<CTRL>RB E R E C H N U N G   D E R   B E W E G L I C H E N"
102 PRINT"<CTRL>R           F E S T E                                "
110 PRINT:PRINT:PRINT:REM PROGRAMMAUTOR:PROF.JOHANN WEILHARTER
120 PRINT"O  S  T  E  R  N ..................................... 1"
130 PRINT
140 PRINT"P  F  I  N  G  S  T  E  N ............................ 2"
150 PRINT
160 PRINT"F  R  O  N  L  E  I  C  H  N  A  M .................. 3"
170 PRINT
180 PRINT"C  H  R  I  S  T  I   H  I  M  M  E  L  F  A  H  R  T ............... 4"
190 PRINT
200 PRINT"1.  A  D  V  E  N  T  S  O  N  N  T  A  G ............. 5"
210 PRINT:PRINT
220 PRINT"<CTRL>R                                        "
230 PRINT" W  E  L  C  H  E   W  A  H  L ? (1-5),     E  N  D  E = E
240 PRINT"<CTRL>R                                        "
250 GETT$:IFT$=""THEN250
260 IFT$="E"THEN PRINT:PRINT"<CTRL>RA U F   W I E D E S E H E N !":END
270 T=VAL(T$):REM DEM STRING T$ WIRD DER ZAHLENWERT T ZUGEWIESEN
280 IFT<1ORT>5THEN250:REM ABSICHERUNG GEGEN FALSCHE EINGABEN
290 REM *** E N D E   D E S   P R O G R A M M E N U E S ****
```

Menü-Modul

1.13 Quellenverzeichnis (Zahlentheorie 1)

(1.2) Die zwei Truthähne
Loyd, S./Gardner, M.: Mathematische Rätsel und Spiele. Köln: DuMont Taschenbuch 66, DuMont Buchverlag 1978

(1.3) Ein Ernteproblem
Ursprüngliche Quelle unbekannt

(1.4) Das Pflaumenproblem
Nachrichten der Arbeitsgemeinschaft der Mathematiklehrer an den Handelsakademien Niederösterreichs

(1.5) Ein Sonderling auf einer Ausstellung
wie 1.4

1.6) Die Dame, die Markstücke ausgibt
Gardner, M.: Aha! oder das wahre Verständnis der Mathematik. Heidelberg: Spektrum-der-Wissenschaft-Verlagsgesellschaft 1981

(1.7) Ein zahlentheoretisches Problem mit physikalischer Anwendung
Mathematisch-physikalisches „Volksgut"

(1.8) Aus einer Kurzgeschichte von Ben Ames Williams
Gardner, M.: Mathematisches Rätsel und Probleme. Vieweg-Verlag Braunschweig: 1980

(1.9) Der Teufel an der Staatsbrücke
Kordemski, B. A.: Köpfchen muß man haben, Köln: Aulis Verlag Deubner & Co KG 1978; (die Formulierung wurde abgeändert)

(1.10) Der Fischverkauf
wie 1.6

(1.11) Zifferntausch
Quelle siehe 1.9

(1.12) Programm zur Berechnung der beweglichen Feste während eines Jahres
Wissenschaftliche Nachrichten, BMfUK Wien

2 Aussagenlogik

2.1 Mathematische Vorbemerkungen zur Booleschen Algebra am Beispiel der Aussagenlogik

A. Aussagen

(1) Eine Aussage ist ein Satz, der entweder *wahr* oder *falsch* ist.
(2) Eine wahre Aussage hat den Wahrheitswert „wahr" (w, 1, − 1, true).
(3) Eine falsche Aussage hat den Wahrheitswert „falsch" (f, 0, false).

B. Aussageformen

Die Aussagenlogik befaßt sich nicht nur mit der einzelnen Aussage, sondern in erster Linie mit Typen von Aussagen. Dabei werden als Vertreter für Aussagen die Buchstaben A, B, C usw. als *Aussagenvariable* verwendet.

C. Wahrheitstafeln

Jede Aussagenvariable kann mit jedem der beiden Wahrheitswerte „falsch" oder „wahr" belegt werden. Für die Wahrheitswerte von zusammengesetzten Aussagen gilt:

(1) Werden zwei Aussagen A und B zu einer Aussage C zusammengesetzt, so hängt der Wahrheitswert von C von den Wahrheitswerten von A und B ab.
(2) Die Zusammensetzung aller möglichen Kombinationen der Wahrheitswerte von A und B mit den entsprechenden Wahrheitswerten von C heißt *Wahrheitstafel der Verknüpfung.*

D. Zusammensetzung von Aussagen

(1) Zusammensetzungen von Aussagen durch die Wörter „und", „oder", „nicht" sind die *Grundzusammensetzungen* von Aussagen.

Über diese Grundzusammensetzungen verfügen auch die meisten BASIC-Interpreter:

    und . . . . A N D
    oder . . . . O R
    nicht . . . . N O T

(2) Die NEGATION

Die Negation ist die Verneinung einer Aussage. Ist A die Aussage, so bezeichnet man die Negation mit $\neg$ A, A$'$ oder $\overline{A}$.

Ist die Aussage wahr, so ist ihre Negation falsch.

Ist die Aussage falsch, so ist ihre Negation wahr.

A	A$'$
W	F
F	W

(3) Die UND-Zusammensetzung

A	B	C $= A \wedge B$
W	W	W
W	F	F
F	W	F
F	F	F

$A \wedge B$ ist nur dann wahr, wenn beide Teilaussagen wahr sind.

Der Fachausdruck für die UND-Zusammensetzung ist KONJUNKTION.

Die Konjunktion kann auch als „logisches Produkt" erklärt werden, weil nur $1 \cdot 1 = 1$ ist, wenn man W = 1 und F = 0 setzt.

(4) Die ODER-Zusammensetzung

A	B	C $= A \vee B$
W	W	W
W	F	W
F	W	W
F	F	F

$A \vee B$ ist nur dann falsch, wenn beide Teilaussagen falsch sind.

Der Fachausdruck für die ODER-Zusammensetzung ist DISJUNKTION.

Die Disjunktion kann auch als „logische Summe" erklärt werden, weil nur $0 + 0 = 0$ ist, wenn man W = 1 und F = 0 setzt.

Wichtig: Dieses ODER ist nicht ausschließend.

(5) Außer den Grundzusammensetzungen verwendet man noch weitere Zusammensetzungen, die sich jedoch alle aus den Grundzusammensetzungen kombinieren lassen:

a) Die WENN-DANN-Zusammensetzung (IMPLIKATION)

A	B	C $= A \Rightarrow B$
W	W	W
W	F	F
F	W	W
F	F	W

$A \Rightarrow B = A' \vee B$

b) Die GENAU-DANN-WENN Zusammensetzung (ÄQUIVALENZ)

A	B	C = A $\Leftrightarrow$ B
W	W	W
W	F	F
F	W	F
F	F	W

$$A \Leftrightarrow B = (A' \vee B) \wedge (A \vee B')$$

c) Die ENTWEDER-ODER-Zusammensetzung (ANTIVALENZ)

A	B	C = A $\not\Leftrightarrow$ B
W	W	F
W	F	W
F	W	W
F	F	F

$$A \not\Leftrightarrow B = ((A' \vee B) \wedge (A \vee B'))'$$

Moderne BASIC-Interpreter verfügen auch über diese Zusammensetzungen:

wenn — dann . . . . I M P

genau — dann — wenn . . . . E Q V

entweder — oder . . . . X O R

2.2 Wahrheitstafel der Konjunktion

Problembeschreibung

Die Wahrheitstafel der Konjunktion soll mit Hilfe des Interpolationspolynoms
$K0\,(a, b) : c = a \cdot b$ erstellt werden. Es kann (und soll) auch die Bibliotheksfunktion
$c = a$ and b verwendet werden, wobei die Wahrheitswerte dann aber $-1 =$ wahr und
$0 =$ falsch bedeuten.

Problemanalyse

Die Programmierung ist sehr einfach, da es sich ausschließlich um Druckschleifen handelt.
Wenn die OUT-OF-DATA-ERROR-Meldung vermieden werden soll, muß man eine
Abfrage verwenden.

Aufgabe

Es sind die gestellten Probleme in einem Programmablaufplan zu analysieren und das
BASIC-Programm für das wahlweise Ausdrucken der Wahrheitstafeln nach der gewünschten
Methode zu schreiben, wobei zu beachten ist, daß die Wahrheitswerte mit READ-GOTO-
DATA einzulesen sind. Ausgabe in Form einer Wahrheitstafel. Wahrheitswerte: 1 = wahr
(bzw. -1), 0 = falsch!

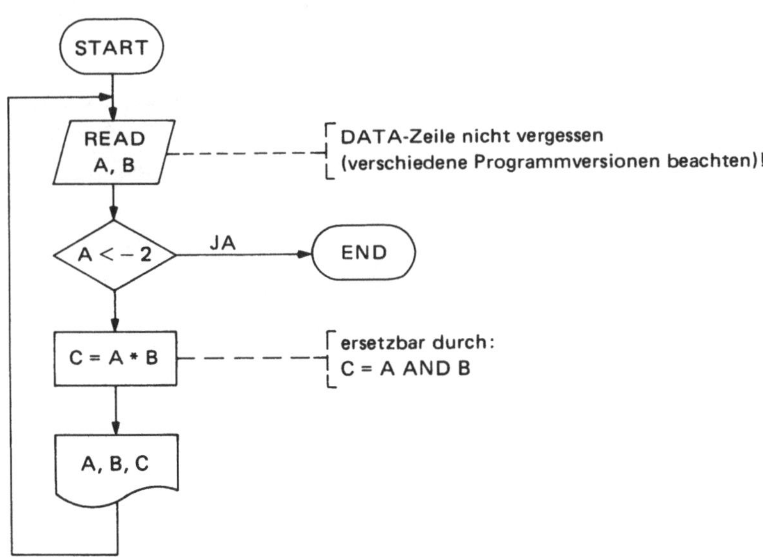

```
WIEDERHOLE   BIS   DATEN ZU ENDE

    EINLESEN : A,B


    INTERPOLATIONSPOLYNOM DER KONJUNKTION:
       C:=A*B


    DRUCKEN : A,B,C
```

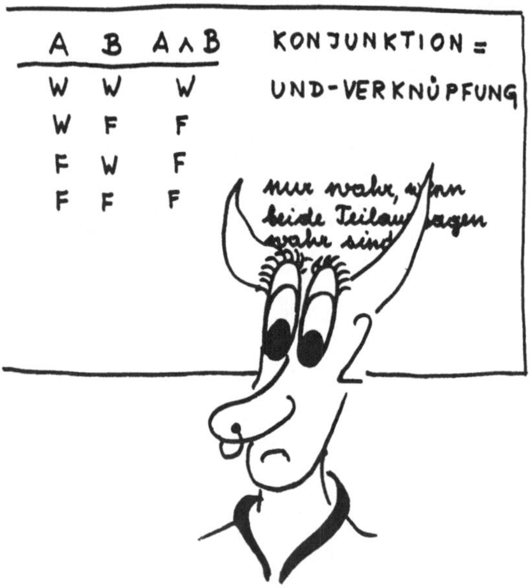

A	B	A∧B
W	W	W
W	F	F
F	W	F
F	F	F

Programm

```
10 PRINT "Konjunktion"
20 PRINT "==========="
30 PRINT
40 PRINT "A","B","C"
50 PRINT
60 READ A,B
70 IF A < -2 THEN END
80 C = A*B
90 IF A = 1 THEN PRINT "W",:GOTO 110
100 PRINT "F",
110 IF B = 1 THEN PRINT "W",:GOTO 130
120 PRINT "F",
130 IF C = 1 THEN PRINT "W":GOTO 150
140 PRINT "F"
150 GOTO 60
160 DATA 1,1,1,0,0,1,0,0,-5,-5
```

Programmalternative

```
10 PRINT "Konjunktion"
20 PRINT "==========="
30 PRINT
40 PRINT "A","B","C"
50 PRINT
60 READ A,B
70 IF A < -2 THEN END
80 C = A AND B
90 IF A THEN PRINT "W",
        ELSE PRINT "F",
100 IF B THEN PRINT "W",
        ELSE PRINT "F",
110 IF C THEN PRINT "W"
        ELSE PRINT "F"
120 GOTO 60
130 DATA -1,-1,-1,0,0,-1,0,0,-5,-5
```

Probelauf (beide Varianten gleich)

```
Konjunktion
===========

A             B             C

W             W             W
W             F             F
F             W             F
F             F             F
```

Erläuterungen zum Programm

Anweisung Nr.	Erläuterung
10–30	Überschrift mit Zeilenvorschub drucken
40, 50	Tabellenüberschrift mit Zeilenvorschub drucken
60	Einlesen von A und B
70	Prüfen auf Datenendbedingung
80	Interpolationspolynom der Konjunktion berechnen
90–140	Ausdrucken der Wahrheitstafel entsprechend den Wertebelegungen
150	Rücksprung der Einleseschleife
160	Datazeile

2.3 Wahrheitstafel der Disjunktion

Problembeschreibung

Die Wahrheitstafel der Disjunktion soll mit Hilfe des Interpolationspolynoms DI $(a, b) : c = a + b - a * b$ erstellt werden. Es kann (und soll) auch die Bibliotheksfunktion $c = a$ or b verwendet werden, wobei die Wahrheitswerte dann aber $-1 =$ wahr und $0 =$ falsch bedeuten.

Problemanalyse

Die Programmierung ist sehr einfach, da es sich ausschließlich um Druckschleifen handelt.
Wenn die OUT-OF-DATA-ERROR-Meldung vermieden werden soll, muß man eine
Abfrage verwenden.

Aufgabe

Es sind die gestellten Probleme in einem Programmablaufplan zu analysieren und das
BASIC-Programm für das wahlweise Ausdrucken der Wahrheitstafeln nach der gewünschten Methode zu schreiben, wobei zu beachten ist, daß die Wahrheitswerte mit READ-
GOTO-DATA einzulesen sind. Ausgabe in Form einer Wahrheitstafel. Wahrheitswerte:
1 = wahr (bzw. − 1), 0 = falsch!

Programmablaufplan:

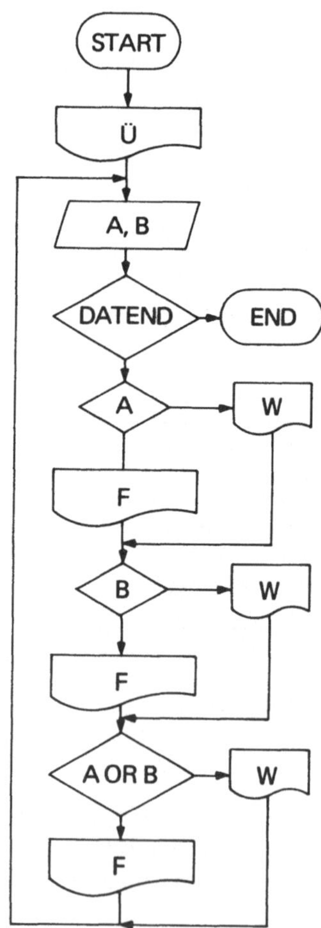

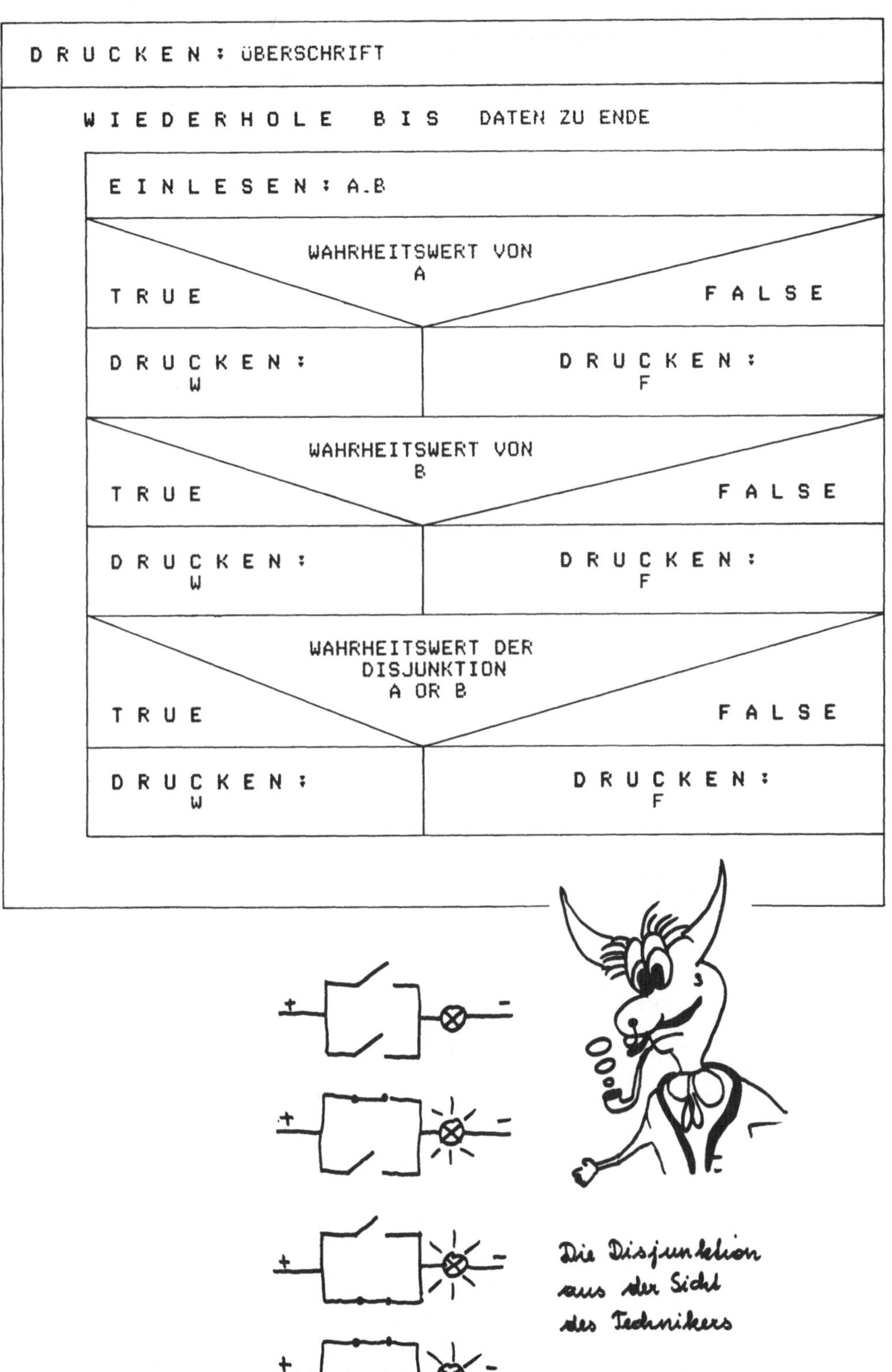

D R U C K E N : ÜBERSCHRIFT
W I E D E R H O L E   B I S   DATEN ZU ENDE
E I N L E S E N : A.B
WAHRHEITSWERT VON
A
T R U E
F A L S E
D R U C K E N :
W
D R U C K E N :
F
WAHRHEITSWERT VON
B
T R U E
F A L S E
D R U C K E N :
W
D R U C K E N :
F
WAHRHEITSWERT DER
DISJUNKTION
A OR B
T R U E
F A L S E
D R U C K E N :
W
D R U C K E N :
F
+
-
+
-
+
-
+
-
Die Disjunktion
aus der Sicht
des Technikers

Programm und Probelauf Disjunktion

```
A         B          A V B

W         W          W
W         F          W
F         W          W
F         F          F

  1 OPEN5,5:CMD5:OPEN4,4:CMD4
 10 PRINT"A","B","A V B"
 20 PRINT
 30 READ A,B
 40 DATA -1,-1,-1,0,0,-1,0,0,10,10
 50 IF A>0 THEN LIST:END
 60 IF A THEN PRINT "W",:GOTO 80
 70 PRINT "F",
 80 IF B THEN PRINT "W",:GOTO 100
 90 PRINT "F",
100 IF A OR B THEN PRINT"  W":GOTO 120
110 PRINT "  F"
120 GOTO 30
READY.
```

Programm und Probelauf Implikation

```
A             B              A==>B

W             W              W
W             F              F
F             W              W
F             F              W

  1 OPEN5,5:CMD5:OPEN4,4:CMD4
 10 PRINT"A","B","A==>B"
 20 PRINT
 30 READ A,B
 40 DATA -1,-1,-1,0,0,-1,0,0,10,10
 50 IF A>0 THEN LIST:END
 60 IF A THEN PRINT "W",:GOTO 80
 70 PRINT "F",
 80 IF B THEN PRINT "W",:GOTO 100
 90 PRINT "F",
100 IF NOT A OR B THEN PRINT"  W":GOTO 120
110 PRINT "  F"
120 GOTO 30
READY.
```

Programm und Probelauf Äquivalenz

```
A               B               A<=>B

W               W               W
W               F               F
F               W               F
F               F               W

 1 OPEN5,5:CMD5:OPEN4,4:CMD4
10 PRINT"A","B","A<=>B"
20 PRINT
30 READ A,B
40 DATA -1,-1,-1,0,0,-1,0,0,10,10
50 IF A>0 THEN LIST:END
60 IF A THEN PRINT "W",:GOTO 80
70 PRINT "F",
80 IF B THEN PRINT "W",:GOTO 100
90 PRINT "F",
100 IF(NOT A OR B)AND(A OR NOT B)THEN PRINT"  W":GOTO 120
110 PRINT "  F"
120 GOTO 30
READY.
```

Programm und Probelauf Antivalenz

```
A               B               A<#>B

W               W               F
W               F               W
F               W               W
F               F               F

 1 OPEN5,5:CMD5:OPEN4,4:CMD4
10 PRINT"A","B","A<#>B"
20 PRINT
30 READ A,B
40 DATA -1,-1,-1,0,0,-1,0,0,10,10
50 IF A>0 THEN LIST:END
60 IF A THEN PRINT "W",:GOTO 80
70 PRINT "F",
80 IF B THEN PRINT "W",:GOTO 100
90 PRINT "F",
100 IFNOT((NOT A OR B)AND(A OR NOT B))THEN PRINT"  W":GOTO 120
110 PRINT "  F"
120 GOTO 30
READY.
```

Erläuterungen zum Programm

Anweisung Nr.	Erläuterung
1	Ansprechen des Alternativzeichensatzes auf dem Tally-Printer. Diese Zeile kann weggelassen werden — das Programm ist dann in sehr vielen BASIC-Versionen lauffähig!
10, 20	Drucken der Tabellenüberschrift mit Zeilenvorschub
30, 40, 120	Anweisungstripel der READ-GOTO-DATA Schleife. In der DATA-Zeile werden die Booleschen Werte true := − 1 und false := 0 verwendet
50	Abfrage auf Datenendbedingung und gegebenenfalls auflisten (dient zur Dokumentation)
60—110	Tafel der Wahrheitswerte ausdrucken: IF A ist gleichbedeutend mit IF A = − 1
100	Verwendung der Booleschen Bibliotheksfunktion für die Disjunktion. Abänderungen in dieser Zeile gestatten auch den Ausdruck der Wahrheitstafel für die IMPLIKATION, ÄQUIVALENZ und ANTIVALENZ.

2.4 Aussagenlogik: „Wer hat meinen Wein getrunken?"

Problemstellung

„Wer von Euch hat meinen Weinkeller ausgeräumt?" fragte der Vater nach dem Urlaub seine fünf Söhne.

„Wir wollen gern (die Wahrheit) gestehen", antworteten diese, „aber ein wenig sollst Du dafür schon nachdenken, wem Du das Taschengeld kürzen mußt, um den Schaden wieder gutzumachen." Ewald sagt: „Wenn Dieter oder Anton keinen Wein verbrauchten, dann nahm auch ich nichts."

Anton meint: „Ewald oder Dieter tranken von Deinem Wein". „Entweder haben Cäsar und Dieter von Deinem Wein getrunken oder keiner von beiden", fügt Bernd hinzu. „Bernd verbrauchte Deinen Wein, aber nicht Cäsar, oder Cäsar verbrauchte ihn, jedoch nicht Bernd", läßt Dieter sich hören. Cäsar schließt: „Entweder nahm Bernd keinen Deiner Weine oder Anton trank wenigstens von einem". Wer war es?

Anleitung: Man übersetze das Problem in die formale Logik und zeige, daß das entsprechende System genau eine Lösung hat!

Problemanalyse

Aussagenlogisch ist das Problem so zu formalisieren:

$$\neg d \vee \neg a \Rightarrow \neg e$$
$$e \vee d$$
$$(c \wedge d) \vee (\neg c \wedge \neg d)$$
$$(b \wedge \neg c) \vee (c \wedge \neg b)$$
$$\neg b \Leftrightarrow a$$

worin a, b, c, d, e für „Anton war es", „Bernd war es" usw. steht.

Wesentlich für die Problemlösung ist die Tatsache, daß über der Menge der Wahrheitswerte $W = \{0, 1\}$ die aussagenlogischen Verknüpfungen durch *Interpolationspolynome* dargestellt werden können:

$$\neg a \ : a \rightarrow 1 - a$$
$$a \wedge b \ : (a, b) \rightarrow a \cdot b$$
$$a \vee b \ : (a, b) \rightarrow a + b - a \cdot b$$

Andere Verknüpfungen werden durch die *Tautologien*

$$(a \Rightarrow b) \Leftrightarrow (\neg a \vee b)$$
$$(a \Leftrightarrow b) \Leftrightarrow [(a \Rightarrow b) \wedge (b \Rightarrow a)]$$
$$(a \nLeftrightarrow b) \Leftrightarrow \neg (a \Leftrightarrow b)$$

dargestellt.

Die Interpolationspolynome X1, X2, ..., X5 für die einzelnen Aussagen müssen erstellt werden. Da alle Brüder die Wahrheit gestehen wollen, muß das Produkt $X1 \cdot X2 \cdot X3 \cdot X4 \cdot X5$ den Wert 1 annehmen, wenn das Problem widerspruchsfrei gelöst werden soll.

Aufgabe

Es ist ein Programmablaufplan zu erstellen.

Es ist ein BASIC-Programm zu schreiben unter Beachtung folgender Auflagen:

a) Variation der Wahrheitswerte mit FOR-NEXT-Schleifen.

b) Eine Abfrage nach Lösung des Problems muß verwendet werden.

c) Der Ausdruck muß lauten:

   „NN ist der Täter"

   ....

, wobei nicht auszuschließen ist, daß mehrfache Lösungen existieren.

Programmablaufplan

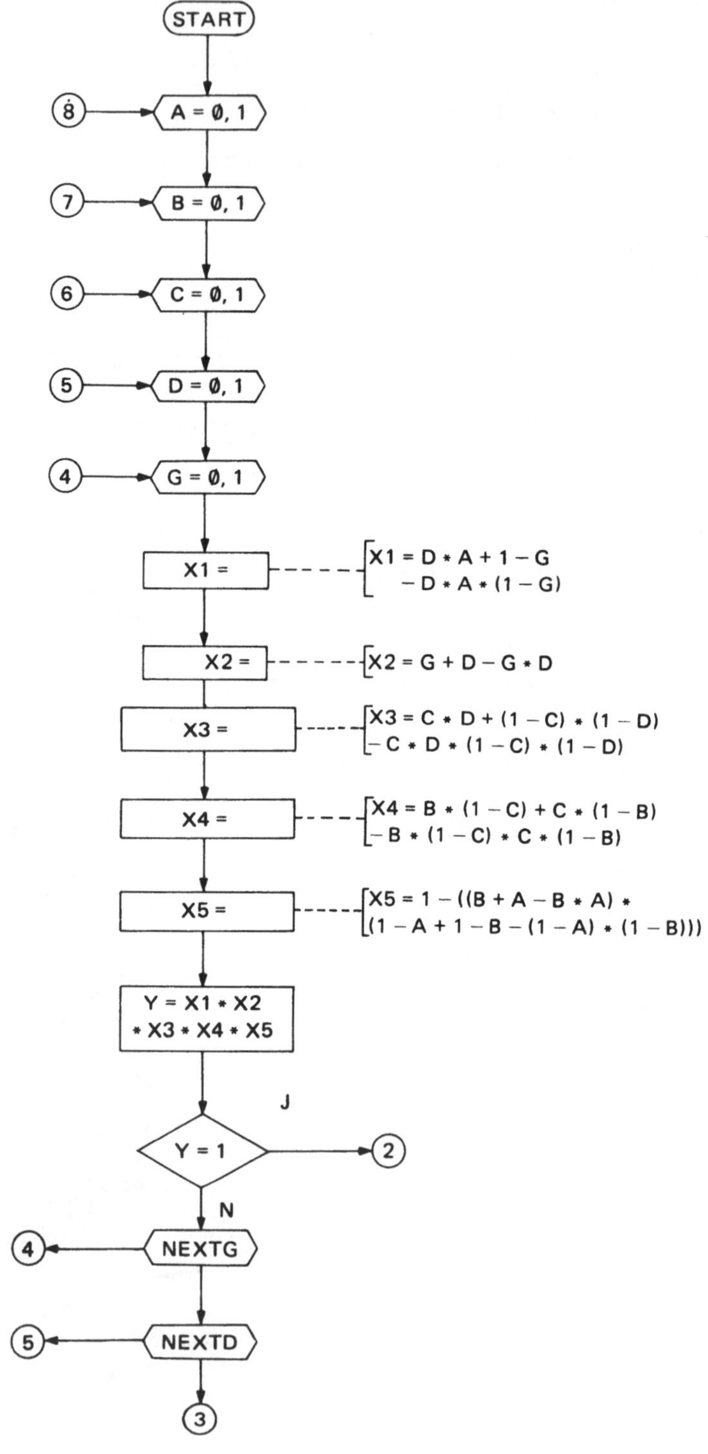

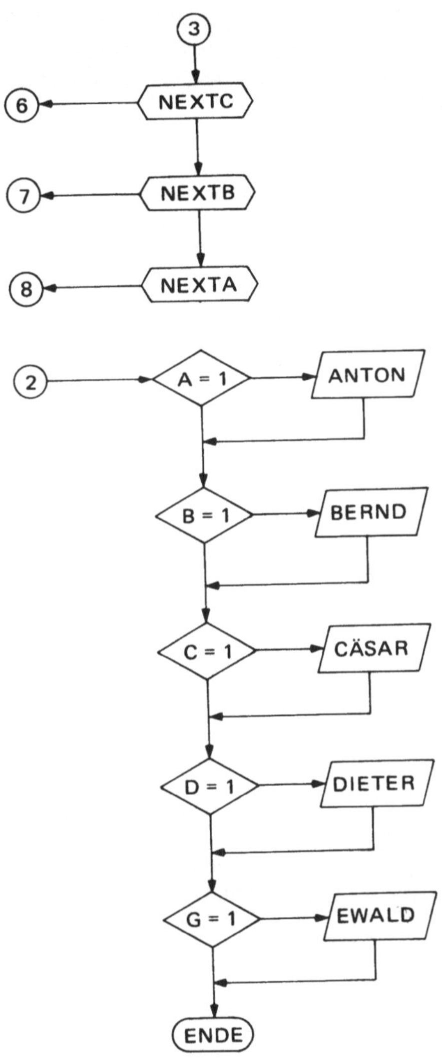

Erläuterungen zum Programmablaufplan

Es gibt für jeden der fünf Brüder nur zwei Möglichkeiten:

er hat den Wein getrunken 1
er hat den Wein nicht getrunken .... 0.

Mit fünf geschachtelten FOR-Schleifen können alle 32 möglichen Variationen durchgeprüft werden. Damit beginnt der Ablaufplan.

Danach kommen die 5 Interpolationspolynome über die Aussagen der fünf Brüder. Die aussagenlogischen Formulierungen sind der Problemanalyse zu entnehmen. Für Negation, Konjunktion und Disjunktion kennen wir Interpolationspolynome. Die Implikation und die Antivalenz müssen mit Hilfe der Negation, Konjunktion und Disjunktion umschrieben werden.

Die Interpolationspolynome sind im Ablaufplan als Operationen angeführt. Die erste Abfrage überprüft, ob alle Aussagen wahr sind. Y ist das Interpolationspolynom der Konjunktion aller Einzelaussagen. Wenn alle Aussagen wahr sind, kann der Ausdruckmodul angesteuert werden (Konnektor 2).

Die Schleifen müssen von innen nach außen geschlossen werden.

Der Ausdruckmodul besteht nur aus Abfragen und Druckbefehlen. Wessen Zustandsvariable den Wert 1 hat, der ist als Täter überführt.

Programm

```
LIST
WEIN                        MU BASIC/RT V01-01C
10 FOR A=0 TO 1
20 FOR B=0 TO 1
30 FOR C=0 TO 1
40 FOR D=0 TO 1
50 FOR G=0 TO 1
60 X1=D*A+1-G-D*A*(1-G)
70 X2=G+D-G*D
80 X3=C*D+(1-C)*(1-D)-C*D*(1-C)*(1-D)
90 X4=B*(1-C)+C*(1-B)-B*(1-C)*C*(1-B)
100 X5=1-((B+A-B*A)*(1-A+1-B-(1-A)*(1-B)))
110 Y=X1*X2*X3*X4*X5
120 IF Y=1 THEN 180
130 NEXT G
140 NEXT D
150 NEXT C
160 NEXT B
170 NEXT A
180 IF A=1 THEN PRINT "ANTON IST DER TAETER"
190 IF B=1 THEN PRINT "BERND IST DER TAETER"
200 IF C=1 THEN PRINT "CAESAR IST DER TAETER"
210 IF D=1 THEN PRINT "DIETER IST DER TAETER"
220 IF G=1 THEN PRINT "EWALD IST DER TAETER"

READY
```

Problelauf

```
run

WEIN                        MU BASIC/RT 11 V01-01C

CAESAR IST DER TAETER
DIETER IST DER TAETER

READY
```

Erläuterungen zum Programm

Anweisung Nr.	Erläuterung
10—50, 130—170	Anweisungspaare für Schleifen zur Bildung aller denkbaren Variationen der Wahrheitswerte 0 und 1
60—100	Bildung der Interpolationspolynome für die vorliegenden Aussagen
110, 120	Bildung des Interpolationspolynoms für die Gesamtaussage und Prüfung auf Wahrheitswert; gegebenenfalls Ausdruck der Wahrheitswerte von A, B, C, D, G
190—220	Ausdruck

Alternativlösung mit Hilfe der aussagenlogischen Bibliotheksfunktionen

Die formale Darstellung der 5 Aussagen mit Hilfe der aussagenlogischen Bibliotheksfunktionen not, and und or des Commodore-BASIC 4.0 lautet wie folgt:

```
X1 = NOT (NOTD OR NOTA) OR NOTE
X2 = E OR D
X3 = C AND D OR NOTC AND NOTD
X4 = B AND NOTC OR C AND NOTB
X5 = NOT ((B OR A) AND (NOTA OR NOTB))
```

Programmalternative

```
1 OPEN5,5:CMD5:OPEN4,4:CMD4
10 PRINT"<CLR>WER HAT DEN WEINKELLER AUSGERAEUMT?"
20 FOR A=-1TO0
30 FOR B=-1TO0
40 FOR C=-1TO0
50 FOR D=-1TO0
60 FOR E=-1TO0
70 X1=NOT(NOTD OR NOTA)OR NOTE
80 X2=E OR D
90 X3=C AND D OR NOTC AND NOTD
100 X4=B AND NOTC OR C AND NOTB
110 X5=NOT((B OR A)AND(NOTA OR NOTB))
120 IFX1 AND X2 AND X3 AND X4 AND X5 THEN 200
130 NEXTE,D,C,B,A
140 END
200 IFATHENPRINT"A N T O N    W A R    E S"
210 IFBTHENPRINT"B E R N D    W A R    E S"
220 IFCTHENPRINT"C A E S A R    W A R    E S"
230 IFDTHENPRINT"D I E T E R    W A R    E S"
240 IFETHENPRINT"E W A L D    W A R    E S"
300 LIST
READY.
```

Probelauf

```
<CLR>WER HAT DEN WEINKELLER AUSGERAEUMT?
C A E S A R    W A R    E S
D I E T E R    W A R    E S
```

Erläuterungen zur Programmalternative

Anweisung Nr.	Erläuterung
1	Aktivieren des Druckers (Alternativzeichensatz des Tally-Printers); dieser Schritt dient nur der Dokumentation
10	Löschen des Bildschirms und Drucken der Überschrift
20—60, 130	Anweisungspaare für Schleifen zur Bildung aller denkbaren Variationen der Wahrheitswerte — 1 = wahr, 0 = falsch
70—110	Formalisierung der gegebenen Aussagen mit Hilfe der booleschen Bibliotheksfunktionen
120	Überprüfen des Wahrheitswertes der Gesamtaussage und gegebenenfalls Ansteuern des Ausdrucks
200—240	Ausdruck bei Aussagen mit dem Wahrheitswert — 1

2.5 Die zerbrochene Fensterscheibe

Problembeschreibung

Einer von vier Lausbuben hat eine Fensterscheibe eingeworfen.

Anton sagt: „Emil war es."
Emil sagt: „Gustav hat es getan."
Fritz sagt: „Ich war es nicht."
Gustav sagt: „Emil hat gelogen."

a) Wenn nur einer von den vieren gelogen hat, wer hat dann den Ball geworfen?
b) Wer war der Übeltäter, wenn nur einer die Wahrheit gesagt hat?

Problemanalyse

Variablenlegende:

Die Aussagen *über* die Knaben und die Aussagen *durch* die Knaben müssen unterschieden werden:

a1: Anton hat geworfen	a2: Anton's Aussage
e1: Emil hat geworfen	e2: Emil's Aussage
f1: Fritz hat geworfen	f2: Fritz' Aussage
g1: Gustav hat geworfen	g2: Gustav's Aussage

Die 4 Aussagen lauten, mathematisch formuliert:

$$a2 = e1, \ e2 = g1, \ g2 = \text{not }(e2), \ f2 = \text{not }(f1)$$

Wesentlich für die Lösung ist, daß nur einer geworfen hat.

Aufgabe

Erstelle einen Programmablaufplan und ein BASIC-Programm zur Problemlösung. 2 Varianten sind zu berücksichtigen:

1. Ausgangslage (= 1 Täter) in DATA-Zeile speichern
2. Variation der Wahrheitswerte mit FOR-NEXT-Schleifen

Programmablaufplan

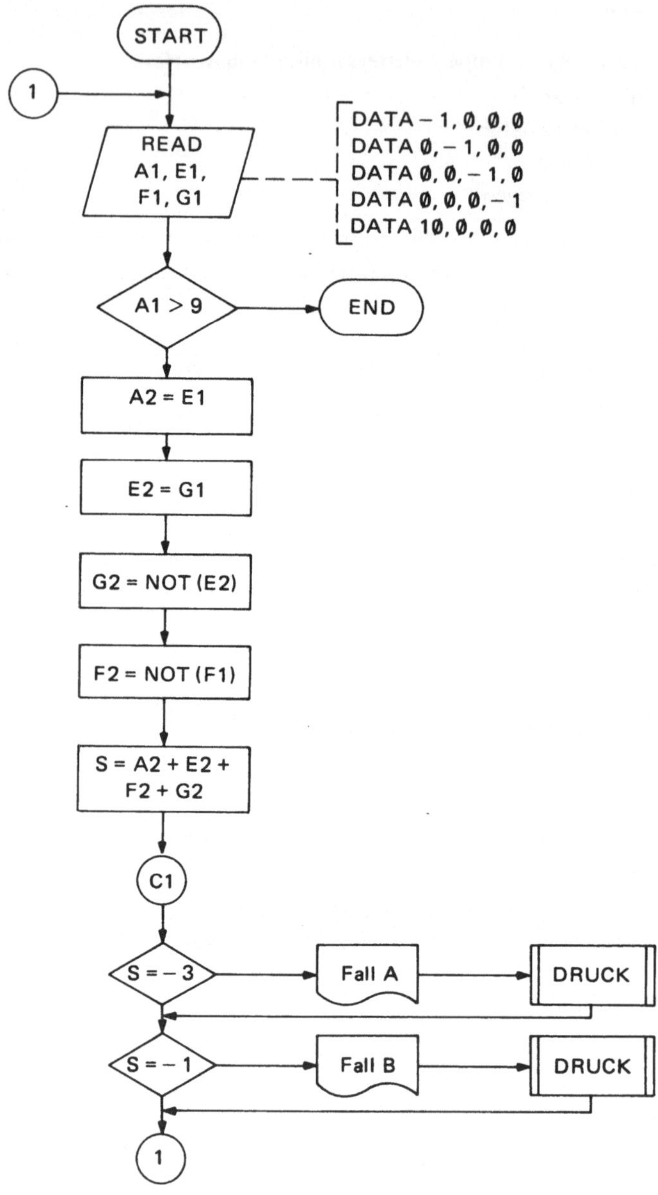

Programmablaufplan (Alternative)

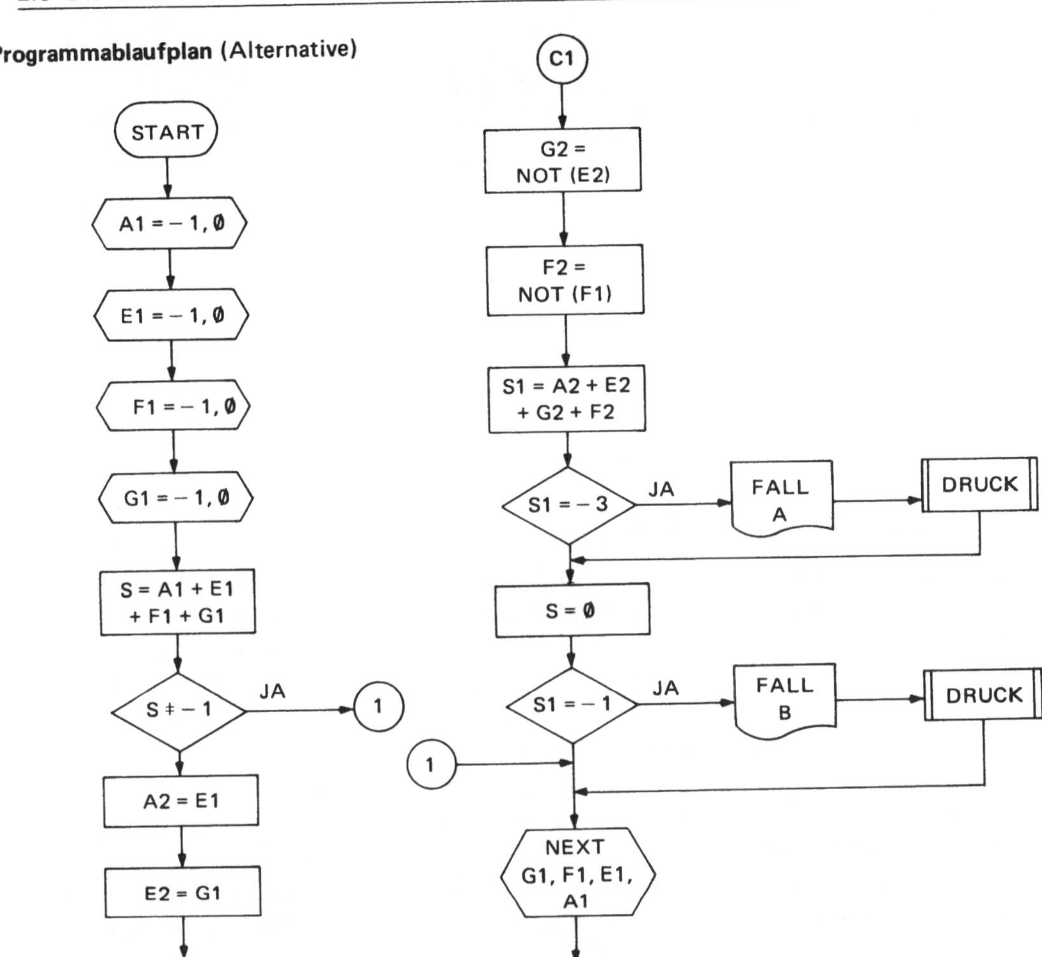

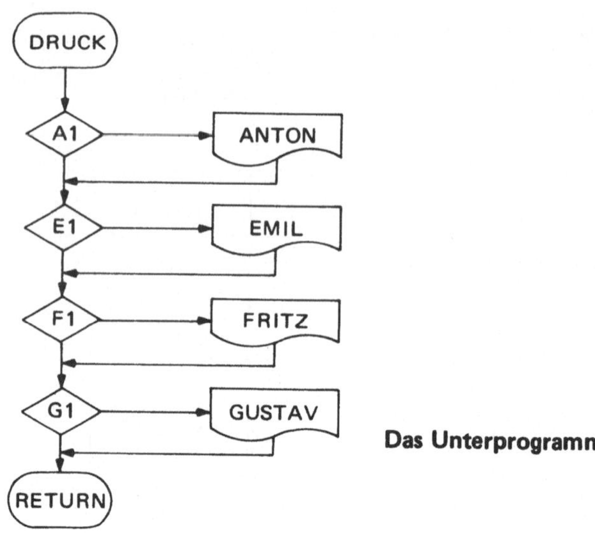

Das Unterprogramm

Erläuterungen zum Programmablaufplan

Wir beginnen damit, daß wir zunächst die Daten für die Aussagen über die Knaben ein-lesen. Der Aufbau der Datenzeile zeigt uns, daß wir nur einen Täter annehmen.

Die erste Abfrage im Ablaufplan prüft auf Datenendbedingung und führt zum Ende des Algorithmus.

Die 4 Operationen nach der ersten Abfrage sind die Aussagen der 4 Knaben. Danach wird die Summe der Wahrheitswerte der Aussagen errechnet.

Die folgenden Abfragen basieren auf der folgenden Überlegung:

Ist die Summe = − 3, so hat nur einer gelogen, und ist die Summe = − 1, so hat nur einer die Wahrheit gesagt. Die Ausgabe soll in entsprechender Weise diese Fälle unterscheiden.

In der Alternative werden die möglichen Fälle über FOR-Schleifen variiert. Über eine Abfrage werden die Fälle aussortiert, in denen nicht genau ein Täter in Frage kommt.

Programm (mit Probelauf)

```
a) Einer hat gelogen und Emil war der Täter
b) Einer spricht die Wahrheit und Fritz war der Täter

10 open5,5:cmd5
20 read a1,e1,f1,g1
30 data -1,0,0,0,0,-1,0,0,0,0,-1,0,0,0,0,-1,10,0,0,0
40 if a1>9thenlist:end
50 a2=e1
60 e2=g1
70 g2=not(e2)
80 f2=not(f1)
90 s=a2+e2+g2+f2
100 if s=-3thenprint" a) Einer hat gelogen und ";:gosub1000
110 ifs=-1thenprint" b) Einer spricht die Wahrheit und ";:gosub1000
120 goto20
1000 ifa1thenprint"Anton war der Täter"
2000 ife1thenprint"Emil war der Täter"
3000 iff1thenprint"Fritz war der Täter"
4000 ifg1thenprint"Gustav war der Täter"
5000 return
ready.
```

Programmalternative (mit Probelauf)

```
A) EINER HAT GELOGEN UND EMIL WAR DER TAETER
B) EINER SPRICHT DIE WAHRHEIT UND FRITZ WAR DER TAETER

10 OPEN5,5:CMD5:OPEN4,4:CMD4
20 FORA1=-1TO0
30 FORE1=-1TO0
40 FORF1=-1TO0
50 FORG1=-1TO0
60 S=A1+E1+F1+G1
70 IFS<>-1THEN300
80 A2=E1
90 E2=G1
100 G2=NOT(E2)
110 F2=NOT(F1)
120 S1=A2+E2+G2+F2
130 IF S1=-3THENPRINT" A) EINER HAT GELOGEN UND ";:GOSUB1000
140 IFS1=-1THENPRINT" B) EINER SPRICHT DIE WAHRHEIT UND ";:GOSUB1000
200 S=0
300 NEXT G1,F1,E1,A1
310 LIST
1000 IFA1THENPRINT"ANTON WAR DER TAETER"
2000 IFE1THENPRINT"EMIL WAR DER TAETER"
3000 IFF1THENPRINT"FRITZ WAR DER TAETER"
4000 IFG1THENPRINT"GUSTAV WAR DER TAETER"
5000 RETURN
READY.
```

Erläuterungen zum Programm

Anweisung Nr.	Erläuterung
10	Ansprechcode für Tally-Printer (kann weggelassen werden!)
20	Einlesen der möglichen Täterkombinationen
30	DATA-Zeile mit gespeicherten Täterkombinationen
	$-1, 0, 0, 0$ ... Anton war es
	$0, -1, 0, 0$ ... Emil war es
	$0, 0, -1, 0$ ... Fritz war es
	$0, 0, 0-1$ ... Gustav war es
	$10, 0, 0, 0$ ... Datenendbedingung
40	Prüfen auf Datenendbedingung
50	Anton sagt: „Emil war es".
60	Emil sagt: „Gustav hat es getan".
70	Gustav sagt: „Emil hat gelogen".
80	Fritz sagt: „Ich war es nicht".
90	Summe der Wahrheitswerte der Aussagen der Knaben bilden
100	Wenn die Summe $= -3$ ist, hat nur einer gelogen. Im Unterprogramm wird der Täter eruiert.
110	Wenn die Summe $= -1$ ist, hat nur einer die Wahrheit gesagt. Der Täter wird im Unterprogramm eruiert.
120	Rücksprung der Einleseschleife
1000–5000	Unterprogramm zur Ermittlung des Täters

Erläuterungen zur Programmalternative

Anweisung Nr.	Erläuterung
10	Ansprechcode für den Tally-Printer. Diese Zeile kann weggelassen werden.
20–50, 300	Anweisungspaare für Schachtelschleifen zur Variation der Wahrheitswerte der Aussagen über die Knaben
60	Ermittlung der Tätersumme
70	Nur 1 Täter kommt in Frage

Im übrigen ist die Vorgangsweise dem Programm entsprechend

2.6 Wer lügt?

Problembeschreibung

Paul sagt, Max lügt.

Max sagt, Otto lügt.

Otto sagt, Max und Paul lügen.

Wer lügt hier wirklich, wer sagt die Wahrheit?

Problemanalyse

Die Aussagen können formalisiert werden zu:

1) $p = not\ m$
2) $m = not\ o$
3) $o = not\ m\ \ and\ \ not\ p$

Variablenlegende:

p ... Aussage von Paul

m ... Aussage von Max

o ... Aussage von Otto

Das Problem ist gelöst, wenn: (p = notm) and (m = noto) and (o = notm and notp) eine wahre Aussage ist. Die Wahrheitswerte − 1, 0 sollen mit FOR-NEXT-Schleifen variiert werden.

Aufgabe

Es ist der Programmablaufplan zu erstellen und ein BASIC-Programm zu schreiben, welches die Problemlösung bringt.

Programmablaufplan

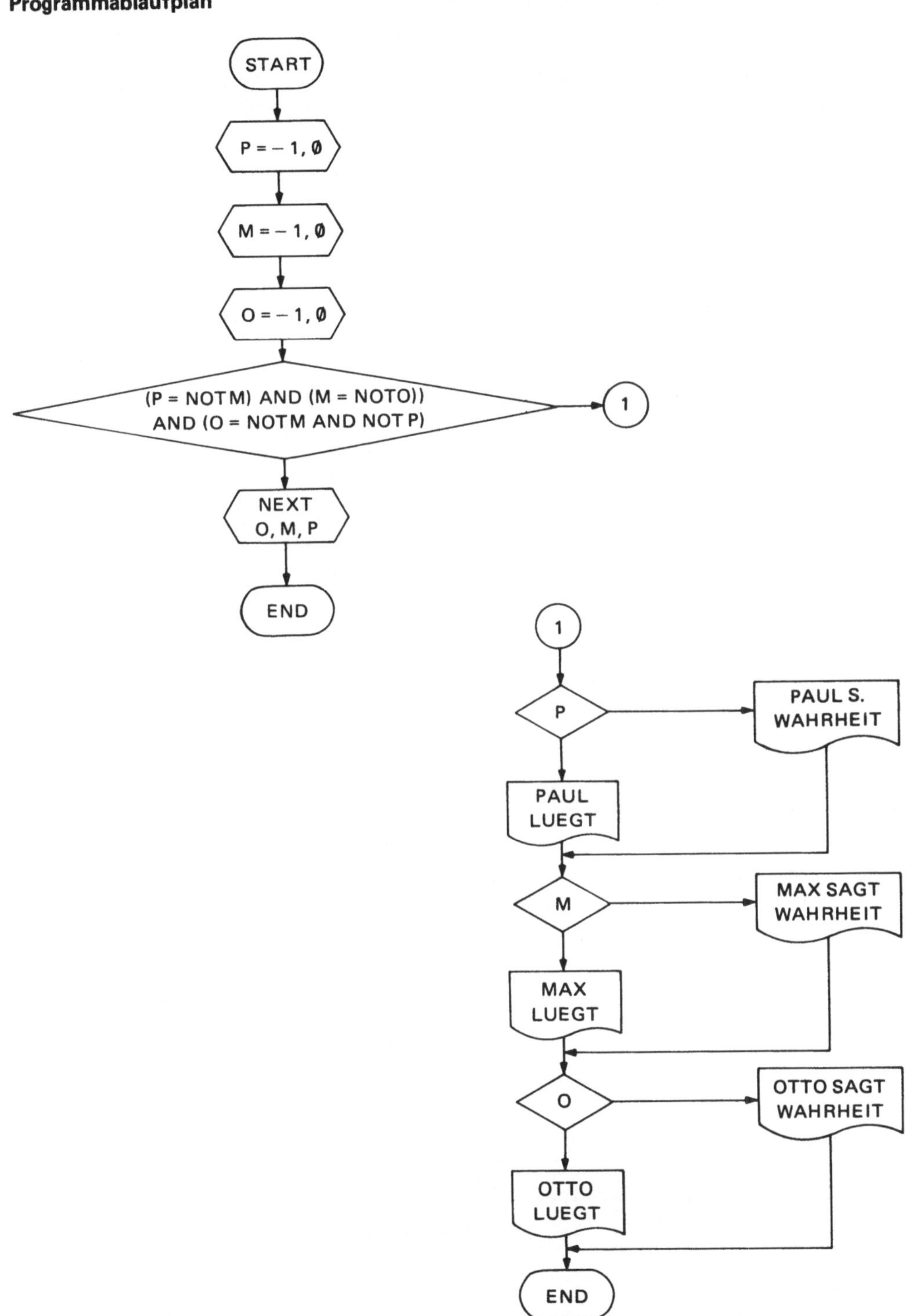

FÜR F:=-1 BIS 0 TUE
FÜR M:=-1 BIS 0 TUE
FÜR O:=-1 BIS 0 TUE
(F=NOT M) AND (M=NOT O) AND (O=NOT M AND NOT F)
JA
NEIN
AUSDRUCK-MODUL ANSTEUERN
ENDE DES PROGRAMMABLAUFS

ANMERKUNG: AUSDRUCKMODUL
F
JA
NEIN
DRUCKEN:
PAUL SAGT DIE WAHRHEIT
DRUCKEN:
PAUL LÜGT
M
JA
NEIN
DRUCKEN:
MAX SAGT DIE WAHRHEIT
DRUCKEN:
MAX LÜGT
O
JA
NEIN
DRUCKEN:
OTTO SAGT DIE WAHRHEIT
DRUCKEN:
OTTO LÜGT

Programm

```
ready.

10 rem *** a u s s a g e n l o g i k   m i t   b o o l e s c h e n   funktionen
20 for p=-1to0
30 for m=-1to0
40 for o=-1to0
50 if(p=notm)and(m=noto)and(o=notm and notp)then100
60 nexto,m,p
70 stop
100 ifpthenprint"Paul sagt die Wahrheit":goto120
110 print"Paul lügt"
120 ifmthenprint"Max sagt die Wahrheit":goto140
130 print"Max lügt"
140 ifothenprint"Otto sagt die Wahrheit":goto160
150 print"Otto lügt"
160 end

ready.
```

Probelauf

```
Paul lügt
Max sagt die Wahrheit
Otto lügt

ready.
```

Erläuterungen zum Programm

Anweisung Nr.	Erläuterung
20, 30, 40, 60	Anweisungspaare für Schleifen zur Bildung aller denkbaren Wahrheitswerte (Erstellen der Wahrheitstafel)
50	Formalisierung des Aussagensystems mit Hilfe der Booleschen Bibliotheksfunktionen
100—150	Ausdruck der Wahrheitswerte, die das System in 50 zu einer wahren Aussage machen.

2.7 Schwierige Vertragsbeteiligung

Problembeschreibung

Von 6 Firmen A, B, C, D, E, F sollen möglichst viele an einem Vertrag über wissenschaftlichen Erfahrungsaustausch beteiligt werden. Es sind aber folgende Bedingungen zu erfüllen:

(1) Wird A beteiligt, dann sind auch B und C zu beteiligen.
(2) A muß genau dann beteiligt werden, wenn auch F beteiligt wird.
(3) Wird B nicht beteiligt, so müssen D und E beteiligt werden.
(4) Entweder wird C beteiligt und D und F werden nicht beteiligt, oder D und F werden beteiligt und C nicht.

Welche Firmen können an diesem Vertrag beteiligt werden?

Problemanalyse

$X1, X2, X3, X4$ seien die Bedingungen (1) – (4)

A, B, C, D, E, F sind binäre Variable, wobei z. B. bedeutet:

$$A = \begin{cases} -1 \dots \text{A wird beteiligt} \\ 0 \dots \text{A wird nicht beteiligt} \end{cases}$$

Die Aussagen (1)–(4) können folgendermaßen formalisiert werden:

(1) $A \Rightarrow B \wedge C$
(2) $A \wedge F \vee A' \wedge F'$
(3) $B' \Rightarrow D \wedge E$
(4) $C \wedge D' \wedge F' \vee D \wedge F \wedge C'$

Die benötigten Funktionen stehen in vielen BASIC-Versionen zur Verfügung. Die Implikation $A \Rightarrow B$ kann mit $A' \vee B$ umschrieben werden.

Das Problem ist dann gelöst, wenn $X1 \wedge X2 \wedge X3 \wedge X4$ zu einer wahren Aussage wird.

Aufgabe

Erstellen Sie einen Programmablaufplan und entwickeln Sie daraus ein lauffähiges BASIC-Programm. Die Wahrheitswerte sollen mit geschachtelten FOR-NEXT-Schleifen variiert werden. Der Ausdruck soll angeben, welche von den einzelnen Firmen beteiligt wird, und welche nicht.

Programmablaufplan

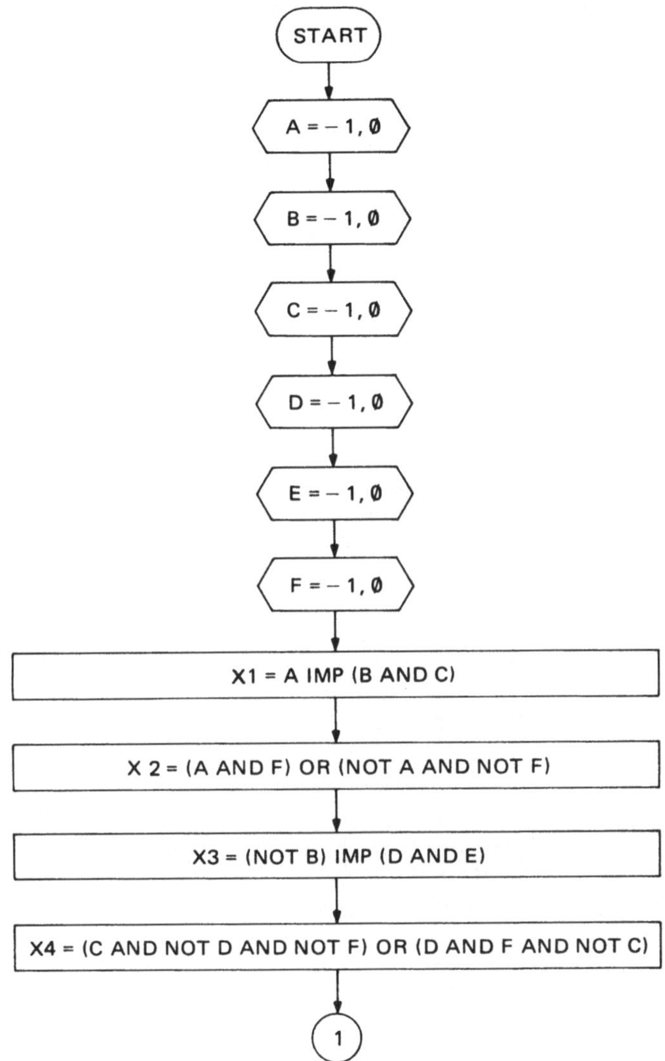

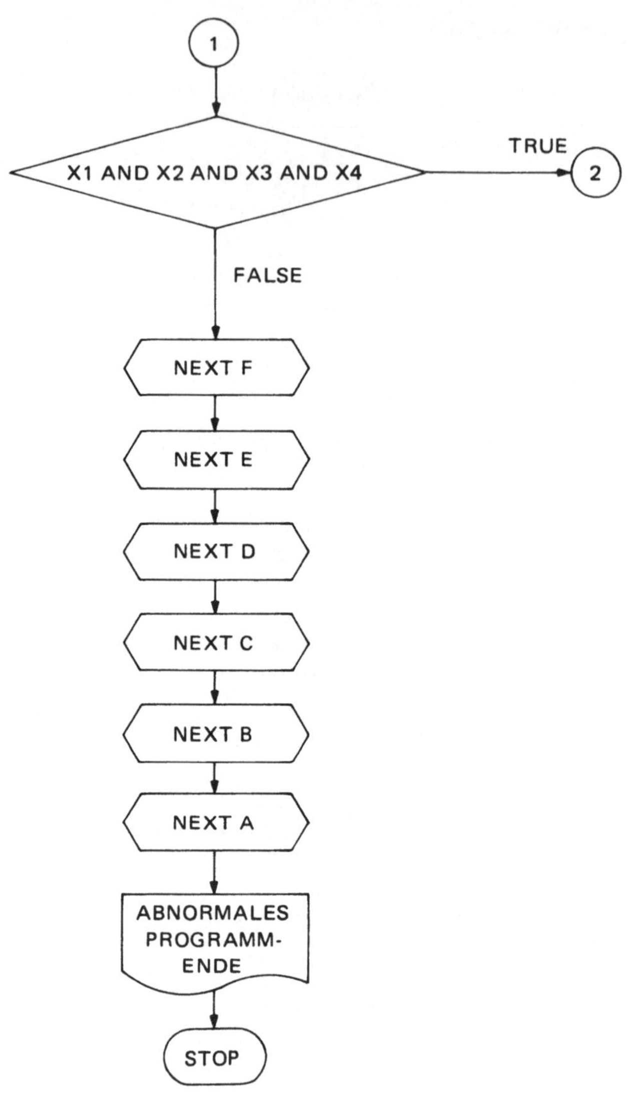
1
X1 AND X2 AND X3 AND X4
TRUE
2
FALSE
NEXT F
NEXT E
NEXT D
NEXT C
NEXT B
NEXT A
ABNORMALES
PROGRAMM-
ENDE
STOP

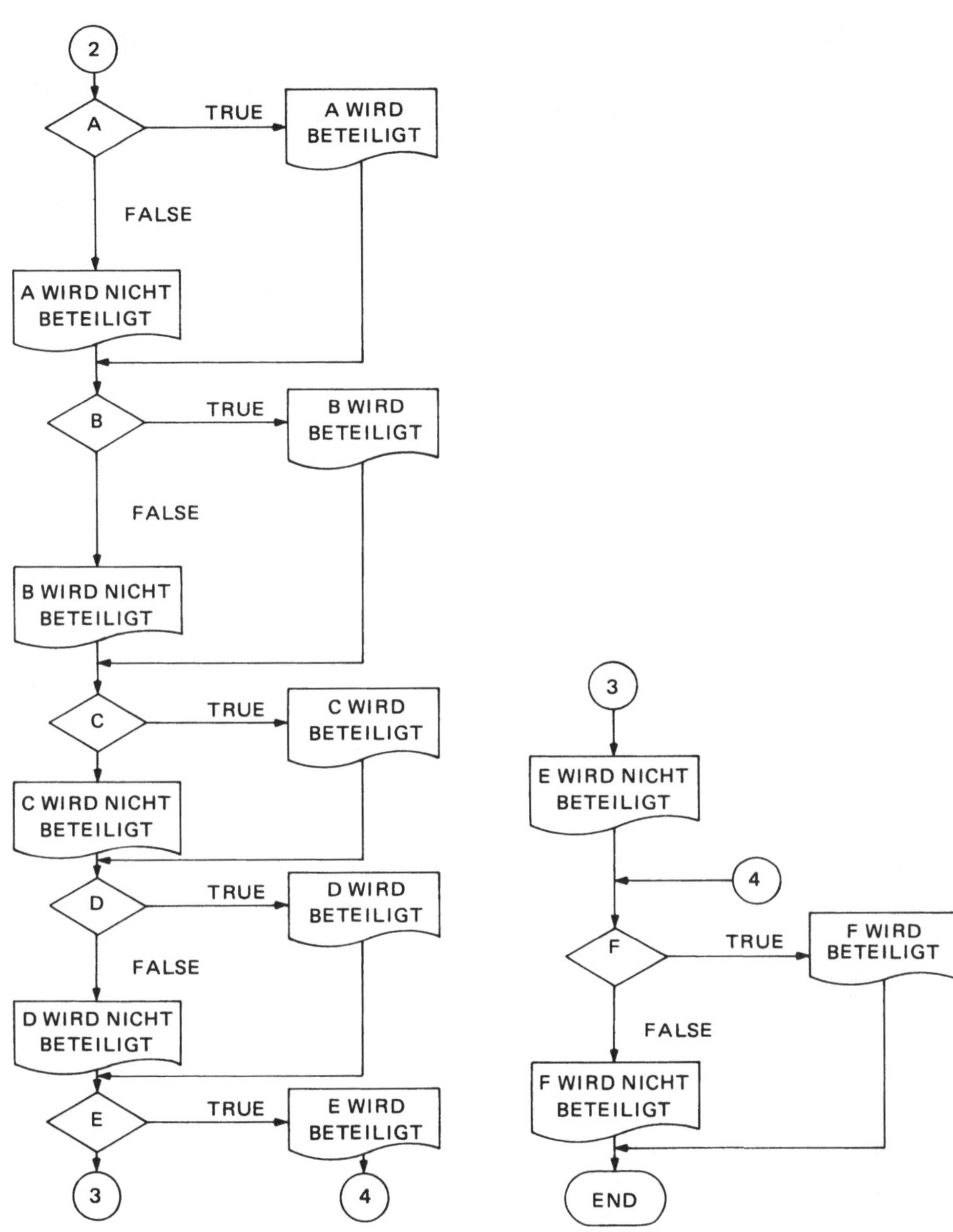
2
A
TRUE
A WIRD BETEILIGT
FALSE
A WIRD NICHT BETEILIGT
B
TRUE
B WIRD BETEILIGT
FALSE
B WIRD NICHT BETEILIGT
C
TRUE
C WIRD BETEILIGT
C WIRD NICHT BETEILIGT
D
TRUE
D WIRD BETEILIGT
FALSE
D WIRD NICHT BETEILIGT
E
TRUE
E WIRD BETEILIGT
3
4
3
E WIRD NICHT BETEILIGT
4
F
TRUE
F WIRD BETEILIGT
FALSE
F WIRD NICHT BETEILIGT
END

Erläuterungen zum Programmablaufplan

Wir beginnen mit der Öffnung von 6 For-Schleifen zur Variation der möglichen Zustände. − 1 bedeutet, daß die betreffende Firma am Vertrag beteiligt wird, bei 0 wird sie nicht beteiligt.

An die geöffneten For-Schleifen schließen 4 Operationen an, die die aussagenlogisch formalisierten Bedingungen enthalten. Hier ist auf die Möglichkeiten der implementierten BASIC-Version zu achten.

Wenn alle Bedingungen erfüllt sind (Abfrage), kann der Ausdruckmodul angesteuert werden (Konnektor 2).

Die FOR-Schleifen werden von innen nach außen geschlossen, und für den Fall, daß keine Lösung gefunden wird, die Meldung „Abnormales Programmende" ausgedruckt.

Der Ausdruckmodul besteht aus Abfragen und Druckbefehlen.

Programm

```
100 FOR A = -1 TO 0
110 FOR B = -1 TO 0
120 FOR C = -1 TO 0
130 FOR D = -1 TO 0
140 FOR E = -1 TO 0
150 FOR F = -1 TO 0
160 X1 = A IMP ( B AND C )
170 X2 = ( A AND F ) OR ( NOT A AND NOT F)
180 X3 = ( NOT B ) IMP ( D AND E )
190 X4 = ( C AND NOT D AND NOT F ) OR ( D AND F AND (NOT C))
200 IF X1 AND X2 AND X3 AND X4 THEN 290
210 NEXT F
220 NEXT E
230 NEXT D
240 NEXT C
250 NEXT B
260 NEXT A
270 PRINT "Abnormales Programmende"
280 STOP
290 IF A THEN LPRINT "A wird beteiligt":GOTO 310
300 LPRINT "A wird nicht beteiligt"
310 IF B THEN LPRINT "B wird beteiligt":GOTO 330
320 LPRINT "B wird nicht beteiligt"
330 IF C THEN LPRINT "C wird beteiligt":GOTO 350
340 LPRINT "C wird nicht beteiligt"
350 IF D THEN LPRINT "D wird beteiligt":GOTO 370
360 LPRINT "D wird nicht beteiligt"
370 IF E THEN LPRINT "E wird beteiligt":GOTO 390
380 LPRINT "E wird nicht beteiligt"
390 IF F THEN LPRINT "F wird beteiligt":GOTO 410
400 LPRINT "F wird nicht beteiligt"
410 END
```

Probelauf

```
A wird nicht beteiligt
B wird beteiligt
C wird beteiligt
D wird nicht beteiligt
E wird beteiligt
F wird nicht beteiligt
```

Erläuterungen zum Programm

Anweisung Nr.	Erläuterung
100, 260	Anweisungspaar für Schleife zur Variation von A
110, 250	Anweisungspaar für Schleife zur Variation von B
120, 240	Anweisungspaar für Schleife zur Variation von C
130, 230	Anweisungspaar für Schleife zur Variation von D
140, 220	Anweisungspaar für Schleife zur Variation von E
150, 210	Anweisungspaar für Schleife zur Variation von F
160	Bedingung 1: Wird A beteiligt, sind auch B und C zu beteiligen
170	Bedingung 2: A muß genau dann beteiligt werden, wenn auch F beteiligt wird
180	Bedingung 3: Wird B nicht beteiligt, so müssen D und E beteiligt werden
190	Bedingung 4: Entweder wird C beteiligt und D und F werden nicht beteiligt, oder D und F werden beteiligt und C nicht
200	Prüfen, ob alle 4 Bedingungen erfüllt sind; gegebenenfalls Verzweigung
290—400	Der Befehl LPRINT kann durch PRINT ersetzt werden.

Bei diesem Programm kann in anderen BASIC-Versionen eine Interpolation der Implikation

> a imp b

durch

> not a or b

erforderlich sein.

2.8 Ein medizinisches Problem

Problembeschreibung

Von zwei Krankheiten C und D und zwei Krankheitssymptomen S und T ist folgendes bekannt:

(1) Wenn der Patient an Krankheit C leidet und nicht an D, so muß er Symptom T aufweisen.

(2) Wenn mindestens eines dieser beiden Symptome auftritt, so leidet der Patient an mindestens einer der beiden Krankheiten.

(3) Tritt Symptom S nicht auf, so kann Krankheit D nicht vorliegen.

(4) Leidet der Patient an Krankheit D, aber nicht an C, so kann Symptom T nicht auftreten.

Welche Diagnose kann aufgrund dieser medizinischen Kenntnisse angegeben werden, wenn der Patient

a) beide Symptome, b) nur Symptom S, c) nur Symptom T,
d) keines der beiden Symptome aufweist?

Problemanalyse

Variablenlegende:

C ..... Krankheit C liegt vor
D ..... Krankheit D liegt vor
S ..... Symptom S tritt auf
T ..... Symptom T tritt auf

Die medizinischen Erkentnisse (1) — (4) werden formalisiert zu:

$$Y1 : (C \wedge D') \Rightarrow T$$
$$Y2 : (S \vee T) \Rightarrow (C \vee D)$$
$$Y3 : S' \Rightarrow D'$$
$$Y4 : (D \wedge C') \Rightarrow T'$$

Die 4 Krankheitsbilder (a) — (d) können durch ein Auswahlmenü unterschieden werden:

a: S = TRUE,   T = TRUE
b: S = TRUE,   T = FALSE
c: S = FALSE,   T = TRUE
d: S = FALSE,   T = FALSE

Aufgabe

Es wären ein Programmablaufplan zu erstellen und ein BASIC-Programm zu schreiben, welches nach Eingabe des Krankheitsbildes die Diagnose ausdruckt.

Programmablaufplan

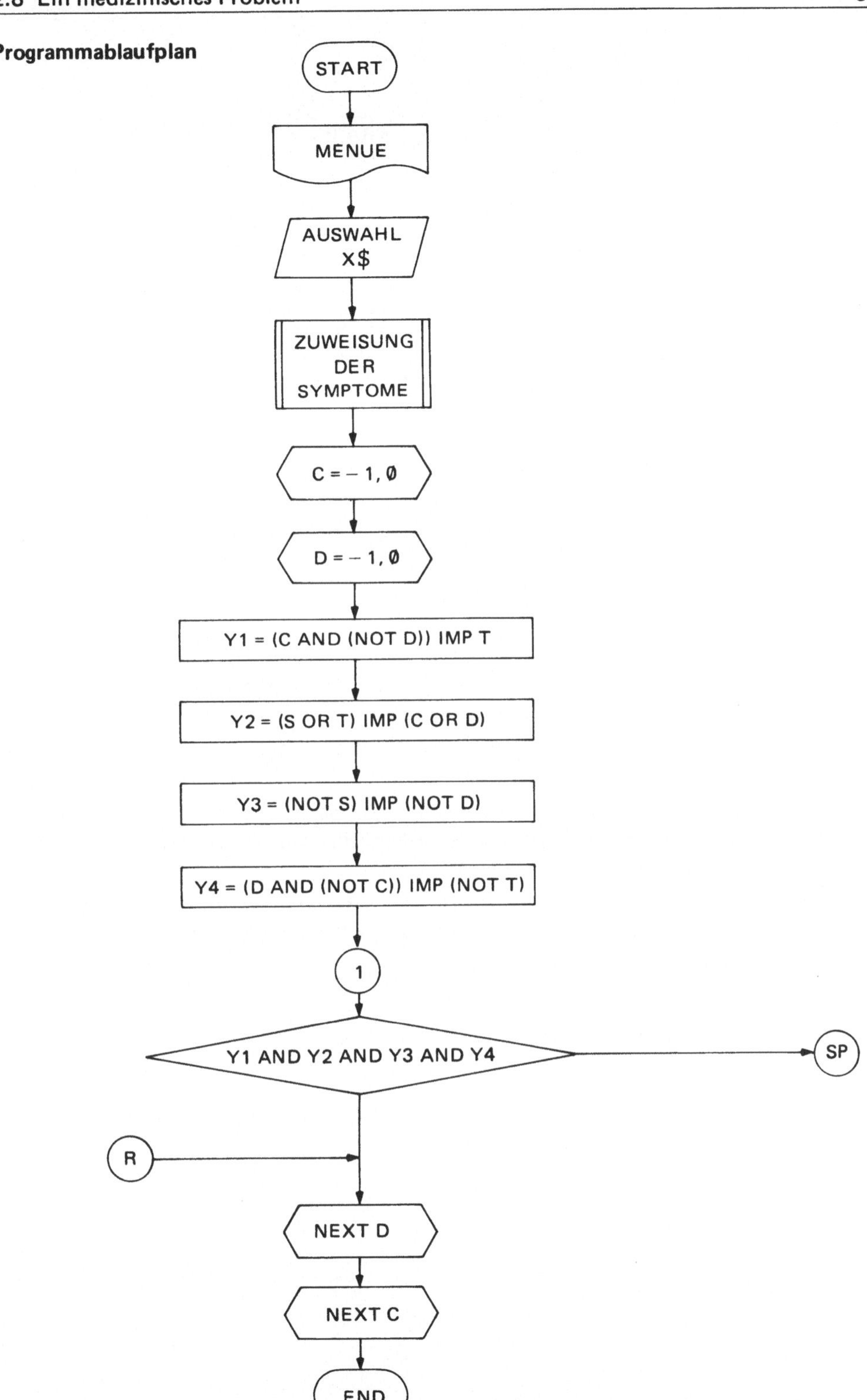

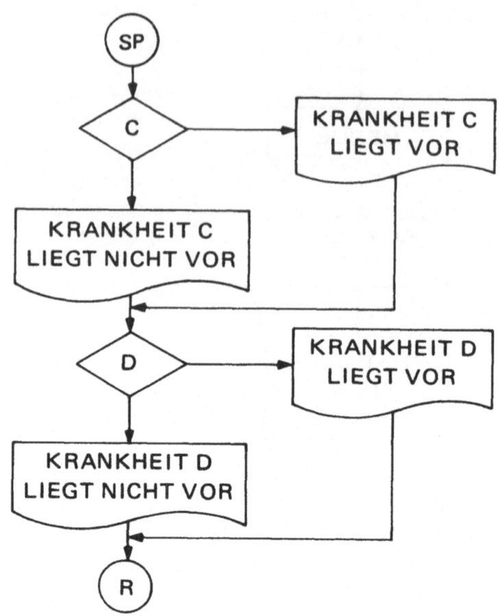

Erläuterungen zum Programmablaufplan

Wir beginnen zunächst, mittels einer Menütechnik, die Symptome einzugeben. Aufgrund dieser Symptomeingabe werden diese im Unterprogramm aussagenlogisch codiert.

Die anschließend geöffneten FOR-Schleifen variieren die möglichen Krankheitskombinationen.

In den folgenden 4 Operationen sind die aussagenlogisch formalisierten medizinischen Erkenntnisse über die beiden Krankheiten festgelegt. Hier muß man auf die Möglichkeiten des verfügbaren BASIC achten.

Das Problem ist gelöst, wenn alle 4 medizinischen Erkenntnisse beachtet wurden. Das wird durch eine Abfrage über die Konjunktion der Erkenntnisse nachgeprüft.

Von dieser Abfrage wird der Ausdruckmodul angesteuert.

Die FOR-Schleifen sind von innen nach außen zu schließen.

Der Ausdruckmodul besteht aus Abfragen und Druckbefehlen.

Programm

```
100 PRINT " A u s w a h l m e n u e "
110 PRINT
120 PRINT " Es treten beide Symptome auf ............................. 1"
130 PRINT " Es tritt nur Symptom S auf ............................... 2"
140 PRINT " Es tritt nur Symptom T auf ............................... 3"
150 PRINT " Es tritt keines der beiden Symptome auf .............. 4"
160 X$ = INKEY$
170 IF X$<>"1" AND X$<>"2" AND X$<>"3" AND X$<>"4" THEN 160
180 X = VAL(X$)
190 ON X GOSUB 370,380,390,400
200 FOR C = -1 TO 0
210 FOR D = -1 TO 0
220 Y1 = (C AND (NOT D)) IMP T
230 Y2 = ( S OR T ) IMP ( C OR D )
240 Y3 = ( NOT S ) IMP ( NOT D )
250 Y4 = ( D AND ( NOT C )) IMP ( NOT T )
260 IF Y1 AND Y2 AND Y3 AND Y4 THEN 300
270 NEXT D
280 NEXT C
290 END
300 PRINT
310 IF C THEN PRINT " Krankheit C liegt vor ":GOTO 330
320 PRINT " Krankheit C liegt nicht vor "
330 IF D THEN PRINT " Krankheit D liegt vor ":GOTO 360
340 PRINT " Krankheit D liegt nicht vor "
350 PRINT
360 GOTO 270
370 S=-1:T=-1:RETURN
380 S=-1:T=0:RETURN
390 S=0:T=-1:RETURN
400 S=0:T=0:RETURN
```

Probelauf

```
Krankheit C liegt vor
Krankheit D liegt vor

Krankheit C liegt vor
Krankheit D liegt nicht vor


Krankheit C liegt vor
Krankheit D liegt vor

Krankheit C liegt nicht vor
Krankheit D liegt vor

Krankheit C liegt vor
Krankheit D liegt nicht vor


Krankheit C liegt nicht vor
Krankheit D liegt nicht vor
```

Erläuterungen zum Programm

Anweisung Nr.	Erläuterung
100–150	Ausgabe des Auswahlmenüs
160	Eingabe der Auswahl
	Im Commodore-BASIC ersetzen durch:
	160 GET X$: IF X$ = " " THEN 160
170	Ausscheiden unzulässiger Eingaben
180	Den Wert von X$ ermitteln für den Sprungverteiler in 190
190	Sprungverteiler in Unterprogramme zur Symptomzuweisung
200, 280	Anweisungspaar für Schleife zur Variation, ob Krankheit C vorliegt oder nicht
210, 270	Anweisungspaar für Schleife zur Variation, ob Krankheit D vorliegt oder nicht
220–250	Formalisierte medizinische Erkenntnisse
260	Sind alle medizinischen Erkenntnisse in richtiger Weise berücksichtigt, so ist das Problem gelöst
300–350	Diagnoseteil
360	Rücksprung (die Diagnose muß ja nicht eindeutig sein!)

2.9 Der Besuch

Problembeschreibung

„Meiers werden uns heute abend besuchen", kündigt Herr Müller an. „Die ganze Familie, also Herr und Frau Meier nebst ihren drei Söhnen Rainer, Stefan und Thomas?" fragt Frau Müller bestürzt. Darauf Herr Müller: „Nein, ich will es dir so erklären: Wenn Vater Meier kommt, dann bringt er auch seine Frau mit. Mindestens einer der beiden Söhne Stefan und Thomas kommt. Entweder kommt Frau Meier oder Rainer. Entweder kommen Rainer und Stefan oder beide nicht. Wenn Thomas kommt, dann auch Stefan und Herr Meier. So, jetzt weißt du, wer uns heute abend besuchen wird."

Problemanalyse

Ob die gegebene Erklärung Herrn Müller gut bekommen hat, ist nicht überliefert. Wir wollen jedenfalls der geplagten Frau Müller helfen und erstellen zunächst die folgende *Variablenlegende:*

V ... Vater Meier kommt

M ... Mutter Meier kommt

R ... Rainer kommt

S ... Stefan kommt

T ... Thomas kommt

Diese Variablen sind binäre Variable, sie können nur die Werte wahr (-1) oder falsch $(\emptyset)$ annehmen.

Die Aussagen von Herrn Müller können formalisiert werden zu:

$X1 : V \Rightarrow M$
$X2 : S \vee T$
$X3 : M \Leftrightarrow R$ (ausschließendes Oder)
$X4 : (R \wedge S) \vee (R' \wedge S')$
$X5 : T \Rightarrow (S \wedge M)$

Das Problem der armen Frau Müller kann als gelöst gelten, wenn $X1 \wedge X2 \wedge X3 \wedge X4 \wedge X5$ eine wahre Aussage ist.

Aufgabe

Erstellen Sie einen Programmablaufplan zur Problemlösung und entwickeln Sie daraus ein lauffähiges BASIC-Programm. Falls Boolesche Funktionen nicht vorhanden sind, wären Interpolationspolynome zu verwenden.

Die Besucher sollen ausgedruckt werden.

Programmablaufplan

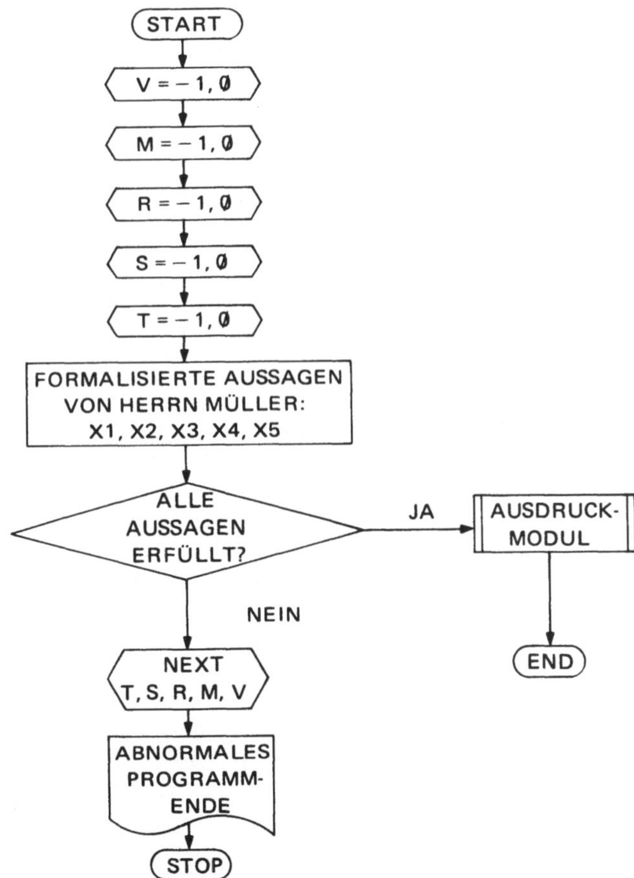

Erläuterungen zum Programmablaufplan

Der Beginn mit 5 FOR-Schleifen dient wieder zur Variation der Wahrheitswerte. Die Formalisierung der Aussagen von Herrn Müller muß an die zur Verfügung stehende BASIC-Version angepaßt werden — bei sehr einfachen Versionen müssen Interpolationspolynome verwendet werden.

Die Prüfung, ob alle Aussagen erfüllt sind, erfolgt durch eine Abfrage (über die Konjunktion der Aussagen) oder über mehrere Abfragen.

Sind alle Aussagen erfüllt, kann das Ergebnis ausgedruckt werden und der Programmablauf ist beendet. Sonst muß weiter variiert werden, dazu sind die FOR-Schleifen von innen nach außen zu schließen.

Wird keine Lösung gefunden, so wird die Meldung „abnormales Programmende" ausgedruckt.

Programm

```
100 FOR V = -1 TO 0
110 FOR M = -1 TO 0
120 FOR R = -1 TO 0
130 FOR S = -1 TO 0
140 FOR T = -1 TO 0
150 X1 = V IMP M
160 X2 = S OR T
170 X3 = M XOR R
180 X4 = (R AND S) OR (NOT R AND NOT S)
190 X5 = T IMP (S AND M)
200 IF X1 AND X2 AND X3 AND X4 AND X5 THEN 280
210 NEXT T
220 NEXT S
230 NEXT R
240 NEXT M
250 NEXT V
260 PRINT "Abnormales Programmende"
270 STOP
280 IF V THEN LPRINT "Herr Meier kommt"
290 IF M THEN LPRINT "Frau Meier kommt"
300 IF R THEN LPRINT "Rainer kommt"
310 IF S THEN LPRINT "Stefan kommt"
320 IF T THEN PRINT "Thomas kommt"
330 END
```

Probelauf

```
Rainer kommt
Stefan kommt
```

Erläuterungen zum Programm

Anweisung Nr.	Erläuterung
100, 250	Anweisungspaar für Schleife zur Variation der Frage, ob Vater Meier kommt (− 1) oder nicht kommt (0)
110, 240, 120, 230, 130, 220, 140, 210	Anweisungspaare für Schleifen analog zu 100, 250 für die übrigen Mitglieder der Familie Meier
150−190	Erklärungen von Herrn Müller
200	Wenn alle Erklärungen von Herrn Müller zur wahren Aussage werden, ist das Problem gelöst
260, 270	Für den Fall, daß keine Lösung gefunden wird, soll auf abnormales Programmende befunden werden
280−320	Auswertungsteil — hier wird gedruckt, wer kommt

2.10 Das Aussehen dreier Herren

Problembeschreibung

Von den drei Männern Abrahamson, Babelsberger und Carlson hat einer blondes, einer braunes und einer schwarzes Haar; einer hat einen Schnauzbart, einer einen Backenbart und einer einen Spitzbart. Carlson hat weder schwarzes Haar noch einen Backenbart. Der Mann mit dem blonden Haar ist weder Babelsberger, noch hat er einen Schnauzbart. Wenn der Mann mit dem Schnauzbart entweder Babelsberger oder Carlson ist, dann hat der Spitzbärtige schwarzes Haar. Wenn Babelsberger der Mann mit dem schwarzen Haar ist, dann hat der Mann mit dem braunen Haar keinen Schnauzbart. Wie sehen Abrahamson, Babelsberger und Carlson aus?

Problemanalyse

Variantenlegende:

A   . . . . Abrahamson
B   . . . . Babelsberger
C   . . . . Carlson
BL   . . . . blondes Haar
BR   . . . . braunes Haar
SH   . . . . schwarzes Haar
SC   . . . . Schnauzbart
BB   . . . . Backenbart
SP   . . . . Spitzbart

Die Formalisierung der Aussagen:

$X1 : C \Leftrightarrow (SH' \wedge BB')$
$X2 : BL \Leftrightarrow (B' \wedge SC')$
$X3 : (SC \Leftrightarrow (B \Leftrightarrow C)) \Rightarrow (SP \Leftrightarrow SH)$
$X4 : (B \Leftrightarrow SH) \Rightarrow (BR \Leftrightarrow SC')$

$X1 \wedge X2 \wedge X3 \wedge X4$ muß wahr sein, damit das Problem gelöst ist.

Es ist wichtig, durch geeignete logische Schalter eindeutige Lösungen herauszufiltern, denn kein Mann darf:

1. 2 Namen,
2. 2 Haarfarben und
3. 2 Bärte haben.

Aufgabe

Erstellen Sie einen Programmablaufplan und ein BASIC-Programm, welches die Personenbeschreibung der drei Herren errechnet.

Programmablaufplan

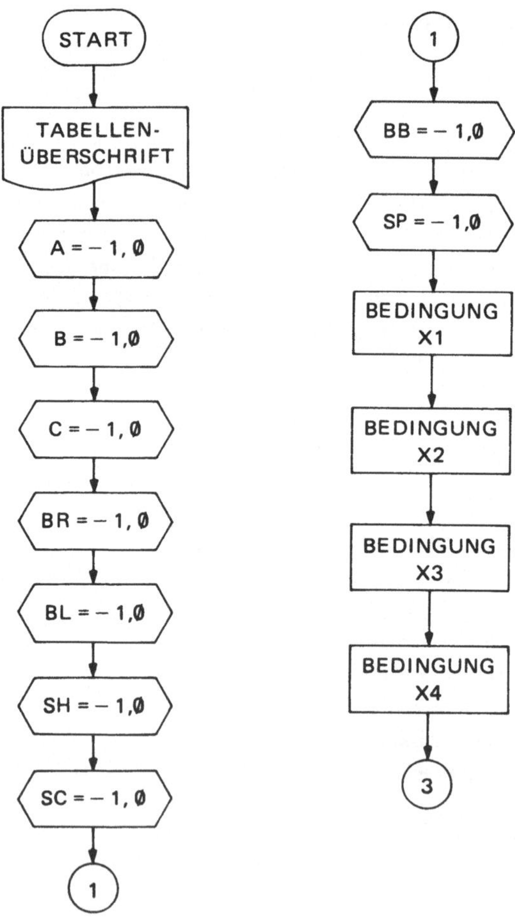

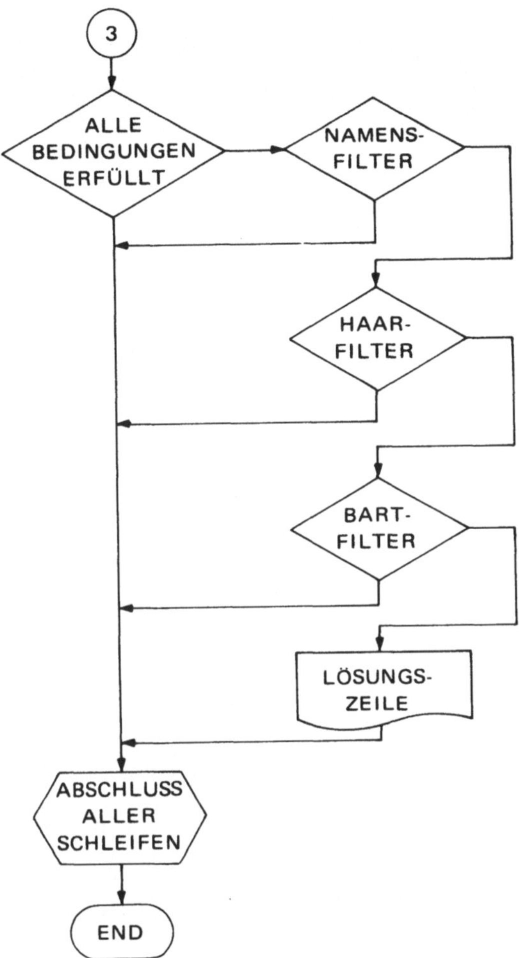

Erläuterungen zum Programmablaufplan

Wir beginnen mit der Ausgabe der Tabellenüberschrift (diese darf natürlich nicht in eine Schleife geraten!).

Die 9 FOR-Schleifen erzeugen alle Variationen der Wahrheitswerte.

In den anschließenden Operationen werden die aussagenlogisch formalisierten Bedingungen angegeben (Möglichkeiten des implementierten BASIC beachten!).

Wenn alle Bedingungen erfüllt sind, was in geeigneter Weise abgefragt werden muß, wird über sogenannte Filter (das sind ebenfalls Abfragen), die Eindeutigkeit der Lösung sichergestellt.

Der Ausdruck der Lösung erfolgt tabellarisch.

Programm

```
100 LPRINT " a";"  b";"  c";"  bl";" br";" sh";" sc";" bb";" sp"
110 FOR A = -1 TO 0
120 FOR B = -1 TO 0
130 FOR C = -1 TO 0
140 FOR BL = -1 TO 0
150 FOR BR = -1 TO 0
160 FOR SH = -1 TO 0
170 FOR SC = -1 TO 0
180 FOR BB = -1 TO 0
190 FOR SP = -1 TO 0
200 X1 = C EQV (( NOT SH) AND ( NOT BB))
210 X2 = BL EQV ((NOT B) AND (NOT SC))
220 X3 = ( SC EQV ( B XOR C)) IMP (SP EQV SH)
230 X4 = (B EQV SH) IMP (BR EQV (NOT SC))
240 IF X1 AND X2 AND X3 AND X4 THEN 350
250 NEXT SP
260 NEXT BB
270 NEXT SC
280 NEXT SH
290 NEXT BR
300 NEXT BL
310 NEXT C
320 NEXT B
330 NEXT A
340 STOP
350 Y1 =(A AND NOT B AND NOT C) OR ( NOT A AND B AND NOT C)
360 Y1 = Y1 OR (NOT A AND NOT B AND C)
370 IF Y1  THEN 380 ELSE 450
380 Y2 = (BL AND NOT BR AND NOT SH) OR (NOT BL AND BR AND NOT SH)
390 Y2 = Y2 OR (NOT BL AND NOT BR AND SH)
400 IF Y2 THEN 410 ELSE 450
410 Y3 = (SC AND NOT BB AND NOT SP) OR ( NOT SC AND BB AND NOT SP)
420 Y3 = Y3 OR (NOT SC AND NOT BB AND SP)
430 IF Y3 THEN 440 ELSE 450
440 LPRINT A;B;C;BL;BR;SH;SC;BB;SP
450 GOTO 250
```

Probelauf

```
 a   b   c   bl  br  sh  sc  bb  sp
-1   0   0   0   0  -1  -1   0   0
 0  -1   0   0  -1   0   0  -1   0
```

Interpretation des Probelaufs

Abrahamson hat schwarzes Haar und trägt einen Schnauzbart, Babelsberger hat braunes Haar und einen Backenbart. Carlson muß der Blonde mit dem Spitzbart sein.

Erläuterungen zum Programm

Anweisung Nr.	Erläuterung
100	Ausgabe der Tabellenüberschrift
110—190, 250—330	Anweisungspaare für Schleifen zur Variation der Wahrheitswerte
200	Carlson hat weder schwarzes Haar noch einen Backenbart
210	Der Blonde ist weder Babelsberger, noch hat er einen Schnauzabrt
220	Wenn der Schnauzbärtige entweder Babelsberger oder Carlson ist, dann hat der Spitzbärtige schwarzes Haar
230	Wenn Babelsberger schwarzes Haar hat, dann hat der Braunhaarige keinen Schnauzbart
240	Die Gesamtaussage muß erfüllt sein
350, 360, 370	Namensfilter (Prüfung der Namenseindeutigkeit)
380, 390, 400	Haarfarbenfilter
410, 420, 430	Bartfilter
440	Lösung drucken (Tabellenzeile)
450	Schleifenrücksprung

2.11 Quellenverzeichnis (Aussagenlogik)

(2.2) Wahrheitstafel der Konjunktion
       Mathematisches Allgemeingut

(2.3) Wahrheitstafel der Disjunktion
       Mathematisches Allgemeingut

(2.4) Aussagenlogik: „Wer hat meinen Wein getrunken?''
       Meschkowski, H. et al.: Aufgaben zur modernen Schulmathematik I. DUDEN-Übungsbücher, Mannheim: Bibliographisches Institut AG, 1972

(2.5) Die zerbrochene Fensterscheibe
       Bild der Wissenschaft

(2.6) Wer lügt?
       Ursprüngliche Quelle unbekannt

(2.7) Schwierige Vertragsbeteiligung
       Jehle, F.: Boolesche Algebra. München: Bayerischer Schulbuchverlag, 1978

(2.8) Ein medizinisches Problem
       wie 2.7

(2.9) Der Besuch
       wie 2.7

(2.10) Das Aussehen dreier Herren
       wie 2.7

3 Einige Spiele

3.1 Mathematische Vorbemerkungen zum Abschnitt „Einige Spiele"

A. Spieltheorie

Während die Wahrscheinlichkeitsrechnung die Untersuchung von reinen Glücksspielen er-möglicht, werden in der Spieltheorie auch solche Spiele studiert, bei denen die Entschei-dungen vom Verhalten der Spieler abhängen (Nim, Schach, Go usw.).

Der Begriff Spiel ist dabei so umfassend, daß auch Wirtschaftsprobleme oder militärische Probleme („Kriegsspiele") zum Anwendungsbereich der Spieltheorie gehören.

B. Strategie

Eine Strategie ist die Menge aller Entscheidungen, die ein Spieler im Verlauf eines Spiels trifft.

Führt eine solche Strategie nachweisbar (mathematisch beweisbar) zum Gewinn des Spiels, so heißt sie *Gewinnstrategie*.

3.2 Intelligentes 11er Spiel

Problembeschreibung

Zwei Spieler wählen abwechselnd nach eigener Wahl eine der Zahlen 1, 2, ..., 10; diese werden aufaddiert. Der jenige, der die Summe als erster auf 100 oder mehr bringt, hat verloren.

Anmerkung: Die Spieltheorie lehrt, daß es für den 2. Spieler eine Gewinnstrategie gibt.

Problemanalyse

Variablenlegende:

A\$ ... Entscheidungsvariable
A   ... Züge des Spielers $1 \leqslant A \leqslant 10$
B   ... Züge des Computers
S   ... Punktekonto

Der Computer soll intelligent spielen und prüfen ob der Spieler intelligent spielt; Abfragen werden benötigt. Der Spieler soll entscheiden, wer beginnt.

Die Spielstrategie (des Computers)

Fall 1: Spieler spielt zuerst

Zieht der Spieler im Zug Nr. I ... A, so muß der Computer $B = 11 - A$ ziehen, weil

$$S = \sum_{i=1}^{9} (A + B) = \sum_{i=1}^{9} (A + 11 - A) = 99 \text{ ist,}$$

d. h. im 10 Zug des 1. Spielers wird $S \geqslant 100$.

Fall 2: Computer spielt zuerst

Falls der Spieler die Strategie des Computers aus Fall 1 konsequent anwendet, muß sich der Computer bescheiden ergeben. Verstößt der Spieler während eines Zuges gegen die Strategie, kann der Computer das Spiel an sich reißen.

Folgende Vorgangsweise ist dann nötig:

N strategische Züge des Spielers, der $N + 1$ -te Zug ist fehlerhaft, d. h.

$$A \neq 11 - B.$$

Wenn $A < 11 - B \Rightarrow B = 11 - B - A$ und dann $B = 11 - A$

  ⇓

sonst $B = 22 - B - A$

und dann

$$B = 11 - A$$

Aufgabe

Es ist ein Programmablaufplan zu erstellen und ein BASIC-Programm zu schreiben.

Halbverbale Beschreibung des Algorithmus

```
(1)    S T A R T
(2)    E I N G E B E N ,    WER BEGINNT
(3)    A B F R A G E : BEGINNT DER SPIELER?
       W E N N    J A : AUFRUFEN DES  U N T E R P R O G R A M M S
       SPIELER
       A N S C H L I E S S E N D : S P R U N G    ZU SPRUNGMARKE 1
       W E N N    N E I N : WEITER BEI (4)
(4)    S P R U N G M A R K E 2
(5)    COMPUTERZUG PER ZUFALLSGENERATOR,
       SPIELAUSWERTUNG
(6)    A B F R A G E : IST DAS SPIEL ZU ENDE?
       W E N N    J A : D R U C K E N : COMPUTER VERLIERT
       W E N N    N E I N : WEITER BEI (7)
(7)    AUFRUFEN DES  U N T E R P R O G R A M M S    SPIELER
(8)    A B F R A G E : SPIELT DER SPIELER INTELLIGENT?
       W E N N    J A : S P R U N G    ZU SPRUNGMARKE 2
       W E N N    N E I N : WEITER BEI (9)
(9)    A B F R A G E : IST DER SPIELERZUG <= 11 - COMPUTERZUG?
       W E N N    J A : COMPUTERZUG(NEU) = 11 - COMPUTERZUG(ALT)
                                         - SPIELERZUG
       W E N N    N E I N : COMPUTERZUG(NEU) = 22 - COMPUTERZUG(ALT)
                                         - SPIELERZUG
(10)   S P R U N G M A R K E 3
(11)   SPIELAUSWERTUNG
(12)   A B F R A G E : IST DAS SPIEL ZU ENDE?
       W E N N    J A : D R U C K E N : COMPUTER VERLIERT
       A N S C H L I E S S E N D : E N D E
       W E N N    N E I N : WEITER BEI (13)
(13)   AUFRUFEN  U N T E R P R O G R A M M    SPIELER
(14)   S P R U N G M A R K E 1
(15)   COMPUTERZUG = 11 - SPIELERZUG
(16)   S P R U N G    ZU SPRUNGMARKE 3
```

Unterprogramm

```
(1) S P R U N G M A R K E
(2) E I N G E B E N    DES SPIELERZUGS
(3) A B F R A G E : IST DER SPIELERZUG UNZULÄSSIG?
       W E N N    J A : D R U C K E N : SPIELERZUG UNZULÄSSIG
       A N S C H L I E S S E N D : S P R U N G    ZU SPRUNGMARKE
       W E N N    N E I N : WEITER BEI (4)
(4) SPIELAUSWERTUNG
(5) A B F R A G E : SPIEL ZU ENDE?
       W E N N    J A : D R U C K E N : SPIELER VERLIERT
       A N S C H L I E S S E N D : E N D E
       W E N N    N E I N : WEITER BEI (6)
(6) RÜCKKEHR INS HAUPTPROGRAMM
```

Programmablaufplan

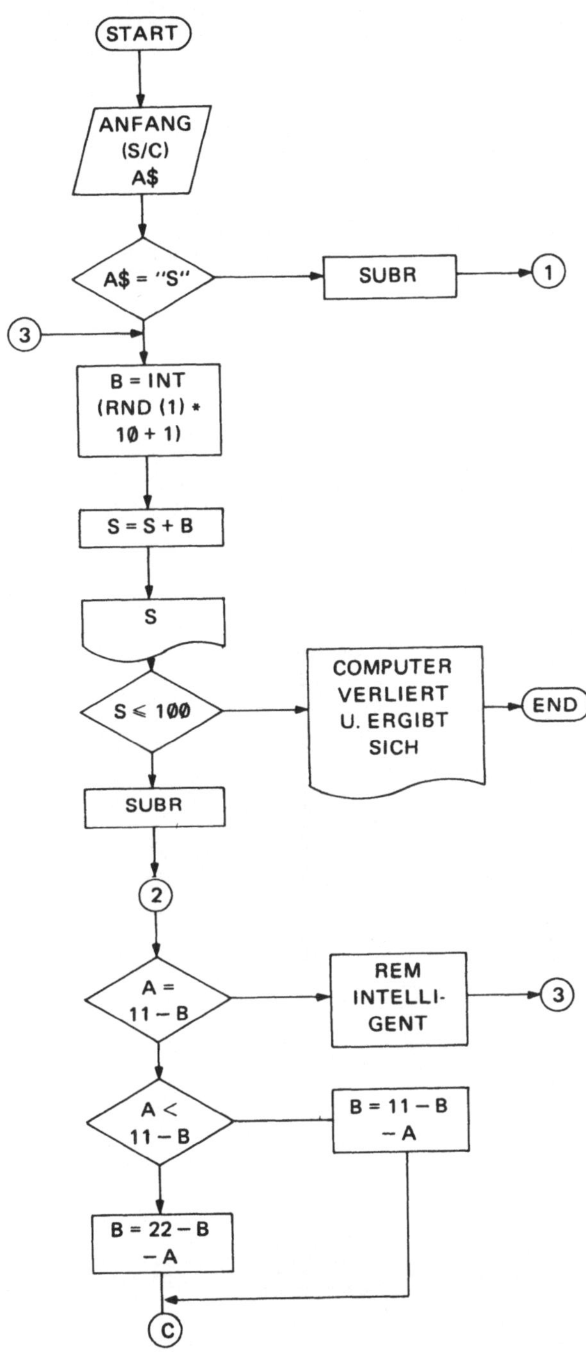

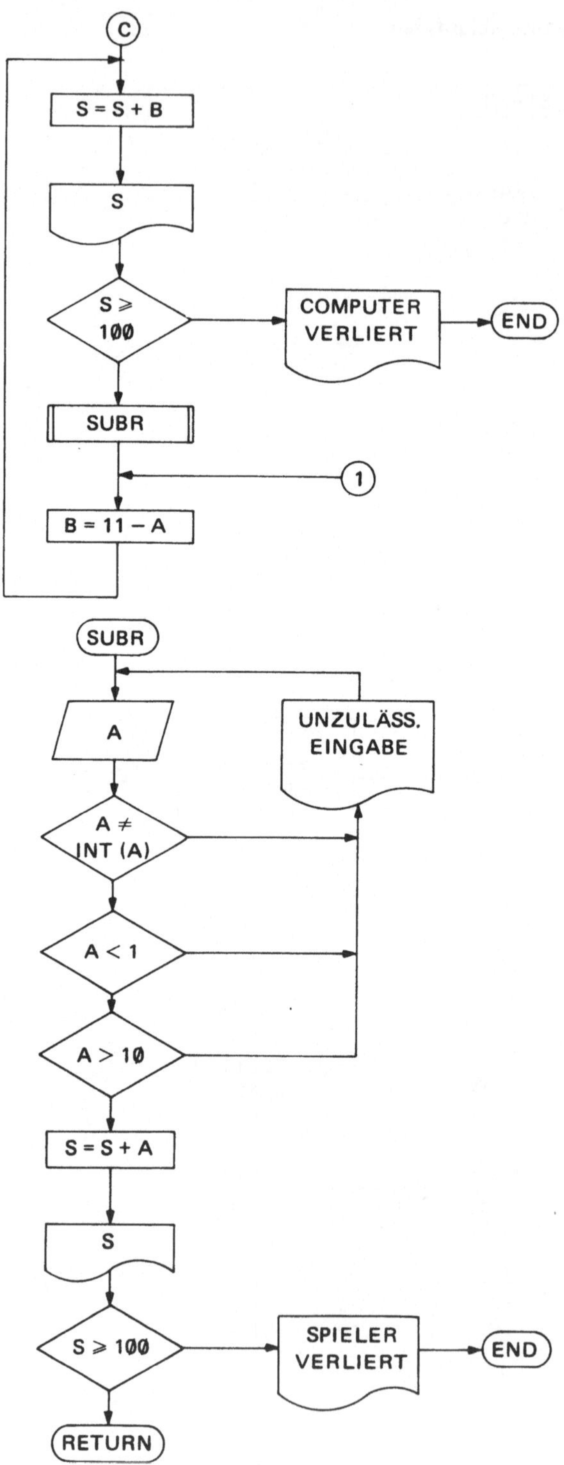
C
S = S + B
S
S ≧ 100
COMPUTER VERLIERT
END
SUBR
1
B = 11 − A
SUBR
A
UNZULÄSS. EINGABE
A ≠ INT (A)
A < 1
A > 10
S = S + A
S
S ≧ 100
SPIELER VERLIERT
END
RETURN

Programm

```
ready.

10 print"clr rvsI n t e l l i g e n t e s    1 1 - e r   S p i e l"
20 rem *** die plaetze his 99 sind fuer die spielbeschreibung reserviert***
99 print
100 print"Wer soll beginnen? Computer = C/ Spieler = S":print
110 geta$:ifa$=""then110
120 ifa$<>"C"anda$<>"S"then110
130 ifa$="S"thengosub1000:goto260
140 b=int(rnd(1)*10+1):print"Computerzahl";b
150 s=s+b
160 print"rvsS u m m e =";s:print
170 ifs>=100thenprint"Ich, der C B M, habe verloren und ergebe mich!":end
180 gosub1000
190 ifa=11-bthen 140
200 ifa<11-bthenb=11-b-a:print"Computerzahl";b:goto220
210 b=22-b-a:print"Computerzahl";b
220 s=s+b
230 print"rvsS u m m e =";s:print
240 ifs>=100thenprint"Ich, der C B M, habe verloren, bitte noch einmal!":end
250 gosub1000
260 b=11-a:print"Computerzahl";b
270 goto220
1000 rem*** s u b r o u t i n e ***
1010 print"Wählen Sie bitte eine Zahl (1-10)!";
1020 inputa
1025 ifa<>int(a)thenprint"Nicht ganzzahlig!":goto1020
1030 ifa<1thenprint"Zu klein!":goto1020
1040 ifa>10thenprint"Zu groß":goto1020
1050 s=s+a
1060 print"rvsS u m m e =";s:print
1070 ifs>=100thenprint"rvsS i e   h a b e n    v e r l o r e n!":end
1080 return
ready.
```

Erläuterungen zum Programm

Anweisung Nr.	Erläuterung
10, 99	Überschrift drucken
100	Menü: „Wer soll beginnen?" wird ausgedruckt
110	Eingabe der Auswahl (in anderen BASIC-Versionen mit INKEY$)
120	Unzulässige Auswahl wird erkannt und die Ausgabe muß wiederholt werden
130	Wenn der Spieler beginnt: in das Eingabeunterprogramm verzweigen und dann den Computerzug ansteuern
140	Auswahl eines Computerzuges durch den Zufallsgenerator (irgendwie muß er beginnen, wenn er anfängt!)
150	Computerzug wird der Summe zugeschlagen
160	Ausdrucken der Spielsumme
170	Überprüfen auf Ende des Spiels
180	Spielerzug (Unterprogramm)
190	Wenn der Spieler weiter intelligent spielt, kann der Computer nicht gewinnen und spielt am besten wieder über den Zufallsgenerator in 140
200, 210	Der Spieler hat einen Fehler gemacht (nicht im Sinne der Strategie gespielt), der Computer „reißt das Spiel an sich"
220	Computerzug wird der Summe zugeschlagen
230	Ausgabe der Summe
240	Prüfung auf Ende des Spiels
250	Spielerzug (Unterprogramm)
260	Strategischer Computerzug
270	Schleifenrücksprung
1000—1080	Unterprogramm Spielerzug
1010—1040	Eingabedialog für den Spieler
1050	Spielerzug wird der Summe zugeschlagen
1060	Ausgabe der Summe
1070	Prüfung auf Ende des Spiels

3.3 Zwei-Personenspiel (Unterbieten)

Problembeschreibung

Von *Douglas R. Hofstadter* stammt das folgende Spiel:

Jeder Spieler schreibt heimlich eine Zahl auf, die zwischen 1 und 5 liegt. Dann werden die Zahlen miteinander verglichen. Wenn der Unterschied von 1 verschieden ist, addiert jeder seine Zahl zu seinem Punktekonto. Ist der Unterschied genau 1, so erhält der Spieler mit dem niedrigeren Wert beide Zahlen gutgeschrieben.

Nach n Zügen (n $\geq$ 10) soll das Spiel beendet sein.

Anmerkung:

Das Problem läßt sich mit Mitteln der Spieltheorie studieren; Probleme der Spieltheorie haben wichtige Anwendungen in der Wirtschaft.

Problemanalyse

Variablenlegende:

N ... Anzahl der Spielzüge ($N \geq 10$)
A ... Züge des Spielers ($1 \leq A \leq 5$)
B ... Züge des Computers
S1 ... Punktekonto des Spielers
S2 ... Punktekonto des Computers

Der Computer spielt durch den Zufallsgenerator, viele Abfragen werden benötigt!

Aufgabe

Es ist ein Programmablaufplan zu erstellen und ein dialogfreundliches BASIC-Spielprogramm zu schreiben.

Halbverbale Beschreibung des Algorithmus

```
(1) D R U C K E N    DER SPIELBESCHREIBUNG
(2) E I N G A B E :  WAHL DER SPIELZÜGE
    A B F R A G E :  LIEGT EIN EINGABEFEHLER VOR?
    W E N N    J A : S P R U N G  ZU (2)
    W E N N    N E I N : WEITER BEI (3)
(3) ZÄHLER ERHÖHEN
(4) E I N G A B E   DES SPIELERZUGES
    A B F R A G E : LIEGT EIN EINGABEFEHLER VOR?
    W E N N    J A : S P R U N G  ZU (4)
    W E N N    N E I N : WEITER BEI (5)
(5) COMPUTERZUG PER ZUFALLSGENERATOR
(6) A B F R A G E : UNTERSCHEIDEN SICH DIE ZÜGE GENAU UM 1?
    W E N N    J A : DER SPIELER MIT DER KLEINEREN PUNKTEANZAHL ERHÄLT
                     ALLE PUNKTE GUTGESCHRIEBEN
    W E N N    N E I N : JEDER ERHÄLT SEINE PUNKTE GUTGESCHRIEBEN
(7) A B F R A G E : GEHT DAS SPIEL NOCH WEITER?
    W E N N    J A : S P R U N G   ZU (3)
    W E N N    N E I N : WEITER BEI (8)
(8) A U S G A B E    DER PUNKTESUMMEN
(9) F A L L U N T E R S C H E I D U N G :
    F A L L   1: DER SPIELER HAT WENIGER PUNKTE ALS DER COMPUTER:
                 D R U C K E N : DER COMPUTER GEWINNT
    F A L L   2: DER SPIELER HAT GLEICHVIELE PUNKTE WIE DER COMPUTER:
                 D R U C K E N : UNENTSCHIEDEN
    F A L L   3: DER SPIELER HAT MEHR PUNKTE ALS DER COMPUTER:
                 D R U C K E N : DER SPIELER GEWINNT

(10) E N D E
```

Programmablaufplan

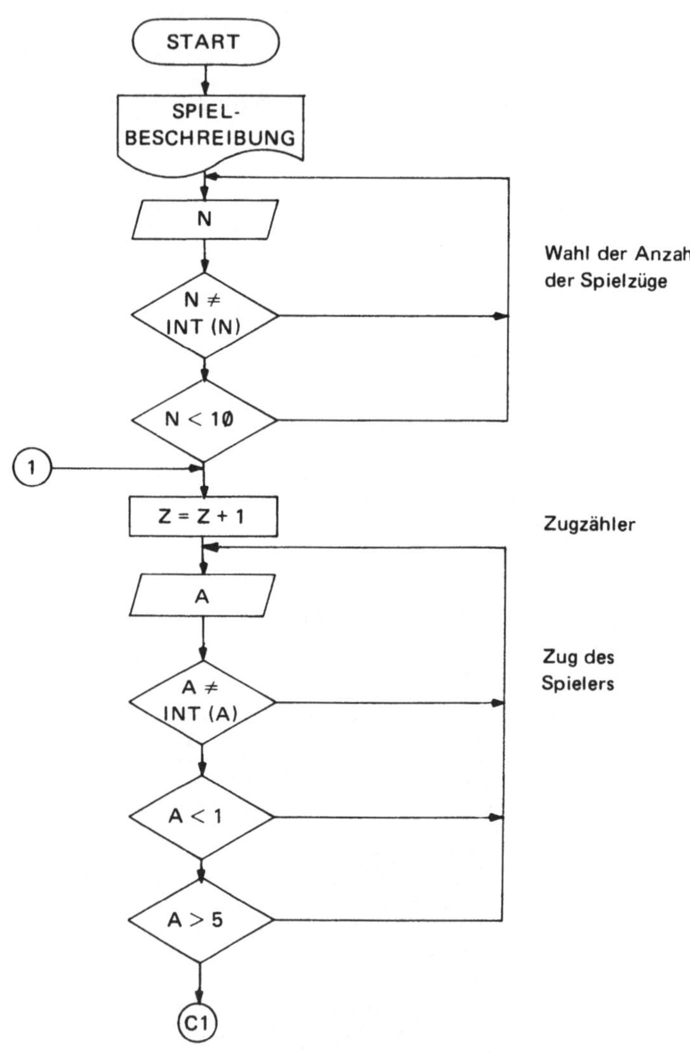

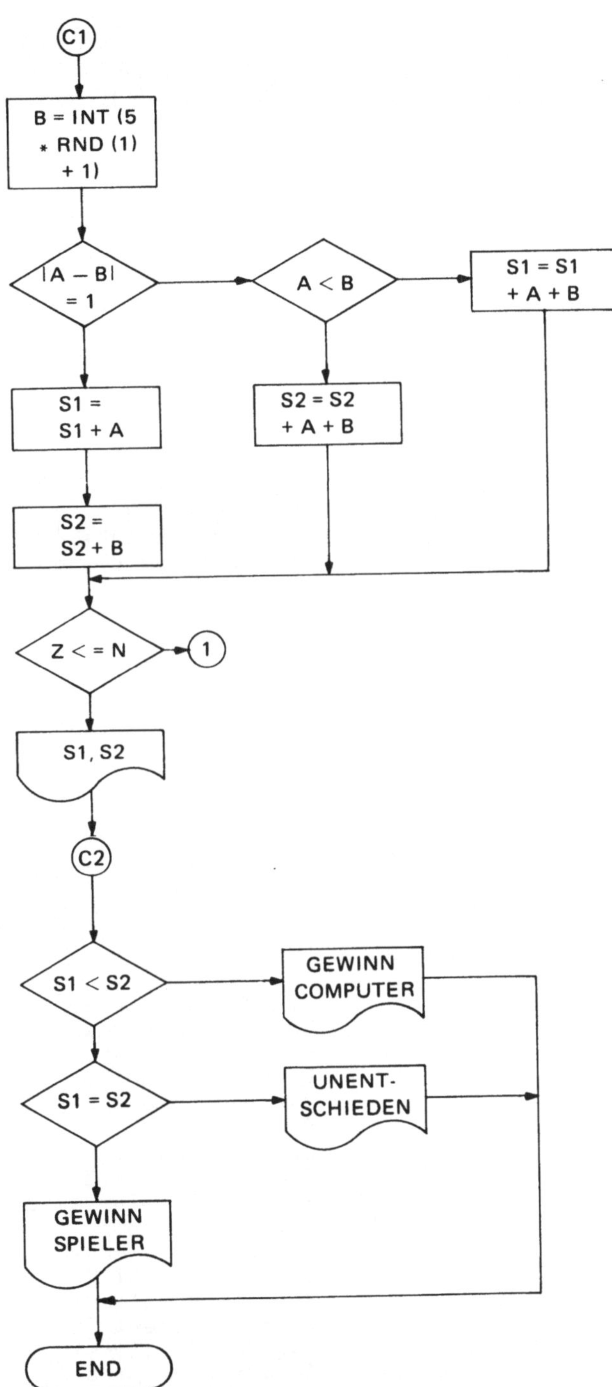
C1
B = INT (5
* RND (1)
+ 1)
|A − B|
= 1
A < B
S1 = S1
+ A + B
S1 =
S1 + A
S2 = S2
+ A + B
S2 =
S2 + B
Z < = N
1
S1, S2
C2
S1 < S2
GEWINN
COMPUTER
S1 = S2
UNENT-
SCHIEDEN
GEWINN
SPIELER
END

Programm

```
100 INPUT "Gewünschte Anzahl der Spielzüge";N
110 LPRINT "Gewünschte Anzahl der Spielzüge";N
120 LPRINT
130 IF N<>INT(N) THEN 100
140 IF N<10 THEN 100
150 Z=Z+1
160 INPUT "Welche Zahl (1-5)";A
170 LPRINT "Zug des Spielers: ";A
180 IF A<>INT(A) THEN 160
190 IF A<1 THEN 160
200 IF A>5 THEN 160
210 B=INT(5*RND(1)+1)
220 LPRINT "Computer zieht";B
230 IF ABS(A-B)=1 THEN 340
240 S1=S1+A
250 S2=S2+B
260 IF Z<=N THEN 150
270 LPRINT "Erreichte Punktezahl Spieler";S1
280 LPRINT "Erreichte Punktezahl Computer";S2
290 IF S1<S2 THEN LPRINT"Computer hat gewonnen":END
300 IF S1=S2 THEN LPRINT"U n e n t s c h i e d e n":END
310 LPRINT
320 LPRINT" Spieler hat gewonnen"
330 END
340 IF A<B THEN S1=S1+A+B:GOTO 260
350 S2=S2+A+B
360 GOTO 260
```

Probelauf

```
Gewünschte Anzahl der Spielzüge 15

Zug des Spielers:  2          Zug des Spielers:  3
Computer zieht 1              Computer zieht 1
Zug des Spielers:  4          Zug des Spielers:  4
Computer zieht 4              Computer zieht 5
Zug des Spielers:  3          Zug des Spielers:  3
Computer zieht 5              Computer zieht 4
Zug des Spielers:  4          Zug des Spielers:  3
Computer zieht 4              Computer zieht 3
Zug des Spielers:  3          Zug des Spielers:  3
Computer zieht 4              Computer zieht 5
Zug des Spielers:  5          Zug des Spielers:  3
Computer zieht 1              Computer zieht 2
Zug des Spielers:  3          Zug des Spielers:  4
Computer zieht 3              Computer zieht 5
Zug des Spielers:  4          Zug des Spielers:  3
Computer zieht 3              Computer zieht 5
                              Erreichte Punktezahl Spieler 63
                              Erreichte Punktezahl Computer 46

                                  Spieler hat gewonnen
```

Erläuterungen zum Programm

Anweisung Nr.	Erläuterung
100	Eingabe der gewünschten Anzahl der Spielzüge
110	Ausgabe der gewünschten Anzahl der Spielzüge
120	Zeilenvorschub
130	Nur ganze Zahlen sind erlaubt
140	Mindestens 10 Spielzüge sind erforderlich
150	Zähler der Spielzüge
160	Eingabe des Spielerzugs
170	Ausgabe des Spielerzugs
180	Der Zug muß ganzzahlig sein
190, 200	Der Zug muß zwischen 1 und 5 liegen
210	Computer zieht per Zufallsgenerator
220	Wenn der Unterschied der Züge genau 1 ist, bekommt der Mitspieler mit der kleineren Zahl alle Punkte gutgeschrieben (in 340, 350), sonst bekommt jeder seine Punkte (240, 250)
240, 250, 340, 350	Punktezuschlag
260	Sind alle Züge gespielt?
270, 280	Ausdrucken der erreichten Punkteanzahl
290, 300, 310, 320	Spielergebnis ausdrucken

3.4 Nim-Spiel

Problembeschreibung

Für die moderne Wirtschaftsmathematik von Interesse sind sogenannte strategische Spiele. Ein Beispiel für ein strategisches Spiel ist Nim:

Hier gewinnt immer der Spieler, der beginnt, wenn er die Spielstrategie kennt.

Spiel:

Eine Anzahl von n Streichhölzern ist gegeben (n ist zweckmäßigerweise größer gleich 15). Zwei Spieler müssen abwechselnd $1 - p$ Streichhölzer wegnehmen (Empfehlung: $p <= 6$).

Es existieren zwei Varianten:

a) Wer das letzte Streichholz nimmt, gewinnt.
b) Wer das letzte Streichholz nimmt, verliert.

Problemanalyse

Wir geben nur die Variablenlegende an, da die Problemanalyse durch den Programmablaufplan am besten durchgeführt werden können.

Variablenlegende:

Z1 (X) ... Zug Nummer X Spieler 1
Z2 (X) ... Zug Nummer X Spieler 2
N   ... Einzulesende Anzahl der gegebenen Streichhölzer
P   ... Einzulesende Anzahl der in einem Zug höchstens zu ziehenden Hölzer
X   ... Zugzähler
S$ ... Spielvariante
A$ B$ ... Entscheidungsvariable

Aufgabe

Aufgrund des gegebenen Programmablaufplans ist ein BASIC-Programm für das Nim-Spiel
zu schreiben.

Halbverbale Beschreibung des Algorithmus

```
(1)   S P R U N G M A R K E  6
(2)   A U S G A B E    DER SPIELBESCHREIBUNG
(3)   E I N G A B E    DER SPIELVARIANTE, DER ANZAHL DER STREICHHÖLZER
                       UND WIEVIELE STREICHHÖLZER IN EINEM ZUG HÖCHSTENS
                       WEGGENOMMEN WERDEN DÜRFEN
(4)   S P R U N G M A R K E  7
(5)   SPEICHERN DER STREICHHOLZANZAHL UND INITIALISIEREN DES ZUGZÄHLERS
(6)   S P R U N G M A R K E  5
(7)   A B F R A G E :  IST ES DER ERSTE ZUG?
         W E N N   J A :  A U S G A B E   DER AUSGANGSLAGE UND DER
                          AUFFORDERUNG ZUM ZUG AN SPIELER 1
         W E N N   N E I N : WEITER BEI (8)
(8)   E I N G A B E   DES ZUGES VON SPIELER 1
(9)   SPIELAUSWERTUNG BERECHNEN
(10)  A B F R A G E : IST DAS SPIEL ZU ENDE?
         W E N N   J A : A U S G A B E   DES ERGEBNISSES IN ABHÄNGIGKEIT
                         VON DER GEWÄHLTEN SPIELVARIANTE
         A N S C H L I E S S E N D : S P R U N G   ZU SPRUNGMARKEN 1,2
         W E N N   N E I N : A U S G A B E   DER SPIELLAGE UND
                             AUFFORDERUNG ZUM ZUG AN SPIELER 2
(11)  E I N G A B E   DES ZUGES VON SPIELER 2
(12)  SPIELAUSWERTUNG BERECHNEN
(13)  A B F R A G E : IST DAS SPIEL ZU ENDE?
         W E N N   J A : A U S G A B E   DES ERGEBNISSES IN ABHÄNGIGKEIT
                         VON DER GEWÄHLTEN SPIELVARIANTE
         A N S C H L I E S S E N D : S P R U N G   ZU SPRUNGMARKEN 3,4
         W E N N   N E I N : A U S G A B E   DER SPIELLAGE UND
                             AUFFORDERUNG ZUM ZUG AN SPIELER 1
(14)  ZUGZÄHLER ERHÖHEN
(15)  S P R U N G   ZU SPRUNGMARKE 5
(16)  S P R U N G M A R K E N  1, 2, 3, 4
(17)  E I N G A B E , OB WIEDERHOLUNG DES SPIELS GEWÜNSCHT WIRD
(18)  A B F R A G E : WIEDERHOLUNG DES SPIELS GEWÜNSCHT?
         W E N N   J A : WEITER BEI (19)
         W E N N   N E I N : A U S G A B E : VERABSCHIEDUNG
         A N S C H L I E S S E N D : E N D E
(19)  E I N G A B E , OB GLEICHES SPIEL GEWÜNSCHT WIRD
(20)  A B F R A G E : GLEICHES SPIEL GEWÜNSCHT?
         W E N N   J A : S P R U N G   ZU SPRUNGMARKE 7
         W E N N   N E I N : S P R U N G   ZU SPRUNGMARKE 6
```

Der Programmablaufplan

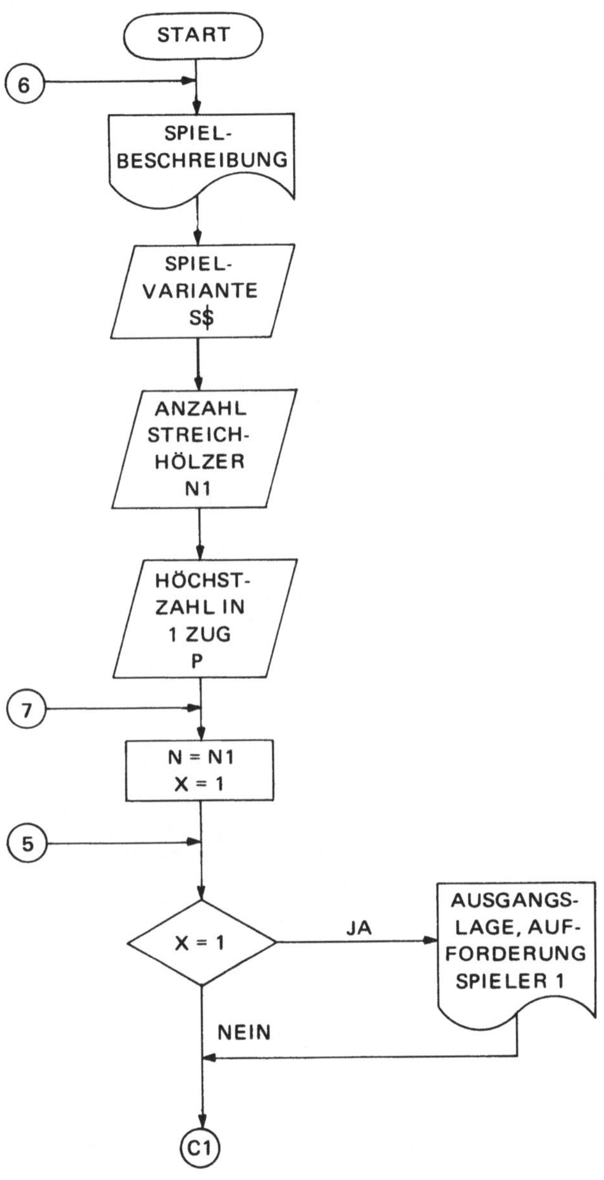

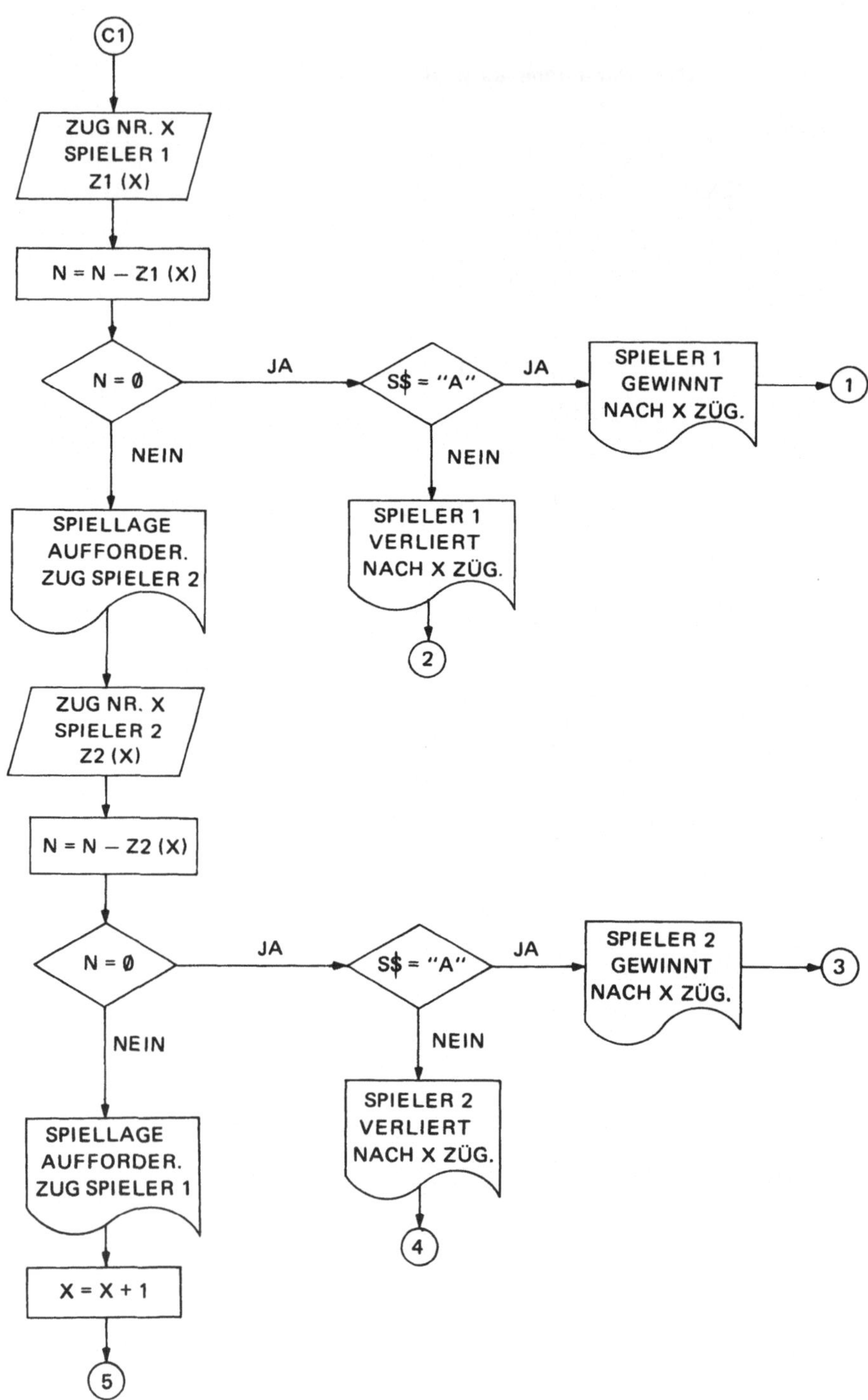
C1
ZUG NR. X
SPIELER 1
Z1 (X)
N = N − Z1 (X)
N = 0
JA
S$ = "A"
JA
SPIELER 1
GEWINNT
NACH X ZÜG.
1
NEIN
NEIN
SPIELLAGE
AUFFORDER.
ZUG SPIELER 2
SPIELER 1
VERLIERT
NACH X ZÜG.
2
ZUG NR. X
SPIELER 2
Z2 (X)
N = N − Z2 (X)
N = 0
JA
S$ = "A"
JA
SPIELER 2
GEWINNT
NACH X ZÜG.
3
NEIN
NEIN
SPIELLAGE
AUFFORDER.
ZUG SPIELER 1
SPIELER 2
VERLIERT
NACH X ZÜG.
4
X = X + 1
5

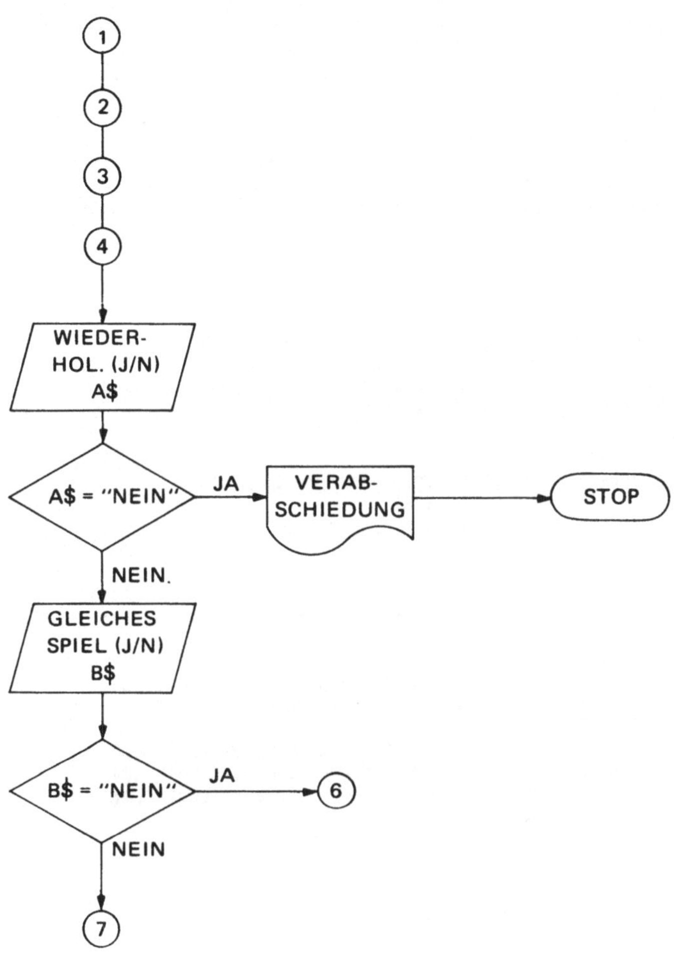

1
2
3
4
WIEDER-
HOL. (J/N)
A$
A$ = "NEIN"
JA
VERAB-
SCHIEDUNG
STOP
NEIN.
GLEICHES
SPIEL (J/N)
B$
B$ = "NEIN"
JA
6
NEIN
7

Programm

```
100 PRINT "N i m m - Spiel, Programm von Prof.J.Weilharter"
110 PRINT
120 PRINT "Spielregeln: 2 Spieler nehmen abwechselnd 1-p von n Hölzchen"
130 PRINT "weg. Es gibt 2 Spielvarianten: a) Wer das letzte Holz nimmt, gewinnt!"
140 PRINT "                                b) Wer das letzte Holz nimmt, verliert!"
150 PRINT "Welche Spielvariante? ( a oder b )"
160 S$ = INKEY$
170 IF S$<>"a" AND S$<>"b" THEN 160
180 INPUT "Wieviele Streichhölzer sollen verwendet werden";N1
190 DIM Z1(N1),Z2(N1)
200 INPUT "Wieviele Streichhölzer dürfen in 1 Zug höchstens weggenommen werden";P
210 N=N1:X=1
220 IF X=1 THEN 370
230 INPUT "Wieviel zieht Spieler Nr.1";Z1(X)
240 N=N-Z1(X)
250 IF N=0 THEN 400
260 PRINT "Spiellage nach";X;"Zügen von Spieler 1":PRINT
270 FOR I=1 TO N: GOSUB 530: NEXT: PRINT
280 PRINT N;"Streichhölzer, Spieler Nr.2, bitte 1 - ";P;"ziehen!"
290 INPUT "Wieviel zieht Spieler Nr.2";Z2(X)
300 N = N- Z2(X)
310 IF N=0 THEN 430
320 PRINT "Spiellage nach ";X;" Zügen von Spieler 2":PRINT
330 FOR I=1 TO N:GOSUB 530:NEXT:PRINT
340 PRINT N;"Streichhölzer, Spieler Nr.1, bitte 1 -";P;" ziehen!"
350 X=X+1
360 GOTO 220
370 PRINT "Ausgangslage":PRINT:FOR I=1 TO N: GOSUB 530:NEXT:PRINT
380 PRINT N;"Sreichhölzer, Spieler Nr.1, bitte 1 -";P;"ziehen!"
390 GOTO 230
400 IF S$="a" THEN 420
410 PRINT "Spieler Nr.1 hat nach ";X;" Zügen verloren":GOTO 460
420 PRINT "Spieler Nr.1 hat nach ";X;" Zügen gewonnen":GOTO 460
430 IF S$="a" THEN 450
440 PRINT "Spieler Nr.2 hat nach ";X;" Zügen verloren":GOTO 460
450 PRINT "Spieler Nr.2 hat nach ";X;" Zügen gewonnen":GOTO 460
460 INPUT "Wiederholung des Spiels (ja oder nein eingeben!)";A$
470 IF A$="nein" THEN 510
480 INPUT "Gleiches Spiel ( ja oder nein eingeben!)";B$
490 IF B$="nein" THEN 100
500 GOTO 210
510 PRINT "Der Computer verabschiedet sich höflich!"
520 END
530 PRINT "=============0":RETURN
```

Erläuterungen zum Programm

Anweisung Nr.	Erläuterung
100, 110	Ausdrucken der Überschrift mit Zeilenvorschub
120–140	Ausdrucken der Spielregeln
150, 160	Auswahl der Spielvariante.
	Die Zeile 160 muß in anderen BASIC-Versionen so gestaltet werden:
	160 GET S $: IF S $=" " THEN 160
170	Unzulässige Eingaben werden ausgeschieden
180	Eingabe, mit wieviel Streichhölzern gespielt werden soll
190	Variable Dimensionierung der eindimensionalen Felder
200	Eingabe, wieviel Streichhölzer in einem Zug höchstens weggenommen werden dürfen
210	Initialisieren der aktuellen Anzahl der Streichhölzer und des Zugzählers
220	Vor dem ersten Zug ist die Ausgangslage zu drucken (in 370 beginnend)
230	Eingabe des Zugs von Spieler 1
240	Der Zug von Spieler 1 vermindert die aktuelle Anzahl der Streichhölzer
250	Prüfen, ob das Spiel zu Ende ist
260, 270	Ausgabe der Spiellage
280, 290	Aufforderung zum Zug und Eingabe des Zuges von Spieler 2
300	Der Zug von Spieler 2 vermindert die aktuelle Anzahl der Streichhölzer
310	Prüfen, ob das Spiel zu Ende ist
320, 330	Ausgabe der Spiellage
340	Aufforderung zum Zug an Spieler 1
350	Zugzähler erhöhen
360	Schleifenrücksprung
370, 380	Ausgabe der Ausgangslage und Aufforderung zum Zug an Spieler 1
390	Rücksprung nach bedingter Verzweigung
400–450	Auswertung des Spiels in Abhängigkeit von der Spielvariante
460–520	Dialog über die weitere Vorgangsweise
530	Entwurf eines Streichholzes

3.5 Quellenverzeichnis (Einige Spiele)

(3.2) Intelligentes 11er Spiel
      Rauhut, B., Schmitz, N., Zachow, E.: Spieltheorie. Stuttgart: B. G. Teubner 1979
(3.3) Zwei-Personenspiel (Unterbieten)
      Hofstadter, D. R.: Metamagikum. Spektrum der Wissenschaft
(3.4) Nim-Spiel
      allgemein bekannt

4 Zahlentheorie 2
Gehobene Techniken

4.1 Mathematische Vorbemerkungen zum Abschnitt Zahlentheorie 2

A. Permutationen

Jede Anordnung von n Elementen in einer bestimmten Reihenfolge heißt Permutation dieser n Elemente.

B. Teiler

Siehe Zahlentheorie 1.

C. Kongruenzen

Siehe Zahlentheorie 1.

4.2 Spiegelbilder

Problembeschreibung

Unter den ganzen Zahlen lassen sich einige Paare finden, bei denen Summe und Produkt spiegelbildlich zueinander sind — z. B.

$$9 + 9 = 18 \quad \text{und} \quad 9 \cdot 9 = 81$$

Bestimmen Sie alle Paare von ein- und zweistelligen Zahlen mit dieser Eigenschaft!

Problemanalyse

Mit Hilfe von *Stringoperationen* lassen sich Spiegelbilder von Zahlen auf einfache Weise erzeugen. Alle möglichen Paare werden über Schleifen generiert. Zulässige Paare werden über Abfragen aussortiert.

Aufgabe

Entwerfen Sie einen Programmablaufplan oder ein Struktogramm zur Problemlösung und entwickeln Sie daraus ein lauffähiges BASIC-Programm.

```
//  S P I E G E L B I L D E R

    DIMENSIONIERUNG: A$(10)
    FÜR A:=0 BIS 99 TUE
          FÜR B:=0 BIS 99 TUE
              SUMME:=A+B
              VERWANDLE SUMME IN STRING
              BESTIMME LÄNGE DES STRINGS
              FÜR I:=1 BIS LÄNGE TUE
                  ZERLEGUNG IN TEILSTRINGS DER LÄNGE 1:
                           A$(I)

              FÜR I:=LÄNGE BIS 1 TUE
                  AUFSUMMIERUNG DES SPIEGELBILDES:
                           X$

              WERT DES SPIEGELBILDES
              PRODUKT:=A*B
                        PRODUKT=SPIEGELBILD

               JA                        NEIN
              DRUCKE:A,B,
              SUMME,PRODUKT                %
              LÖSCHEN: SPIEGELBILD
```

Programmablaufplan

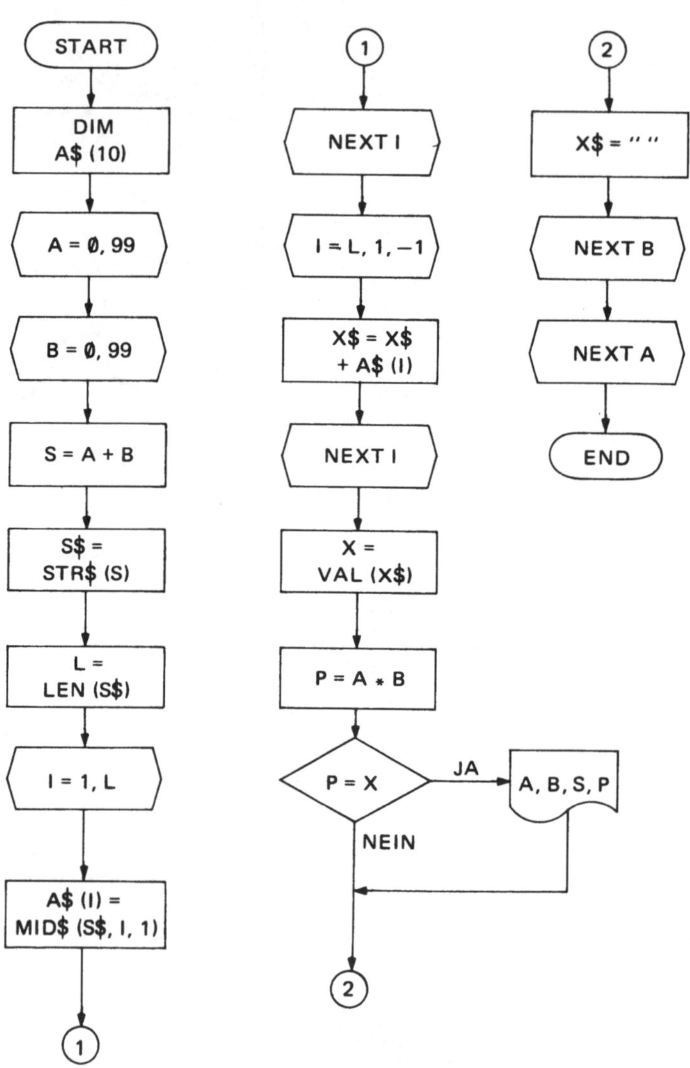

Programm

```
100 DIM A$(10)
110 LPRINT " a"," b"," s"," p"
120  FOR A=0 TO 99
130 FOR B=0 TO 99
140 S=A+B
150 S$=STR$(S)
160 L=LEN(S$)
170 FOR I=1 TO L
180 A$(I)=MID$(S$,I,1)
190 NEXT I
200 FOR I = L TO 1 STEP-1
210 X$=X$+A$(I)
220 NEXT I
230 X=VAL(X$)
240 P=A*B
250 IF P=X THEN LPRINT A,B,S,P
260 X$=""
270 NEXT B
280 NEXT A
290 END
```

Probelauf

a	b	s	p
0	0	0	0
2	2	4	4
2	47	49	94
3	24	27	72
9	9	18	81
24	3	27	72
47	2	49	94

Erläuterungen zum Programm

Anweisung Nr.	Erläuterung
100	Dimensionierung eines eindimensionalen Stringfeldes
110	Drucken der Tabellenüberschrift
120, 280	Anweisungspaar für Schleife zur Variation der ersten Zahl
130, 270	Anweisungspaar für Schleife zur Variation der zweiten Zahl
140	Berechnung der Summe
150	Summe in String verwandeln
160	Länge des Strings bestimmen
170, 190	Anweisungspaar für Schleife zur Zerlegung des Strings in Teilstrings der Länge 1
180	Teilstrings bilden
200, 220	Anweisungspaar für Schleife zur Bildung des Spiegelbildes
210	Spiegelbild aufsummieren
230	Den Wert des Spiegelbildes bestimmen
240	Berechnung des Produkts
250	Falls Produkt und Spiegelbild gleich sind, die erste Zahl, die zweite Zahl, die Summe und das Produkt ausdrucken
260	Löschen des Spiegelbildstrings

4.3 Zifferngleiche Summen und Produkte von ganzen Zahlen

Problembeschreibung

Unter den ganzen Zahlen lassen sich einige Paare finden, bei denen sich Summe und Produkt der Zahlen eines jeden Paares nur durch die Anordnung der Ziffern unterscheiden: z. B.

$$9 + 9 = 18 \quad \text{und} \quad 9 \cdot 9 = 81$$

Bestimmen Sie alle Paare von ein- bis dreistelligen Zahlen mit dieser Eigenschaft!

Problemanalyse

Die allgemeine Formulierung der Aufgabe lautet:

Bestimme Paare $(a, b) \in \mathbb{Z} \times \mathbb{Z}$

mit $\quad a + b = s$

$\qquad a \cdot b = p; p$ ist eine Permutation von s

Achtung:

Der Algorithmus ist von langer Dauer, da 1000000 Paare geprüft werden müssen!

Die Schwierigkeit in BASIC besteht in der Prüfung, ob p eine Permutation von s ist (in Pascal stehen z. B. geeignetere Datenstrukturen zur Verfügung).

Aufgabe

Entwerfen Sie einen Algorithmus zur Problemlösung in Form eines Programmablaufplanes und codieren Sie diesen Ablaufplan in ein lauffähiges Programm.

Programmablaufplan

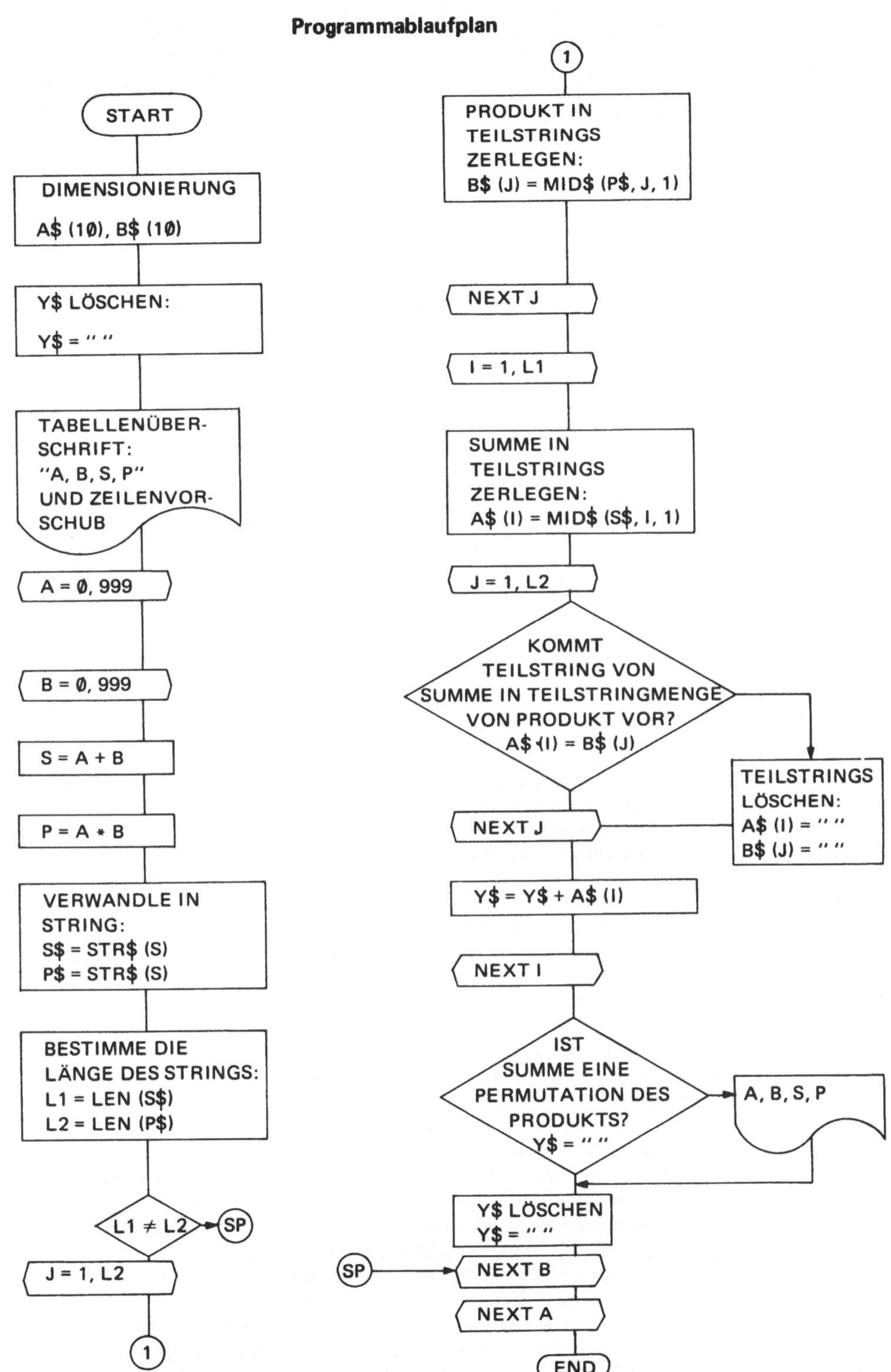

Programm

```
100 DIM A$(10),B$(10)
110 Y$ = ""
120 LPRINT " a"," b"," s"," p"
130 LPRINT
140 FOR A = 0 TO 999
150 FOR B = 0 TO 999
160 S = A + B
170 P = A * B
180 S$ = STR$(S)
190 P$ = STR$(P)
200 L1 = LEN(S$)
210 L2 = LEN(P$)
220 IF L1 <> L2 THEN 350
230 FOR J = 1 TO L2
240 B$(J) = MID$(P$,J,1)
250 NEXT J
260 FOR I = 1 TO L1
270 A$(I) = MID$(S$,I,1)
280 FOR J = 1 TO L2
290 IF A$(I) = B$(J) THEN A$(I) = "":B$(J) = ""
300 NEXT J
310 Y$ = Y$ + A$(I)
320 NEXT I
330 IF Y$ = "" THEN LPRINT A,B,S,P
340 Y$ = ""
350 NEXT B
360 NEXT A
370 END
```

Probelauf

a	b	s	p
0	0	0	0
2	2	4	4
2	47	49	94
2	263	265	526
2	497	499	994
3	24	27	72
9	9	18	81
24	3	27	72
47	2	49	94
263	2	265	526
497	2	499	994

Erläuterungen zum Programm

Anweisung Nr.	Erläuterung
100	Dimensionierung von zwei eindimensionalen Stringfeldern
110	Löschen eines Strings
120	Tabellenüberschrift ausdrucken
130	Zeilenvorschub
140, 360	Anweisungspaar für Schleife zur Variation der ersten Zahl
150, 350	Anweisungspaar für Schleife zur Variation der zweiten Zahl
160	Berechnung der Summe
170	Berechnung des Produkts
180, 190	Summe und Produkt in String umwandeln
200, 210	Längen von Summen- und Produktstring bestimmen
220	Wenn die Längen von Summen- und Produktstring verschieden sind, dann ist die Lösung unzulässig (zifferngleiche Strings sind von gleicher Länge!)
230, 250	Anweisungspaar für Schleife zur Zerlegung des Produkts in Teilstrings
240	Teilstrings des Produkts bilden
260, 320	Anweisungspaar für Schleife zur Erzeugung der Summenteilstringmenge
270	Teilstrings der Summe bilden
280, 300	Anweisungspaar für Schleife zur Überprüfung, ob der Teilstring der Summe in der Teilstringmenge des Produkts enthalten ist
290	gegebenenfalls (280, 300) beide Teilstrings löschen
310	Verbleibende Teilstrings der Summe aufsummieren
330	Ist die Summe aus 310 leer, so wurden in 290 alle Teilstrings gelöscht. Die Summe ist dann eine Permutation des Produkts und umgekehrt
340	Löschen von String für den nächsten Durchlauf

4.4 Vollkommene Zahlen

Problembeschreibung

Nach *Euklid* ist eine Zahl vollkommen, wenn sie die Summe ihrer Teiler ist. Dabei darf die Zahl selbst nicht als Teiler gewertet werden, da es sonst keine vollkommenen Zahlen geben könnte. Z. B. ist 6 eine vollkommene Zahl, weil

$$1 + 2 + 3 = 6$$

ist.

Problemanalyse

Variablenlegende:

N ... Anzahl der Zahlen die geprüft werden sollen
I ... geprüfte Zahl
S ... Summe der Teiler
J ... mögliche Teiler

Die Zahlen, die geprüft werden sollen, können in einer Schleife variiert werden. Die Teiler werden ebenfalls in einer Schleife mittels Abfrage gesucht. Eine Zahl J ist Teiler von I, wenn

$$I \text{ MOD } J = 0, \text{ d. h. der Rest bei Division von}$$

I durch J ist gleich 0. Ist keine MODULO-Funktion implementiert, so kann die Integerfunktion verwendet werden:

$$R = I * (I/J - INT (I/J))$$
$$R = INT (R + .5)$$

Wenn R = 0 ist, dann ist J ein Teiler von I.

Achtung: Der Algorithmus ist sehr langwierig.

Aufgabe

Erstellen Sie einen Programmablaufplan und ein BASIC-Programm, welches vollkommene Zahlen ausdruckt.

Programmablaufplan

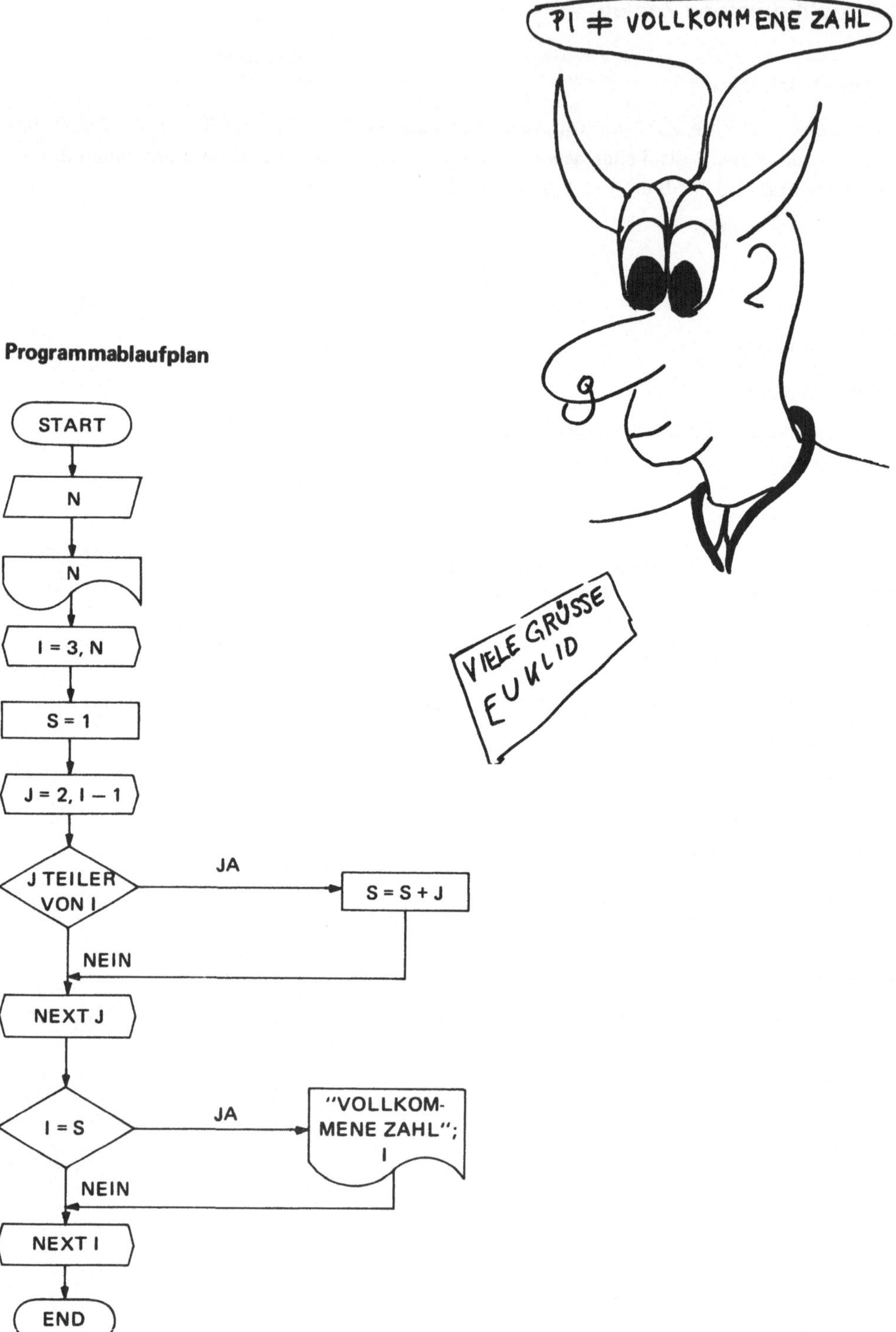

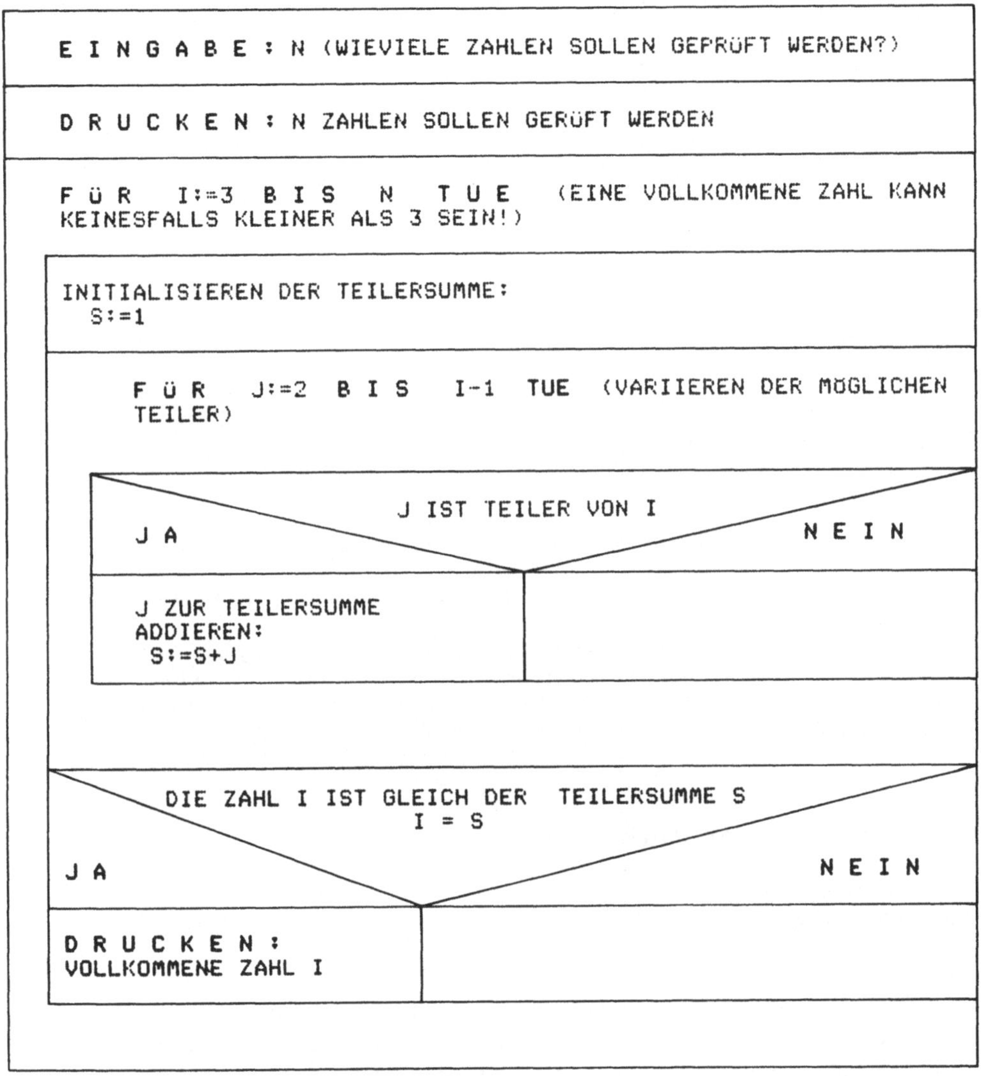

E I N G A B E : N (WIEVIELE ZAHLEN SOLLEN GEPRÜFT WERDEN?)

D R U C K E N : N ZAHLEN SOLLEN GERÜFT WERDEN

F Ü R   I:=3   B I S   N   T U E   (EINE VOLLKOMMENE ZAHL KANN
KEINESFALLS KLEINER ALS 3 SEIN!)

INITIALISIEREN DER TEILERSUMME:
  S:=1

F Ü R   J:=2   B I S   I-1   TUE   (VARIIEREN DER MÖGLICHEN
TEILER)

J IST TEILER VON I

J A   N E I N

J ZUR TEILERSUMME
ADDIEREN:
  S:=S+J

DIE ZAHL I IST GLEICH DER TEILERSUMME S
                I = S

J A   N E I N

D R U C K E N :
VOLLKOMMENE ZAHL I

Programm

```
100 INPUT "Wieviele Zahlen sollen geprüft werden";N
110 LPRINT "Es sollen ";N;" Zahlen geprüft werden"
120 FOR I = 3 TO N
130 S = 1
140 FOR J = 2 TO I-1
150 IF I MOD J = 0 THEN S = S + J
160 NEXT J
170 IF I = S THEN LPRINT "vollkommene Zahl";I
180 NEXT I
190 END
```

Probelauf

```
Es sollen  500  Zahlen geprüft werden
vollkommene Zahl 6
vollkommene Zahl 28
vollkommene Zahl 496
```

Erläuterungen zum Programm

Anweisung Nr.	Erläuterung
100	Eingabe der Anzahl der zu prüfenden Zahlen
110	Ausgabe der Anzahl der zu prüfenden Zahlen
120, 180	Anweisungspaar für Schleife zur Variation der zu prüfenden Zahlen
130	Initialisieren der Teilersumme
140, 160	Anweisungspaar für Schleife zur Variation der möglichen Teiler
150	Überprüfung auf Teilerrelation, gegebenenfalls Teiler aufsummieren
170	Wenn die Zahl der Teilersumme gleich ist, dann soll ausgedruckt werden, daß die Zahl vollkommen ist

4.5 Festumzug am St. Patrick's-Tag

Problembeschreibung

Von *Sam Loyd* stammt das folgende Problem:

Beim Festumzug am St. Patrick's-Tag tat sich neulich eine interessante und merkwürdige Rätselfrage auf. Wie üblich, verkündete der Großmarschall, daß „die Mitglieder des ehrenwerten und alten Hibernia-Ordens ihren Umzug am Nachmittag abhalten werden, wenn es am Vormittag regnet, daß er aber am Vormittag stattfinden wird, wenn es am Nachmittag regnet." Dadurch wurde der Eindruck erweckt, als wäre am St. Patrick's-Tag stets mit Regen zu rechnen. Casey prahlte damit, daß er „seit einem Vierteljahrhundert, seit er ein kleiner Junge war, an jedem St. Patrick's-Umzug teilgenommen" habe.

Ich will auf die merkwürdigen Auslegungen, die diese obige Bemerkung nach sich ziehen könnte, nicht weiter eingehen und Ihnen nur noch sagen, daß Casey letztlich doch vom hohen Alter und von einer Lungenentzündung dahingerafft wurde, daß er aber trotzdem weiterhin in der unsterblichen Prozession mitmarschiert ist.

Die Burschen formierten sich, ganz nach altem Brauch, am 17. März in Zehnerreihen und marschierten so einen oder zwei Häuserblocks weit, allerdings nur mit 9 Mann in der letzten Reihe, in der sonst Casey wegen der Behinderung seines linken Fußes mitgegangen war. Die Musik der Hibernia-Kapelle wurde vom Gebrüll der Zuschauer, die immer wieder wissen wollten, was aus dem „Kleinen mit dem Hinkefuß" geworden wäre, total übertönt, so daß man es für das Beste hielt, den ganzen Umzug so umzuorganisieren, daß in jeder Reihe nur 9 Mann marschierten, denn mit 11 würde es nicht aufgehen.

Aber wiederum ging ihnen Casey ab, und als man feststellte, daß die letzte Reihe nur mit 8 Mann besetzt war, hielt die Prozession erneut an. Eilig machte man sich daran, Reihen zu je 8 Mann aufzustellen; danach mit 7, mit 6, dann mit 5, 4, 3 und sogar 2, aber immer wieder stellte sich von neuem heraus, daß bei jeder Formation in der letzten Reihe stets ein leerer Platz für Casey blieb. Und zudem — obgleich uns das wie ein ziemlich alberner Aberglaube vorkommen mag — ging ein Raunen durch die Reihen, denn jedesmal, wenn es wieder auf Tritt-Marsch losging, glaubten alle, Caseys „Hinkeschritt" zu vernehmen. Die Burschen waren derart fest davon überzeugt, Caseys Geist marschiere mit, daß sich niemand getraute, die Nachhut zu bilden.

Der Großmarschall war jedoch ein heller Kopf, der den Geist austrickste, indem er einfach den Befehl erteilte, einzeln hintereinander, also im Gänsemarsch, zu gehen, so daß Casey, falls tatsächlich als Geist vertreten, die Nachhut der längsten Prozession bildete, die ihrem Patron je die Ehre erwiesen hatten. Angenommen, an dem Festzug hätten nicht mehr als 7000 Mann teilgenommen, wieviele waren es dann genau?

Problemanalyse

Sei x die gesuchte Teilnehmerzahl. Folgende Bedingungen sind zu erfüllen:

$x \leqslant 7000$ ... es haben nicht mehr als 7000 teilgenommen
$x \equiv 9 \ (10)$ ... in der letzten Reihe bleibt bei 10-Formation ein freier Platz
$x \not\equiv 0 \ (11)$ ... durch 11 würde es nicht aufgehen
$x \equiv 8 \ (9), \ x \equiv 7 \ (8), \ x \equiv 6 \ (7), \ x \equiv 5 \ (6), \ x \equiv 4 \ (5), \ x \equiv 3 \ (4), \ x \equiv 2 \ (3), \ x \equiv 1 \ (2)$

Diese Kongruenzen erfassen die Situationen nach den Umstellungen: immer bleibt in der letzten Reihe ein Platz frei.

Aufgabe

Entwerfen Sie einen Programmablaufplan zur Problemlösung und entwickeln sie daraus ein lauffähiges BASIC-Programm. Beachten Sie, daß es BASIC-Versionen mit MODULO-Funktion (= Kongruenz) gibt.

In BASIC-Versionen ohne MODULO-Funktion muß mit der INTEGER-Funktion gearbeitet werden. Durchlaufen der möglichen Werte mit FOR-NEXT-Schleife.

Programmablaufplan

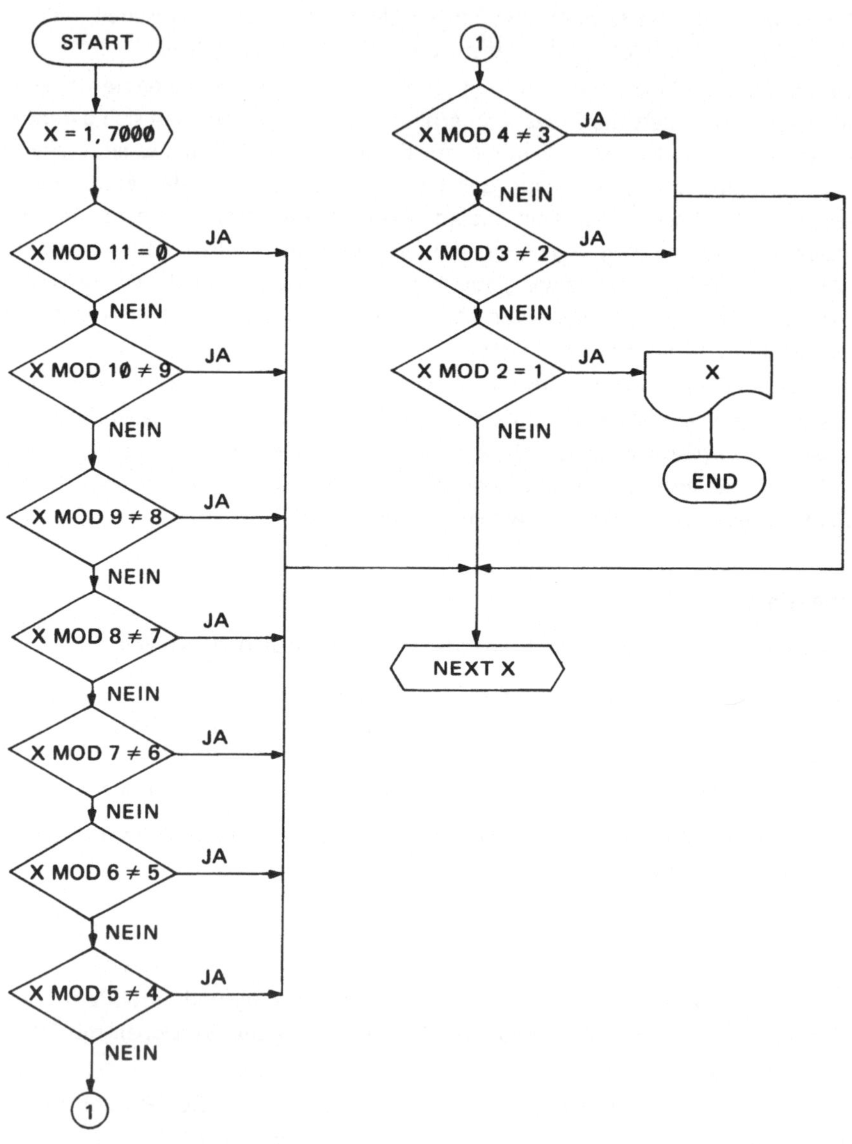

Programmablaufplan
(ohne MODULO-Funktion)

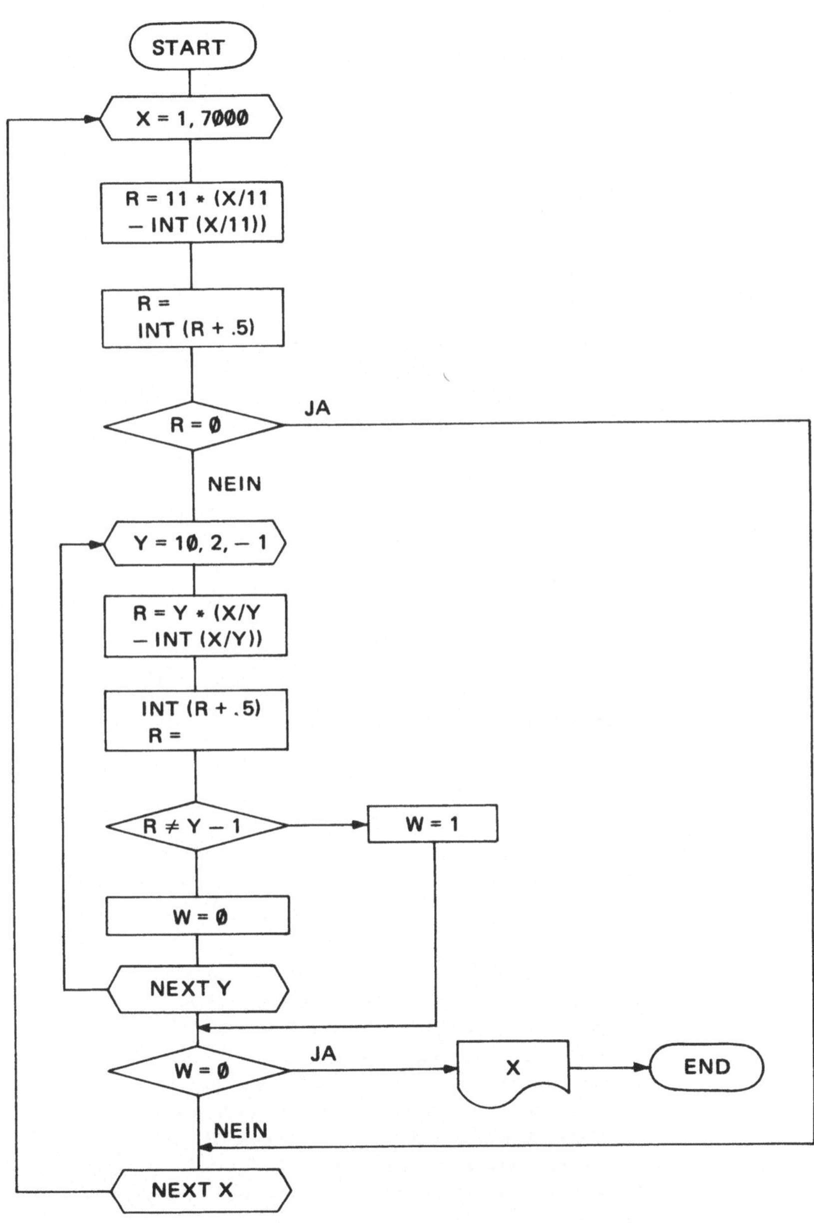

Programm   **Probelauf**

```
100 FOR X = 1 TO 7000                      Lösung: 5039
110 IF X MOD 11 = 0 THEN 130
120 IF X MOD 10 = 9 THEN 150
130 NEXT X
140 END
150 IF X MOD 9 = 8 THEN 170
160 GOTO 130
170 IF X MOD 8 = 7 THEN 190
180 GOTO 130
190 IF X MOD 7 = 6 THEN 210
200 GOTO 130
210 IF X MOD 6 = 5 THEN 230
220 GOTO 130
230 IF X MOD 5 = 4 THEN 250
240 GOTO 130
250 IF X MOD 4 = 3 THEN 270
260 GOTO 130
270 IF X MOD 3 = 2 THEN 290
280 GOTO 130
290 IF X MOD 2 = 1 THEN PRINT "Lösung:"X:END
300 GOTO 130
```

Programmalternative

```
100 FOR X = 1 TO 7000
110 R = 11*(X/11-INT(X/11))
120 R = INT(R+.5)
130 IF R = 0 THEN 210
140 FOR Y = 10 TO 2 STEP -1
150 R = Y*(X/Y-INT(X/Y))
160 R = INT(R+.5)
170 IF R<>Y-1 THEN W=1:GOTO 200
180 W=0
190 NEXT Y
200 IF W=0 THEN PRINT "Lösung:";X:END
210 NEXT X
```

Erläuterungen zum Programm

Anweisung Nr.	Erläuterung
100, 130	Anweisungspaar für Schleife zur Variation der Teilnehmerzahl
110	Die Teilnehmerzahl ist nicht durch 11 teilbar
120	Bei Zehnerreihen sind in der letzten Reihe nur 9
150	Bei Neunerreihen sind in der letzten Reihe nur 8
170	Bei Achterreihen sind in der letzten Reihe nur 7
190	Bei Siebennerreihen sind in der letzten Reihe nur 6
210	Bei Sechserreihen sind in der letzten Reihe nur 5
230	Bei Fünferreihen sind in der letzten Reihe nur 4
250	Bei Vierrreihen sind in der letzten Reihe nur 3
270	Bei Dreierreihen sind in der letzten Reihe nur 2
290	Bei Zweierreihen ist in der letzten Reihe nur 1, das kann als Abbruchbedingung gelten
160, 180, 200 220, 240, 260 280, 300	Eine notwendige Bedingung wurde verletzt, daher ist die Lösung unzulässig — die nächsthöhere Teilnehmerzahl muß versucht werden

Erläuterungen zur Programmalternative

Anweisung Nr.	Erläuterung
100, 210	Anweisungspaar für Schleife zur Variation der Teilnehmerzahl
110, 120	Bestimmung des Rests bei Division durch 11
130	Die Teilnehmerzahl darf nicht durch 11 teilbar sein
140, 190	Anweisungspaar fur Schleife zur Bestimmung der übrigen Reste
150, 160	Restbestimmung
170	Rest prüfen, bei unzulässigem Rest Flag setzen
180	Bei zulässigem Rest Flag löschen
200	Bei gelöschtem Flag ist die Lösung zulässig — Abbruchbedingung

4.6 Ein Zahlenrätsel

Problembeschreibung

In einer dreistelligen Zahl ist die Summe aus der Einer- und Hunderterziffer doppelt so groß wie die Zehnerziffer. Schreibt man die Ziffern in umgekehrter Reihenfolge, so erhält man eine um 198 größere Zahl. Dividiert man die ursprüngliche Zahl durch ihre Ziffernsumme, so erhält man 31 als Quotienten und 9 als Rest. Berechnen Sie diese Zahl!

Problemanalyse

Variablenlegende:

E ... Einerziffer

Z ... Zehnerziffer

H ... Hunderterziffer

Bedingungen laut Problembeschreibung:
I) $E + H = 2Z$
II) $100E + 10Z + H - 198 = 100H + 10Z + E$
III) $(100H + 10Z + E) : (H + Z + E) = 31, 9\ \text{Rest}$
Problematisch ist, wenn überhaupt, nur Bedingung III; moderne BASIC-Versionen kennen jedoch INTEGER-Division und die Restklassenfunktion MOD.

Aufgabe

Erstellen Sie einen Programmablaufplan und entwickeln Sie daraus ein lauffähiges BASIC-Programm. Die Parameter sollen mit FOR-NEXT-Schleifen variiert werden, da höchstens 1000 Rechenläufe nötig sind.

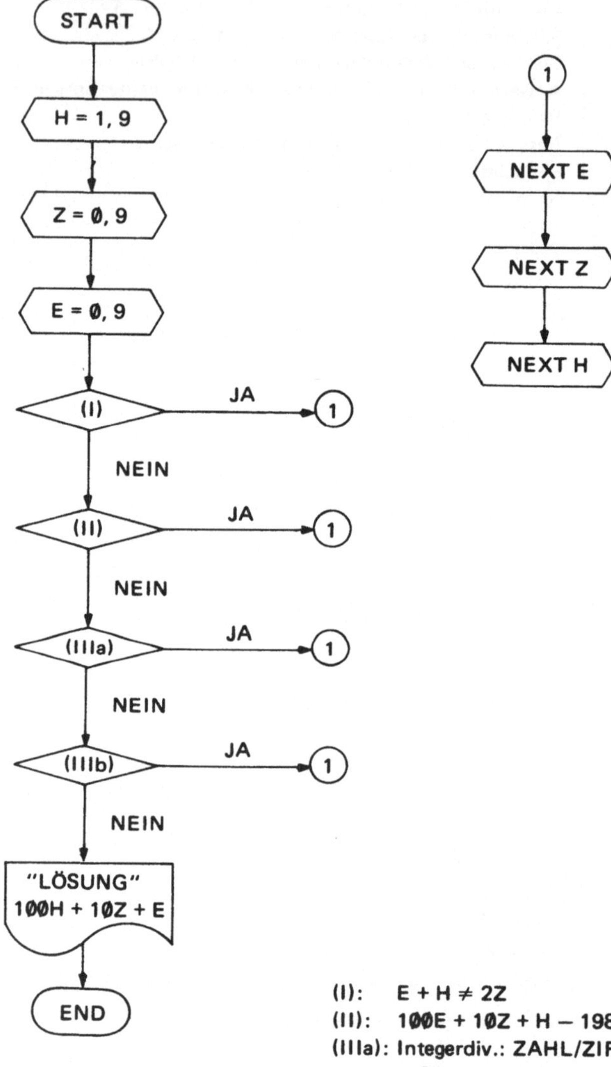

(I): $E + H \neq 2Z$

(II): $100E + 10Z + H - 198 \neq 100H + 10Z + E$

(IIIa): Integerdiv.: ZAHL/ZIFFERNSUMME
$\neq 31$

(IIIb): Rest: ZAHL/ZIFFERNSUMME
$\neq 9$

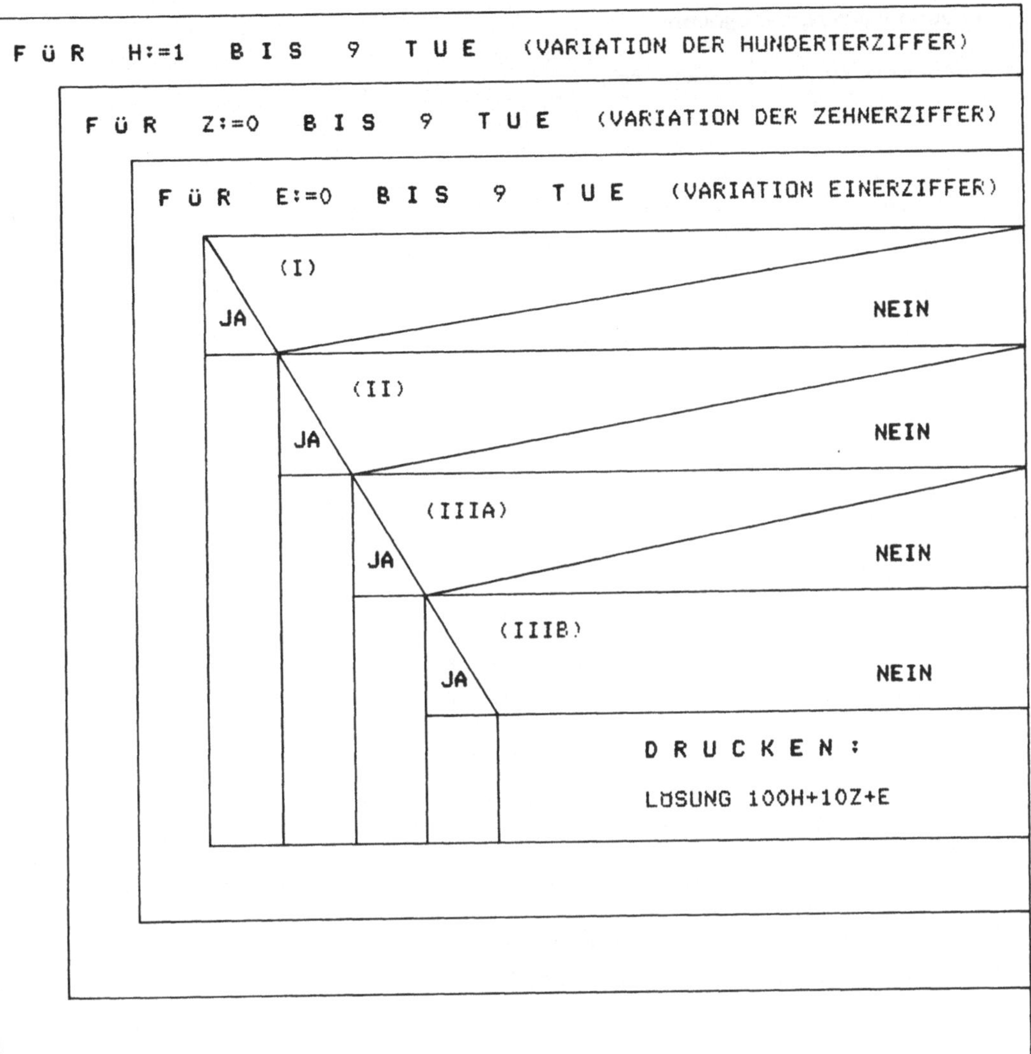

Programm

```
100 REM "Zahl gesucht"
110 FOR H = 1 TO 9
120 FOR Z = 0 TO 9
130 FOR E = 0 TO 9
140 IF E+H<>2*Z THEN 200
150 IF 100*E+10*Z+H-198<>100*H+10*Z+E THEN 200
160 IF (100*H+10*Z+E) 0 (H+Z+E) <>31 THEN 200
170 IF (100*H+10*Z+E)MOD(H+Z+E) <>9  THEN 200
180 LPRINT "Die gesuchte Zahl ist "100*H+10*Z+E
190 END
200 NEXT E
210 NEXT Z
220 NEXT H
```

Probelauf

```
Probelauf
Die gesuchte Zahl ist  567
```

Erläuterungen zum Programm

Anweisung Nr.	Erläuterung
110, 220	Anweisungspaar für Schleife zur Variation der Hunderterziffer (mindestens 1 bei einer dreistelligen Zahl!)
120, 210	Anweisungspaar für Schleife zur Variation der Zehnerziffer
130, 200	Anweisungspaar für Schleife zur Variation der Einerziffer
140	Bedingung I
150	Bedingung II
160, 170	Bedingung III
180	Ergebnisausdruck

4.7 Eine lästige Differenz

Problembeschreibung

Man bildet aus einer vierstelligen Zahl, bei der nicht alle Ziffern gleich sind, zwei neue Zahlen. M sei die größte Zahl, die man aus den Ziffern der gegebenen Zahl bilden kann und m die kleinste. Man sucht nun die Differenz dieser Zahlen

$d = M - m$ und führt mit ihr dasselbe durch.

Sollte d dreistellig sein, ist eine 0 als vierte Ziffer voranzusetzen. Unabhängig von der gewählten Ausgangszahl führt dieser Algorithmus bei mehrmaliger Wiederholung jedesmals auf die Zahl

6174.

Man kann diese Eigenschaft übrigens beweisen.

Prüfen Sie diese Eigenschaft in Beispielen nach!

Problemanalyse

Mit Hilfe von Stringoperationen und Abfragen sollte dieser lästigen Differenz beizukommen sein.

Aufgabe

Erstellen Sie einen Programmablaufplan und ein BASIC-Programm, mit dem man die genannte Eigenschaft nachprüfen kann.

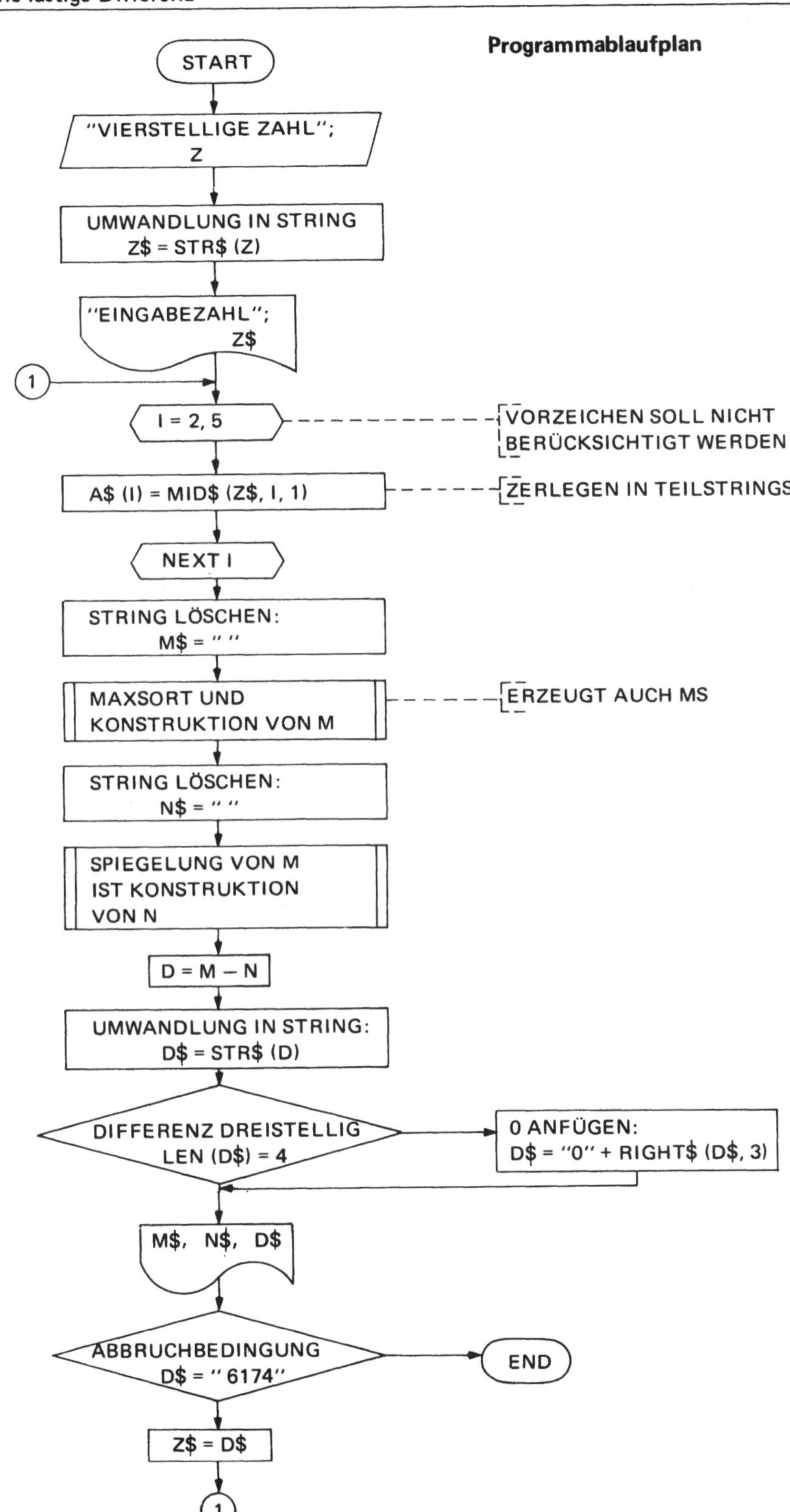
Programmablaufplan
START
"VIERSTELLIGE ZAHL";
Z
UMWANDLUNG IN STRING
Z$ = STR$ (Z)
"EINGABEZAHL";
Z$
1
I = 2, 5
VORZEICHEN SOLL NICHT
BERÜCKSICHTIGT WERDEN
A$ (I) = MID$ (Z$, I, 1)
ZERLEGEN IN TEILSTRINGS
NEXT I
STRING LÖSCHEN:
M$ = " "
MAXSORT UND
KONSTRUKTION VON M
ERZEUGT AUCH MS
STRING LÖSCHEN:
N$ = " "
SPIEGELUNG VON M
IST KONSTRUKTION
VON N
D = M − N
UMWANDLUNG IN STRING:
D$ = STR$ (D)
DIFFERENZ DREISTELLIG
LEN (D$) = 4
0 ANFÜGEN:
D$ = "0" + RIGHT$ (D$, 3)
M$, N$, D$
ABBRUCHBEDINGUNG
D$ = " 6174"
END
Z$ = D$
1

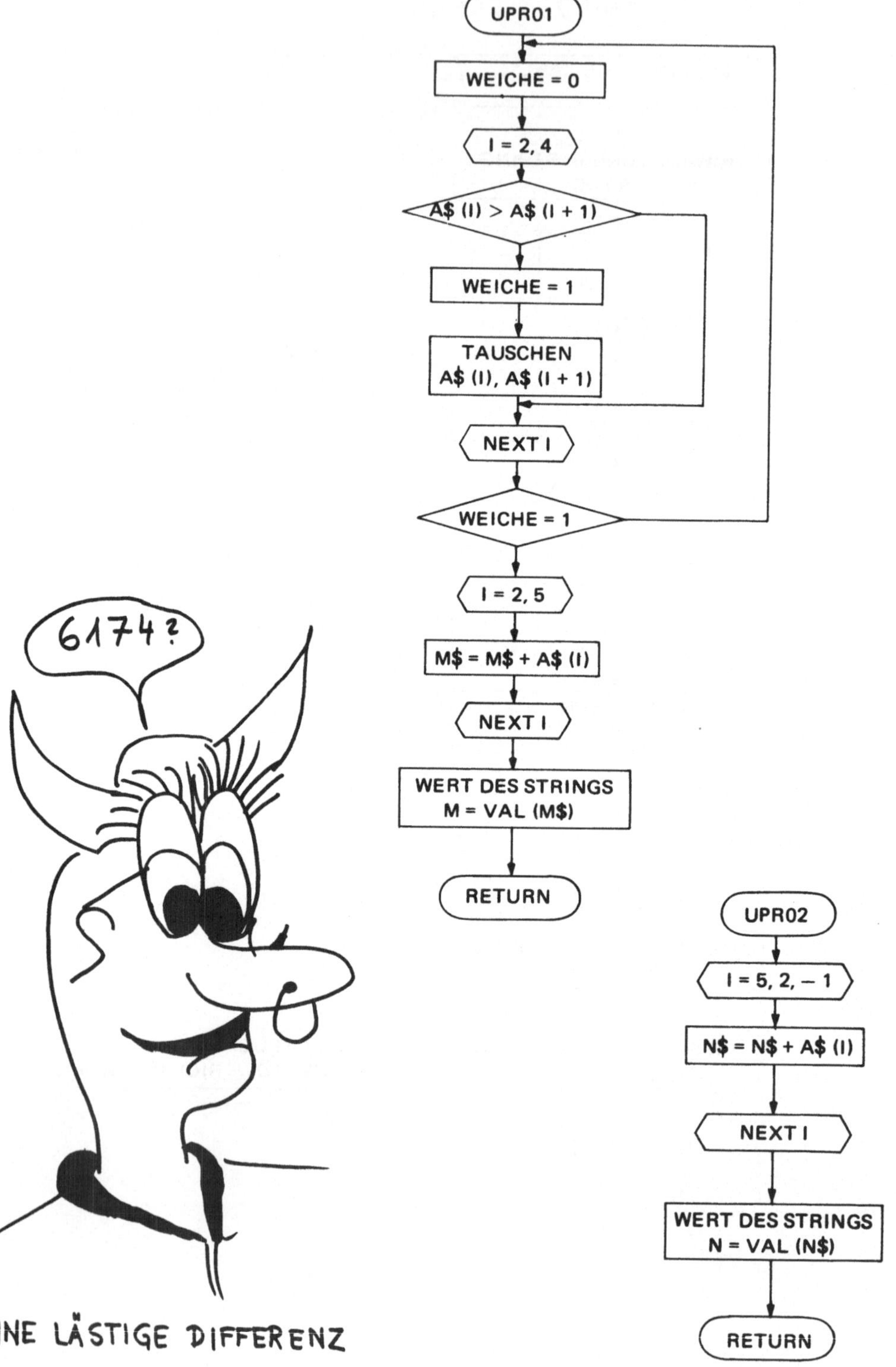
UPR01
WEICHE = 0
I = 2, 4
A$ (I) > A$ (I + 1)
WEICHE = 1
TAUSCHEN
A$ (I), A$ (I + 1)
NEXT I
WEICHE = 1
I = 2, 5
M$ = M$ + A$ (I)
NEXT I
WERT DES STRINGS
M = VAL (M$)
RETURN
UPR02
I = 5, 2, − 1
N$ = N$ + A$ (I)
NEXT I
WERT DES STRINGS
N = VAL (N$)
RETURN
6174?
EINE LÄSTIGE DIFFERENZ

Programm

```
100  INPUT "Welche vierstellige Zahl";Z
110  Z$=STR$(Z)
120  LPRINT "Eingabezahl";Z$
130  FOR I = 2 TO 5
140  A$(I) = MID$(Z$,I,1)
150  NEXT I
160  M$=""
170  GOSUB 270:REM maxsort und konstruktion von m
180  N$=""
190  GOSUB 420: REM spiegelung von m ist konstruktion von n
200  D=M-N
210  D$=STR$(D)
220  IF LEN(D$)=4 THEN D$=" 0"+RIGHT$(D$,3)
230  LPRINT "Differenz von ";M$;" und ";N$;" ist ";D$
240  IF D$ = " 6174" THEN END
250  Z$=D$
260  GOTO 130
270  REM maxsort
280  WEICHE = 0
290  FOR I = 2 TO 4
300  IF A$(I)>=A$(I+1) THEN 350
310  WEICHE = 1
320  H$ = A$(I)
330  A$(I) = A$(I+1)
340  A$(I+1) = H$
350  NEXT I
360  IF WEICHE = 1 THEN 280
370  FOR I = 2 TO 5
380  M$=M$+A$(I)
390  NEXT I
400  M = VAL(M$)
410  RETURN
420  REM spiegelung
430  FOR I = 5 TO 2 STEP -1
440  N$=N$+A$(I)
450  NEXT I
460  N=VAL(N$)
470  RETURN
```

Probelauf

```
Eingabezahl 1112
Differenz von 2111 und 1112 ist   0999
Differenz von 9990 und 0999 ist   8991
Differenz von 9981 und 1899 ist   8082
Differenz von 8820 und 0288 ist   8532
Differenz von 8532 und 2358 ist   6174


Eingabezahl 2643
Differenz von 6432 und 2346 ist   4086
Differenz von 8640 und 0468 ist   8172
Differenz von 8721 und 1278 ist   7443
Differenz von 7443 und 3447 ist   3996
Differenz von 9963 und 3699 ist   6264
Differenz von 6642 und 2466 ist   4176
Differenz von 7641 und 1467 ist   6174


Eingabezahl 7778
Differenz von 8777 und 7778 ist   0999
Differenz von 9990 und 0999 ist   8991
Differenz von 9981 und 1899 ist   8082
Differenz von 8820 und 0288 ist   8532
Differenz von 8532 und 2358 ist   6174


Eingabezahl 1919
Differenz von 9911 und 1199 ist   8712
Differenz von 8721 und 1278 ist   7443
Differenz von 7443 und 3447 ist   3996
Differenz von 9963 und 3699 ist   6264
Differenz von 6642 und 2466 ist   4176
Differenz von 7641 und 1467 ist   6174
```

Erläuterungen zum Programm

Anweisung Nr.	Erläuterung
100	Eingabe der vierstelligen Testzahl
110	Umwandlung der Testzahl in einen String
120	Ausgabe der Testzahl
130, 150	Anweisungspaar für Schleife zur Zerlegung der Testzahl in Teilstrings (beginnend mit 2, weil das Vorzeichen nicht von Interesse ist)
140	Teilstringfeld
160, 180	Strings löschen
170	Bilden der größten Zahl M im Unterprogramm durch Maximumssortieren der Teilstrings
190	Bilden der kleinsten Zahl m durch Spiegelung des Maximums M
200	Differenz bilden
210	Umwandlung der Differenz in einen String
220	Wenn die Differenz nur 3-ziffrig ist, muß eine 0 vorangestellt werden
230	Ausdrucken von Maximum, Minimum und Differenz
240	Ist die Differenz gleich der gesuchten? — gegebenenfalls aufhören
250	Das Verfahren mit der Differenz fortsetzen
260	Schleifenrücksprung
270—360	Maximumsortieren des Teilstringfeldes
370, 390	Anweisungspaar für Schleife zur Aufsummierung des Maximums
380	Summenspeicher Maximum
400	Wert des Maximums bestimmen
420—470	Aufbau des Minimums durch Spiegelung des Maximums

4.8 Quellenverzeichnis (Zahlentheorie 2)

(4.2) Spiegelbilder
Kordemski, B. A.: Köpfchen muß man haben. Köln: Aulis Verlag Deubner & Co KG 1978

(4.3) Zifferngleiche Summen und Produkte von ganzen Zahlen
wie (4.2)

(4.4) Vollkommene Zahlen
wie (4.2)

(4.5) Festumzug am St. Patrick's-Tag
Loyd, S./Gardner, M.: Noch mehr mathematische Rätsel und Spiele. Köln: DuMont Taschenbuch 85, DuMont Buchverlag 1979

(4.6) Ein Zahlenrätsel
Laub, J.: Lehrbuch der Mathematik II. Wien: Hölder-Pichler-Tempsky 1970

(4.7) Eine lästige Differenz
wie (4.2)

5 Rekursions- und Iterationsverfahren

5.1 Mathematische Vorbemerkungen zum Abschnitt Rekursions- und Iterationsverfahren

A. Iterationsverfahren

In vielen Fällen gibt es keinen direkten Weg zur Ermittlung einer Lösung einer Gleichung oder eines Gleichungssystems. In diesen Fällen muß man iterativ vorgehen.

Dabei verwendet man eine bestimmte Rechenvorschrift immer wieder an und erhält,

— von einem Startelement ausgehend,
— eine *Folge von Näherungslösungen.*

Diese Folge kann konvergieren, muß es aber nicht.

Wir demonstrieren die Iterationsmethode an einem Beispiel mit bekannter Lösung:

$$x \wedge 2 - 2 * x + 1 = 0 \qquad \text{(exakte Lösung: } x = 1\text{)}$$

Möglichkeit 1

Durch Umformungen erhält man

$$x = 2 - 1/x$$

Daraus ergibt sich das Iterationsverfahren in Form einer rekursiven definierten Folge:

$$x (0) = A$$
$$x (k + 1) = 2 - 1/x (k) \qquad k = 0, 1, 2, ..., n, ...$$

Die berechneten Folgenglieder lauten bei einem Startwert von 5:

$$< 5, 9/5, 13/9, 17/13, 21/17, 25/21, 29/25 ... >$$

Diese Folge konvergiert gegen den Grenzwert 1.
Die Folge konvergiert allerdings sehr langsam.

Möglichkeit 2

$$x (0) = A$$
$$x (k + 1) = (x (k) \wedge 2 + 1)/2 \qquad k = 0, 1, 2, ..., n, ...$$

Diesesmal ergibt sich die Folge:

$$< 5, 13, 85, ... > \quad \rightarrow \quad \textit{divergent}$$

Möglichkeit 3

$$x (0) = A$$
$$x (k + 1) = sqr (2 * x + 1) \qquad k = 0, 1, 2, ..., n, ...$$

```
10 '                        3.Möglickeit des Iterationsverfahrens
20 X = 5
30 PRINT "x(0)=";X
40 FOR Y=1 TO 50
50 X = SQR(2*X-1)
60 PRINT "x(";Y;")="; USING "###.#";X
70 NEXT Y
```

```
x(0)= 5
x( 1 )=    3.0
x( 2 )=    2.2
x( 3 )=    1.9
x( 4 )=    1.7
x( 5 )=    1.5
x( 6 )=    1.4
x( 7 )=    1.4
x( 8 )=    1.3
x( 9 )=    1.3
x( 10 )=    1.2
x( 11 )=    1.2
x( 12 )=    1.2
x( 13 )=    1.2
x( 14 )=    1.2
x( 15 )=    1.2
x( 16 )=    1.1
x( 17 )=    1.1
x( 18 )=    1.1
x( 19 )=    1.1
x( 20 )=    1.1
x( 21 )=    1.1
x( 22 )=    1.1
x( 23 )=    1.1
x( 24 )=    1.1
x( 25 )=    1.1
x( 26 )=    1.1
x( 27 )=    1.1
x( 28 )=    1.1
x( 29 )=    1.1
x( 30 )=    1.1
x( 31 )=    1.1
x( 32 )=    1.1
x( 33 )=    1.1
x( 34 )=    1.1
x( 35 )=    1.1
x( 36 )=    1.1
x( 37 )=    1.1
x( 38 )=    1.1
x( 39 )=    1.1
x( 40 )=    1.1
x( 41 )=    1.1
x( 42 )=    1.1
x( 43 )=    1.1
x( 44 )=    1.0
x( 45 )=    1.0
x( 46 )=    1.0
x( 47 )=    1.0
x( 48 )=    1.0
x( 49 )=    1.0
x( 50 )=    1.0
```

B. Rekursionsverfahren

Rekursive Berechnungen verlaufen ähnlich wie iterative.

C. Markovketten

Eine Markovkette ist ein *stochastischer Prozeß*, bei dem das Ergebnis irgendeines Versuchs höchstens vom Ergebnis des genau davorliegenden Versuchs abhängt.

Für zwei aufeinanderfolgende Ereignisse a (i), a (j) gibt es genau eine Wahrscheinlichkeit p (i, j), daß a (j) genau nach a (i) eintritt.

Diese Wahrscheinlichkeit heißt *Übergangswahrscheinlichkeit.*

Die Übergangswahrscheinlichkeiten werden in einer Matrix notiert. Diese Matrix ist eine *stochastische Matrix*, d. h. jede Zeile hat die Summe 1.

D. Konjunkturmodelle

Wir setzen eine gesamtwirtschaftliche (makroökonomische) Betrachtung einer Volkswirtschaft voraus. Innerhalb eines Rechnungsabschnitts entsteht durch die Summe aller wirtschaftlichen Vorgänge das Volkseinkommen.

Die Untersuchung der Beziehungen zwischen Volkseinkommen und Gesamtausgaben nennt man Bildung und Analyse eines Konjunkturmodells.

Ein grundlegendes Modell lautet:

$$\text{Volkseinkommen} = \text{Konsumausgaben} + \text{Investitionsausgaben} + \text{autonome Ausgaben}$$
$$Y(t) \quad = \quad C(t) \quad + \quad I(t) \quad + \quad A(t)$$

Darauf beruhen die Modelle von *Samuelson* und *Hicks.*

E. Das Simplexverfahren

Das Simplexverfahren ist das Hauptverfahren der linearen Optimierung. Die Begründung des Verfahrens ist so umfangreich, daß wir hier darauf verzichten müssen und auf die Literatur verweisen.

5.2 Aufteilung einer Herde

Problembeschreibung

Ein Rancher aus dem Westen im fortgeschrittenen Alter trommelte seine Söhne zusammen und teilte ihnen mit, daß er seine Herde noch zu Lebzeiten unter ihnen aufteilen wolle.

„Du, John", sagte er zu dem Ältesten, „du darfst dir soviel Kühe nehmen, wie die glaubst bequem versorgen zu können, und deine Frau Nancy kann ein Neuntel aller übrigen Kühe behalten."

Zum zweiten Sohn sagte er: „Sam, du kannst dir die gleiche Anzahl Kühle nehmen wie John, und dazu noch eine extra, weil John sie sich als erster ausgesucht hat. Deiner lieben Frau Sally gebe ich ein Neuntel von denen, die übrig sind."

Dem dritten Sohn machte er ein ähnliches Angebot. Er sollte eine Kuh mehr haben als der zweite Sohn, und seine Frau sollte ein Neuntel des Rests bekommen. Das gleiche galt für die anderen Söhne. Jeder nahm eine Kuh mehr als sein nächstälterer Bruder, und die Frau eines jeden Sohnes erhielt ein Neuntel des Restbestands.

Nachdem der jüngste Sohn seine Kühe erhalten hatte, waren für seine Frau keine mehr übrig. Da sagte der Rancher: „Da Pferde doppelt soviel wert sind wie Kühe, werden wir meine sieben Pferde so unter euch aufteilen, daß am Ende jede Familie einen Viehbestand von gleichem Wert besitzt."

Wieviel Kühe und wieviel Söhne hatte der Rancher?

(Problemstellung von *Sam Loyd*)

Problemanalyse

Variable:

n ... Söhne $\quad\quad$ x_k ... Anteil des Sohnes k
r ... Kühe $\quad\quad$ y_k ... Anteil der Frau k
$\quad\quad\quad\quad\quad$ r_k ... Rest k

Verteilung:

1. Familie:
Der Sohn nimmt x_1, es verbleiben

$$r_1 = r - x_1; \text{die Frau nimmt } y_1 = r_1/9, \text{es verbleiben } r_2 = r_1 - y_1.$$

2. Familie:
Der Sohn nimmt $x_2 = x_1 + 1$, es verbleiben

$$r_3 = r_2 - x_2; \text{die Frau nimmt } y_2 = r_3/9, \text{es verbleiben } r_4 = r_3 - y_2.$$

3. Familie:
Der Sohn nimmt $x_3 = x_2 + 1$, es verbleiben

$$r_5 = r_4 - x_3; \text{die Frau nimmt } y_3 = r_5/9, \text{es verbleiben } r_6 = r_5 - y_3.$$

...

...

k. Familie:
Der Sohn nimmt $x_k = x_{k-1} + 1$, es verbleiben

$$r_{2k-1} = r_{2k-2} - x_k; \text{die Frau nimmt } y_k = r_{2k-1}/0, \text{es verbleiben } r_{2k} = r_{2k-1} - y_k.$$

Abbruchbedingung:

n. Familie:

Der Sohn nimmt $x_n = x_{n-1} + 1$, es verbleiben keine Kühe, d. h.

$$r_{2n-1} = r_{2n-2} - x_n = 0,$$ deshalb kann die Frau keine Kühe erhalten: $y_n = 0$.

Das Problem läßt sich daher durch folgende *Rekursionsformeln* darstellen:

$$r_0 = r \quad \text{(der Rest Nr. 0 ist der gesamte Bestand an Kühen)}$$
$$x_0 = x \quad x \ldots \text{Anfangswert der } \textit{Rekursion}$$

$$x_k = x_{k-1} + 1$$
$$r_{2k-1} = r_{2k-2} - x_k$$
$$y_k = r_{2k-1}/9$$
$$r_{2k} = r_{2k-1} - y_k$$

$$k = 1, 2, 3, \ldots, n$$

Abbruchbedingung:

$$r_{2k-1} = 0 \quad \text{und} \quad y_k = 0$$

Aufgabe

Erstellung des Programmablaufplans, wenn durch
Variation der Anzahl der Kühe und der Söhne eine
Lösung des Problems gesucht werden soll.

Es ist ein BASIC-Programm zu schreiben, welches
die Lösung des Problems konkret ermittelt.

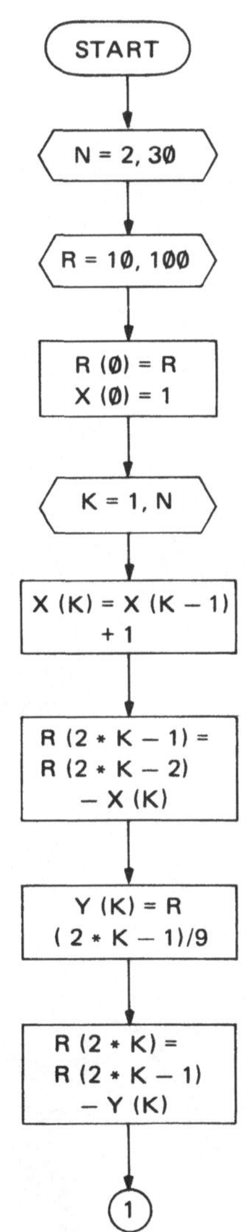

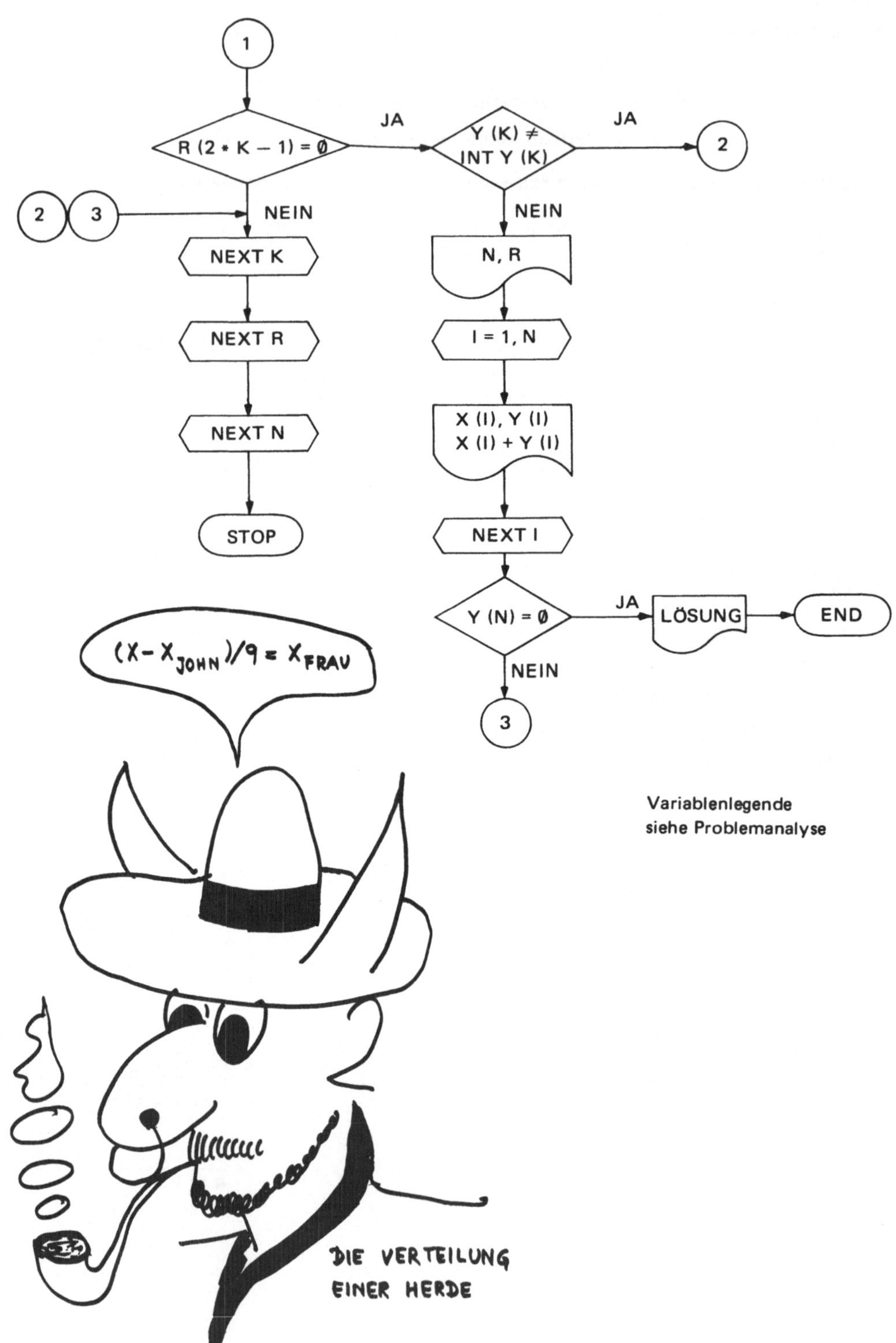
1
R (2 * K − 1) = Ø
JA
Y (K) ≠ INT Y (K)
JA
2
2   3
NEIN
NEXT K
NEXT R
NEXT N
STOP
NEIN
N, R
I = 1, N
X (I), Y (I)
X (I) + Y (I)
NEXT I
Y (N) = Ø
JA
LÖSUNG
END
NEIN
3
$(X - X_{JOHN})/9 = X_{FRAU}$
Variablenlegende
siehe Problemanalyse
DIE VERTEILUNG
EINER HERDE

Erläuterungen zum Programmablaufplan

Wir beginnen mit 2 FOR-Schleifen. Die erste FOR-Schleife variiert die Anzahl der Söhne (mindestens 2 und höchstens 30), die zweite die Anzahl der Kühe (hier ist zu beachten, daß 100 Durchläufe vielleicht zu wenig sind!).

Die Startwerte für das Rekursionsverfahren werden fixiert.

K ist der Index der Familien, gesteuert wird er durch eine FOR-Schleife.

Die 4 Operationen innerhalb der K-Schleife bedeuten:

(1) Jeder Sohn erhält um eine Kuh mehr als sein älterer Bruder.
(2) Bestimmung der Anzahl der restlichen Kühe.
(3) Jede Frau erhält ein Neuntel der restlichen Kühe.
(4) Bestimmung der Anzahl der restlichen Kühe.

Verbleibt für die Frau des jüngsten Sohnes nichts (Abfrage) und ist der Anteil der Frauen jeweils ganzzahlig, so ist das Problem gelöst.

Das Ergebnis kann tabellarisch ausgedruckt werden.

Solange aber für Frauen noch Kühe vorhanden sind, oder die Ganzzahligkeit des Problems nicht gegeben ist (also eine Kuh geschlachtet werden müßte), muß weiter variiert werden.

Programm

```
10 dim x(100),y(100),r(100)
20 for n=2 to 30
30 for r= 10to 100
40 r(0)=r
50 x(0)=1
60 for k=1ton
70 x(k)=x(k-1)+1
80 r(2*k-1)=r(2*k-2)-x(k)
100 y(k)=r(2*k-1)/9
110 r(2*k)=r(2*k-1)-y(k)
115 ifr(2*k-1)=0then1000
120 nextk
130 nextr
140 nextn
150 stop
1000 ify(k)<>int(y(k)) then 120
1010 print"Söhne";n,"Kühe";r
1011 print
1014 print"Familie";tab(18);"Kühe für Mann";tab(38);"Kühe für Frau";
1015 printtab(58);"Kühe für Familie"
1016 fori=1to74:print"=";:next:print"="
1020 fori=1ton
1030 printi;tab(20);x(i);tab(40);y(i);tab(60);x(i)+y(i)
1040 next
1045 fori=1to74:print"=";:next:print"="
1046 print""
1047 ify(n)=0 then 1070
1048 print"Wenn der Computer weiterrechnen soll, cont schreiben und"
1049 print"RETURN drücken!"
1050 stop
1060 goto120
1070 print"Es handelt sich um die gesuchte Lösung!"
1080 print"**********************************************"
1090 print"Wenn der Computer weiterrechnen soll, cont schreiben und"
1100 print"RETURN drücken!"
1110 stop
1120 goto120
```

Probelauf

```
run

Söhne 7    Kühe 56

Familie           Kühe für Mann        Kühe für Frau        Kühe für Familie
=============================================================================
1                     2                    6                    8
2                     3                    5                    8
3                     4                    4                    8
4                     5                    3                    8
5                     6                    2                    8
6                     7                    1                    8
7                     8                    0                    8
=============================================================================
Es handelt sich um die gesuchte Lösung!
************************************************
```

Erläuterungen zum Programm

Anweisung Nr.	Erläuterung
10	Dimensionierung der verwendeten eindimensionalen Felder
20, 140	Anweisungspaar für Schleife zur Variation der Anzahl der Söhne
30, 130	Anweisungspaar für Schleife zur Variation der Anzahl der Kühe
40, 50	Initialisieren der Felder x (k) ... Anteil für Sohn Nr. k und r (k) ... Reste
60, 120	Anweisungspaar für Schleife zum Durchrechnen eines Verteilungsplans für alle n Familien
70, 80, 100, 110	System der ermittelten Rekursionsformeln
115, 1000, 1047	Abbruchbedingung laut Problemanalyse
1010—1045	Ausdruckanweisungen (siehe Probelauf)

5.3 Die Ratten verlassen das sinkende Schiff

Problembeschreibung

Ratten, die ein Schiff verlassen, sind ein böses Omen. Auf einem Schiff gibt es fünfmal so viele Ratten wie Masten und Bullaugen zusammen. Zieht man von der um 10 vermehrten Anzahl der Bullaugen die vierfache Anzahl der Masten ab, so ergibt sich ein Fünftel der Anzahl der Ratten. Addiert man die Anzahl der Ratten zu der Anzahl der Masten, so erhält man 252. Addiert man schließlich die Anzahl der Ratten, Masten und Bullaugen, so erhält man das Fünffache des Alters des Kapitäns.

Wie alt ist der Kapitän, wieviele Ratten gibt es an Bord und wieviele Masten und Bullaugen hat das Schiff?

Problemanalyse

Ein Algorithmus mit Variation der Variablen

R ... Ratten
M ... Masten
B ... Bullaugen
K ... Alter des Kapitäns

läßt sich als sehr zeitaufwendig abschätzen.

Wir konstruieren daher ein *Iterationsverfahren*, indem wir zunächst ein Gleichungssystem formulieren und dieses dann geeignet umformen:

$$R = 5\,(B + M) \qquad \Rightarrow \quad B = (R - 5M)/5$$
$$B + 10 - 4M = R/5 \quad \Rightarrow \quad M = (B - R/5 + 10)/4$$
$$R + M = 252 \qquad\;\; \Rightarrow \quad R = 252 - M$$
$$R + M + B = 5K \qquad \Rightarrow \quad K = (R + M + B)/5$$

dies ist ein geeignetes Iterationsverfahren

Aufgabe

Erstellen Sie einen Programmablaufplan und entwickeln Sie daraus ein BASIC-Programm unter Beachtung der folgenden Auflagen:

- *Eingabe:*   Startwerte für die Iteration, gewünschte Anzahl der Iterationen
- *Ausgabe:*   Startwerte, Anzahl der Iterationen und Iterationen
- *Steuerung*   mit FOR-NEXT-Schleife

Programmablaufplan

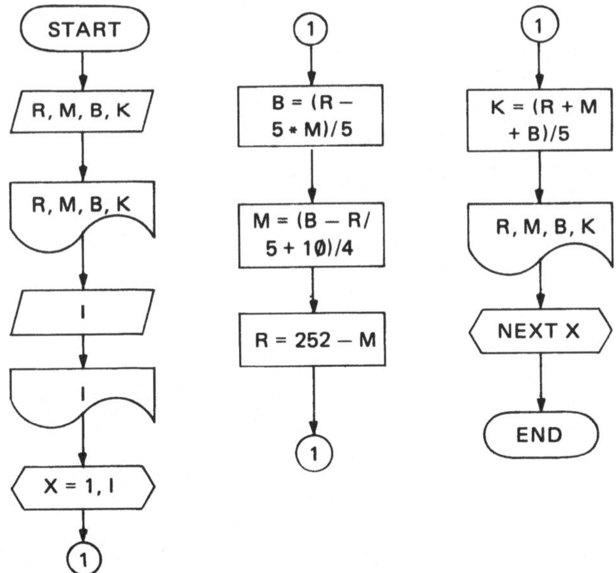

```
┌─────────────────────────────────────────────────────────────────────┐
│ ┌───────────────────────────────────────────────────────────────────┐ │
│ │ E I N G A B E : R, M, B, K  (STARTWERTE FÜR DIE ITERATION)         │ │
│ ├───────────────────────────────────────────────────────────────────┤ │
│ │ A U S G A B E : R, M, B, K                                        │ │
│ ├───────────────────────────────────────────────────────────────────┤ │
│ │ E I N G A B E : I   (GEWÜNSCHTE ANZAHL DER ITERATIONEN)           │ │
│ ├───────────────────────────────────────────────────────────────────┤ │
│ │ A U S G A B E : I                                                 │ │
│ ├───────────────────────────────────────────────────────────────────┤ │
│ │    F Ü R   X:=1   B I S   I   T U E                               │ │
│ │  ┌──────────────────────────────────────────────────────────────┐ │ │
│ │  │   ITERATIONSGLEICHUNGEN:                                       │ │ │
│ │  │   B:= (R - 5*M)/5                                              │ │ │
│ │  │   M:= (B - R/5 + 10)/4                                         │ │ │
│ │  │   R:= 252 - M                                                  │ │ │
│ │  │   K:= (R + M + B)/5                                            │ │ │
│ │  ├──────────────────────────────────────────────────────────────┤ │ │
│ │  │   A U S G A B E : R, M, B, K   (ITERIERTE WERTE)               │ │ │
│ │  └──────────────────────────────────────────────────────────────┘ │ │
│ └───────────────────────────────────────────────────────────────────┘ │
└─────────────────────────────────────────────────────────────────────┘
```

Programm

```
Konvergentes Iterationsverfahren
10 INPUT "Startwert für Ratten";R
20 INPUT "Startwert für Masten";M
30 INPUT "Startwert für Bullaugen";B
40 INPUT "Startwert für Alter des Kapitäns";K
50 LPRINT "Startwerte r,m,b,k:";R,M,B,K
60 INPUT "Wieviele Iterationen";I
70 LPRINT"Anzahl der Iterationen";I
80 FOR X = 1 TO I
90 B = (R-5*M)/5
100 M = (B-R/5+10)/4
110 R =252-M
120 K=(R+M+B)/5
130 LPRINT R,M,B,K
140 NEXT X
150 END
```

Probelauf

```
Startwerte r,m,b,k:  3          71              22              400
Anzahl der Iterationen 20
  267.25        -15.25        -70.4           36.32
  245.6875        6.312499     68.7           64.14
  251.0781         .921875     42.825         58.96501
  249.7305        2.269531     49.29375       60.25875
  250.0674        1.932617     47.67657       59.93532
  249.9832        2.016846     48.08086       60.01618
  250.0042        1.995789     47.97979       59.99596
  249.999         2.001053     48.00506       60.00102
  250.0003        1.999737     47.99874       59.99975
  250             2.000065     48.00031       60.00006
  250             1.999984     47.99993       59.99999
  250             2.000004     48.00002       60.00001
  250             1.999999     48             60
  250             2            48             60
  250             2            48             60
  250             2            48             60
  250             2            48             60
  250             2            48             60
  250             2            48             60
  250             2            48             60


Startwerte r,m,b,k:  100000     100             1               1
Anzahl der Iterationen 12
  274.5          -22.5         19900          4030.4
  243.875          8.125        77.4          65.88
  251.5313         .46875       40.65         58.53
  249.6172        2.382813      49.8375       60.3675
  250.0957        1.904297      47.54063      59.90812
  249.9761        2.023926      48.11485      60.02297
  250.006         1.994019      47.97129      59.99426
  249.9985        2.001495      48.00718      60.00144
  250.0004        1.999626      47.99821      59.99964
  249.9999        2.000094      48.00045      60.00009
  250             1.999976      47.99989      59.99998
  250             2.000006      48.00003      60.00001
```

Erläuterungen zum Programm

Anweisung Nr.	Erläuterung
10—40	Eingabe der Startwerte für die Iteration
50	Ausgabe der Startwerte
60	Gewünschte Anzahl der Iterationen eingeben
70	Ausgabe der gewünschten Anzahl der Iterationen
80, 140	Anweisungspaar für Schleife zur Berechnung der Iterationen
90, 120	Gleichungssystem in Iterationsform
130	Ausgabe der iterativ errechneten Lösungen

5.4 Markovketten (zur Theorie der Warteschlangen)

Problembeschreibung

Zwei Maschinen A und B arbeiten voneinander unabhängig. Die Wahrscheinlichkeiten für den Maschinenausfall in der nächsten Minute betragen für A: W1 = 0,025 und für B: W2 = 0,05. Die Maschinen werden durch eine einzige Person bedient, dabei sind folgende Vorgaben zu beachten: A hat absoluten Vorrang vor B. Fällt also A aus, während an B gearbeitet wird, ist die Arbeit an B zu unterbrechen und erst wieder aufzunehmen, nachdem A bedient worden ist. Die Kombinatorik lehrt, daß 4 mögliche Zustände existieren:

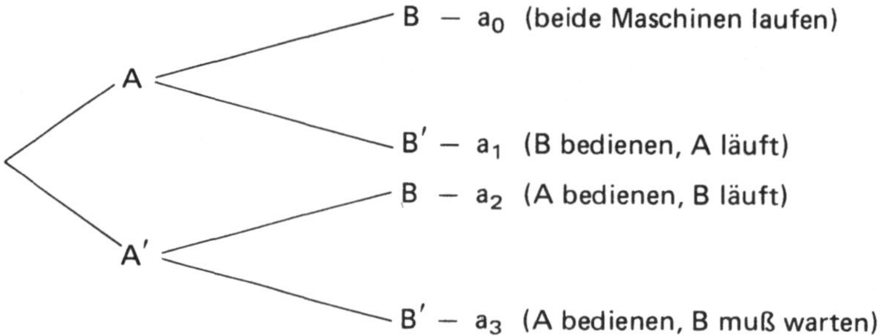

Es besteht für alle Zustände eine gewisse Wahrscheinlichkeit in einen anderen überzugehen. Diese Übergangswahrscheinlichkeiten sind nach den Grundregeln der Wahrscheinlichkeitsrechnung leicht zu ermitteln und betragen:

$$
\begin{array}{cc}
 & \textit{Zielzustand} \\
\begin{array}{cc} \textit{Ausgangs-} & \begin{array}{c} a_0 \\ a_1 \\ a_2 \\ a_3 \end{array} \end{array} & \begin{array}{cccc} a_0 & a_1 & a_2 & a_3 \\ \left(\begin{array}{cccc} 0{,}926 & 0{,}024 & 0{,}049 & 0{,}001 \\ 0{,}190 & 0{,}760 & 0{,}010 & 0{,}040 \\ 0{,}195 & 0{,}005 & 0{,}780 & 0{,}020 \\ 0 & 0 & 0{,}200 & 0{,}800 \end{array} \right) \end{array}
\end{array}
$$

Dies ist die Matrix der Übergangswahrscheinlichkeiten. Sie ist eine stochastische Matrix, da alle Zeilenvektoren Wahrscheinlichkeitsvektoren sind (d. h. die Zeilensumme ist jeweils 1).

Frage: Welchen Zustand nimmt das System nach 1, 2, 3, 4, ..., n Minuten an?

Gibt es eine Systemstabilisierung?

Problemanalyse

Wenn P eine stochastische Matrix ist, so ist die (rekursiv definierte) Matrizenfolge

$$P\,(\emptyset) = P$$
$$P\,(n + 1) = P\,(n) \cdot P \text{ konvergent.}$$

Die Berechnung der Folgenglieder entspricht der Berechnung von Matrizenpotenzen; die Durchführung der Berechnung erfolgt in einer Schleife mittels Matrizenprodukt.

Die Folgenglieder beschreiben den Systemzustand nach 1, 2, 3, ..., n Minuten.

Matrizen werden als 2-dimensionale Felder aufgefaßt.

Variablenlegende:

Y$ ... Weiche, die über Ausdruck der Zwischenmatrix entscheidet

X   ... Zähler

N   ... Zeilenzahl = Spaltenzahl der Übergangsmatrix

P (I, J) Elemente der Matrix P

A (I, J) Elemente der Matrix P

C (I, J) Matrizenpotenz

I, J, L   Zeilen- und Spaltenindices

W ...   Weiche, die bei „Konvergenz" umgelegt wird

M ...   Höchstzahl der Matrizen

Aufgabe

Es ist ein Programmablaufplan zu erstellen und ein BASIC-Programm zu schreiben.

Folgende Auflagen sind zu berücksichtigen:

Eingabe

- Sollen Zwischenergebnisse ausgedruckt werden oder nur der Gleichgewichtszustand?
- Wieviele Matrizen sollen höchstens gedruckt werden (falls kein Gleichgewicht eintritt)?
- Übergangsmatrix

Ausgabe

- Matrizen der Zustandswahrscheinlichkeiten nach 1, 2, ..., n Minuten oder
- Gleichgewichtszustand
  oder beides!

Halbverbale Beschreibung des Algorithmus

```
(1)  AUSDRUCKEN   DER ÜBERSCHRIFT
(2)  WEICHE 1 SETZEN , WENN ZWISCHENMATRIZEN AUSGEDRUCKT
                       WERDEN SOLLEN
(3)  MATRIXZÄHLER INITIALISIEREN
(4)  ÜBERGANGSMATRIX   EINGEBEN , ZEILENSUMMEN BILDEN UND
     MATRIX ALS VERGLEICHSMATRIX ABSPEICHERN
(5)  ABFRAGE : IST DIE MATRIX STOCHASTISCH?
     WENN   JA : WEITER BEI (6)
     WENN   NEIN : DRUCKEN   EINER FEHLERMELDUNG
     ANSCHLIESSEND : ENDE
(6)  AUSGABE   DER MATRIX (WAHLWEISE AUF BILDSCHIRM ODER
                       DRUCKER)
(7)  SPRUNGMARKE 2
(8)  MATRIZENPRODUKT AUS GESPEICHERTER MATRIX UND ÜBERGANGSMATRIX
     BERECHNEN
(9)  MATRIZENZÄHLER ERHÖHEN
(10) WEICHE 2 SETZEN
```

(11) KONVERGENZ ÜBERPRÜFEN.
     WEICHE 2 LÖSCHEN, WENN KEINE KONVERGENZ VORLIEGT
(12) A B F R A G E : IST DIE WEICHE 2 GESETZT?
       W E N N   J A : D R U C K E N : KONVERGENZ
       A N S C H L I E S S E N D : D R U C K E N DER MATRIX UND
                                        E N D E
     W E N N   N E I N : A B F R A G E : IST WEICHE 1 GESETZT?
                         W E N N   J A : S P R U N G   ZU
                                      SPRUNGMARKE 2
                         W E N N   N E I N : D R U C K E N
                                      DER MATRIX
       A N S C H L I E S S E N D : S P R U N G   ZU SPRUNGMARKE 2

Programmablaufplan

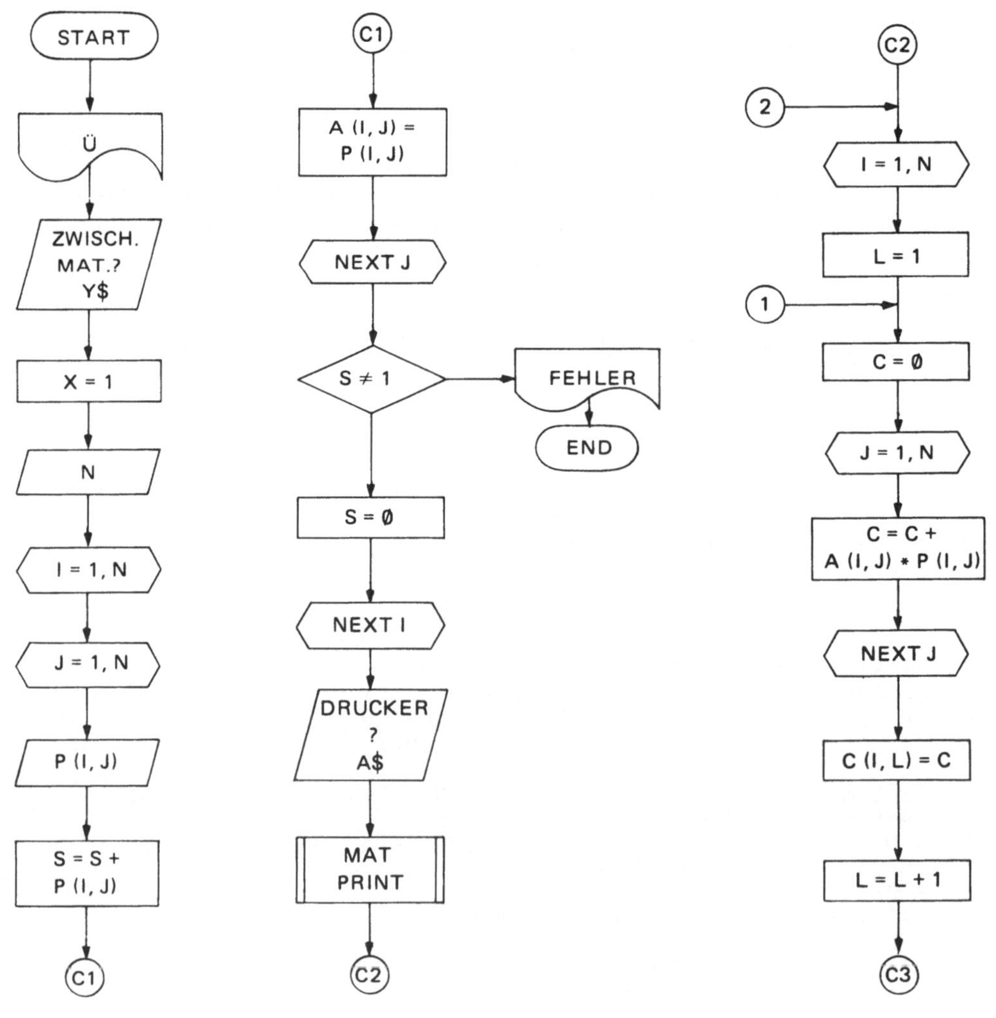

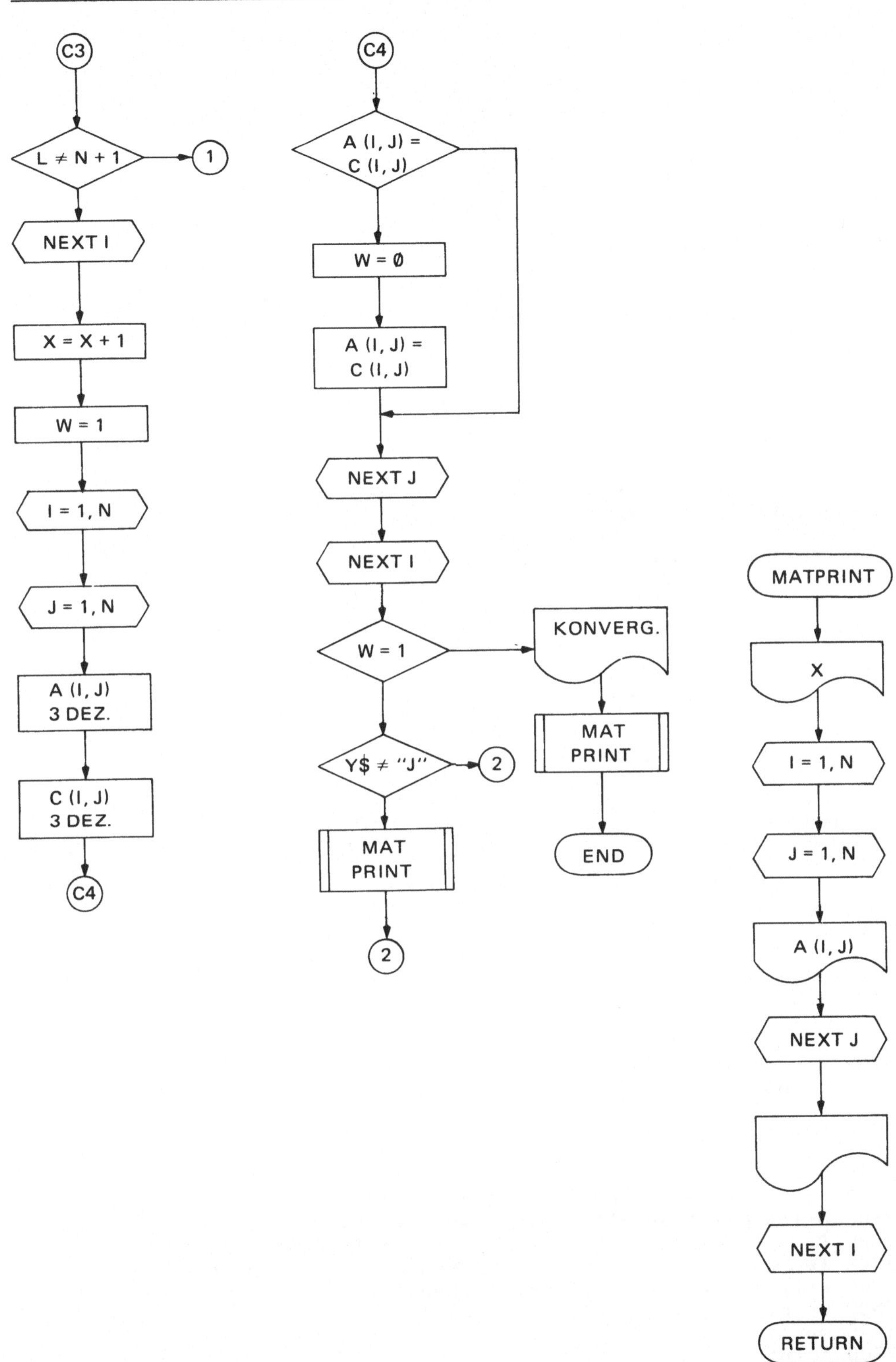

C3
L ≠ N + 1
1
NEXT I
X = X + 1
W = 1
I = 1, N
J = 1, N
A (I, J) 3 DEZ.
C (I, J) 3 DEZ.
C4
C4
A (I, J) = C (I, J)
W = Ø
A (I, J) = C (I, J)
NEXT J
NEXT I
W = 1
KONVERG.
MAT PRINT
END
Y$ ≠ "J"
2
MAT PRINT
2
MATPRINT
X
I = 1, N
J = 1, N
A (I, J)
NEXT J
NEXT I
RETURN

Programm

```
ready.

  10 print"<clr><ctrl r>M a r k o v k e t t e n    für  C B M  8032"
  20 print
  30 rem <copyright 1982> programmautor:prof.johann weilharter
  40 rem
  50 print"Zwischenmatrizen ausgeben? (j/n)";
  60 gety$:ify$=""then60
  70 ify$<>"j"andy$<>"n"then60
  75 print:print:print
  80 x=1:rem                              initialisieren des zaehlers
  85 print"Die folgenden Eingaben mit <return> abschließen!"
  90 input"Dimension der Matrix der Uebergangswahrscheinlichkeiten";n
 100 fori=1ton:rem                        zeilensteuerung eingabe
 110 forj=1ton:rem                        spaltensteuerung eingabe
 120 print"p(";i;",";j;")";:input p(i,j):s=s+p(i,j)
 130 a(i,j)=p(i,j):rem                    speicheren der uebergangsmatrix
 140 nextj:ifs<>1thenprint"keine stochastische Matrix":end
 150 s=0: nexti
 155 print"A u s g a b e    u e b e r    D r u c k e r ? (j/n)";
 156 geta$:ifa$=""then156
 157 ifa$<>"j"anda$<>"n"then156
 158 ifa$="j"thenopen5,5:cmd5:open4,4:cmd4
 160 gosub3000:rem                        m a t p r i n t
 170 fori=1ton:rem                        m a t p o t e n z
 180 l=1
 190 c=0
 200 forj=1ton
 210 c=c+a(i,j)*p(j,l)
 220 nextj
 230 c(i,l)=c
 240 l=l+1:ifl<>n+1then190
 250 nexti
 260 x=x+1:rem                            z a e h l e r
 270 w=1:rem                              w e i c h e
 280 fori=1ton
 290 forj=1ton
 300 a(i,j)=int(a(i,j)*1000+.5)/1000:rem runden
 310 c(i,j)=int(c(i,j)*1000+.5)/1000
 320 if a(i,j)=c(i,j)then350
 330 w=0:rem                              weiche umlegen
 340 a(i,j)=c(i,j)
 350 nextj
 360 nexti
 370 if w=1 then 2000
 380 if y$<>"j"then400
 390 gosub3000
 400 goto170
2000 print:print" K o n v e r g e n z":gosub3000:end
2098 rem
2099 rem
3000 rem ++++++++subroutine matprint+++++++++++++
3100 print:print:print"Matrixnummer";x:print
3200 fori=1ton:rem                        zeilensteuerung drucken
3300 forj=1ton:rem                        spaltensteuerung drucken
3400 a(i,j)=int(a(i,j)*1000+.5)/1000
3500 printa(i,j),
3600 nexti
3700 print
3800 nexti
3900 return
ready.
```

Probelauf

```
MATRIXNUMMER  1

  .1    .2    .3    .4
  .4    .3    .2    .1
  .2    .2    .2    .4
  .3    .3    .3    .1


MATRIXNUMMER  2

  .27   .26   .25   .22
  .23   .24   .25   .28
  .26   .26   .26   .22
  .24   .24   .24   .28


MATRIXNUMMER  3

  .247  .248  .249  .256
  .253  .252  .251  .244
  .248  .248  .248  .256
  .252  .252  .252  .244
```

```
MATRIXNUMMER  4

  .25   .25   .25   .249
  .25   .25   .25   .251
  .25   .25   .25   .249
  .25   .25   .25   .251


MATRIXNUMMER  5

  .25   .25   .25   .25
  .25   .25   .25   .25
  .25   .25   .25   .25
  .25   .25   .25   .25

    K O N V E R G E N Z


MATRIXNUMMER  6

  .25   .25   .25   .25
  .25   .25   .25   .25
  .25   .25   .25   .25
  .25   .25   .25   .25

READY.
```

Erläuterungen zum Programm

Anweisung Nr.	Erläuterung
10	Löschen des Bildschirms, Einschalten des REVERSE-Modus und Drucken der Überschrift
50—70	Entscheidung, ob auch Zwischenmatrizen ausgegeben werden sollen
90—150	Eingabe der Übergangsmatrix, Überprüfung der Zeilensumme und Speichern der Übergangsmatrix
150—158	Entscheidung über das Ausgabemedium: Bildschirm oder Tally-Printer (im Alternativzeichensatz)
160	Aufruf des Unterprogramms zum Ausdruck der Matrix
170—250	Rekursive Berechnung der Matrizenpotenzen
270, 330, 370	Die Weiche markiert Konvergenz der Markovkette
320	Konvergenzprüfung
3000—3900	Druckprogramm und Runden auf 3 Dezimalen

5.5 Innerbetriebliche Leistungsverrechnung mit Iterationsverfahren

Problembeschreibung

Ein Betrieb hat 3 Kostenstellen. In diesen Kostenstellen entstehen Primärkosten (durch den eigentlichen Zweck der Kostenstelle) sowie Sekundärkosten (aufgrund von Leistungsabgaben an andere Kostenstellen innerhalb des Betriebes). Die Sekundärkosten sind auf die Gesamtkosten umzulegen. Die Daten für den letzten Rechnungsabschnitt sind den folgenden Tabellen zu entnehmen:

Kostenstelle Nr.	Leistung	Primärkosten
1	400	2900
2	600	3100
3	700	600

Leistungsabgaben:

	empfangende Kostenstelle		
	1	2	3
1	0	80	200
2	100	0	200
3	50	150	0

Problemanalyse

Variablenlegende:

p_i ... Einheitskosten der Kostenstelle i

k_i ... Primärkosten der Kostenstelle i

x_{ij} ... Leistungsabgabe der Kostenstelle j an die Kostenstelle i

z_i ... Leistung der Kostenstelle i

s_i ... Startwerte der Iteration

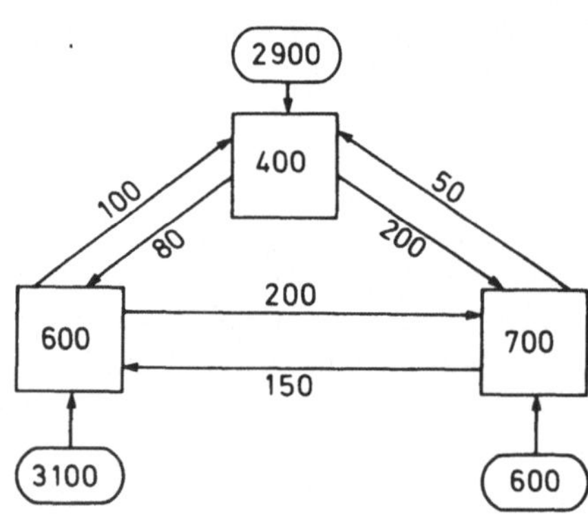

Der Gleichungsansatz der Leistungsverrechnung lautet:

$$400p_1 = 2900 + 100p_2 + 50p_3$$
$$600p_2 = 3100 + 80p_1 + 150p_3$$
$$700p_3 = 600 = 200p_1 + 200p_2$$

Dieses System ist leicht exakt lösbar (z. B. Gaußsches Eliminationsverfahren).

In der Praxis werden wegen der größeren Anzahl der Kostenstellen die Gleichungssysteme sehr viel umfangreicher und Computerlösungen daher naheliegend.

Der allgemeine Ansatz lautet, wenn man auch Leistungsabgaben einer Kostenstelle an sich selbst zuläßt:

$$z_1 \cdot p_1 = k_1 + x_{11}p_1 + x_{12}p_2 + x_{13}p_3 \cdots$$
$$z_2 \cdot p_2 = k_2 + x_{21}p_1 + x_{22}p_2 + x_{23}p_3 \cdots$$
$$z_3 \cdot p_3 = k_3 + x_{31}p_1 + x_{32}p_2 + x_{33}p_3 \cdots$$

In Summenschreibweise:

$$z_i p_i = k_i + \sum_{j=1}^{n} x_{ij}p_j, \quad i = 1, 2, \ldots, n$$

Damit bietet sich das folgende *Iterationsverfahren* an:

$$p_i = (k_i + \sum_{j=} x_{ij}p_j)/z_i, \quad i = 1, 2, \ldots, n$$

Aufgabe

Es ist ein Programmablaufplan zu erstellen und ein BASIC-Programm zu schreiben, welches die innerbetriebliche Leistungsverrechnung durchführt.

Eingabe: k_i, z_i, x_{ij}, s_i
Ausgabe: p_i

Halbverbale Beschreibung des Algorithmus

```
 (1)  D R U C K E N    DER ÜBERSCHRIFT
 (2)  E I N G A B E    DER ANZAHL DER KOSTENSTELLEN
 (3)  E I N G A B E    DER LEISTUNGSABGABEMATRIX
 (4)  E I N G A B E    DER PRIMÄRKOSTEN
 (5)  E I N G A B E    DER LEISTUNGEN
 (6)  E I N G A B E    DER STARTWERTE
 (7)  S P R U N G M A R K E  1
 (8)  ITERATIONSZÄHLER ERHÖHEN
 (9)  D U R C H R E C H N E N    DES GLEICHUNGSSYSTEMS DER
      INNERBETRIEBLICHEN LEISTUNGSVERRECHNUNG IN ITERATIVER FORM
(10)  ITERATIONSVERFAHREN AUF KONVERGENZ  P R Ü F E N .
      W E N N   K O N V E R G E N Z :  D R U C K E N    DER
      STÜCKKOSTEN
      A B S C H L I E S S E N D : E N D E
      W E N N   K E I N E   K O N V E R G E N Z :
      A B F R A G E : MAXIMALE DURCHLAUFANZAHL?
      W E N N   J A : D R U C K E N : DIVERGENZ
      A N S C H L I E S S E N D : E N D E
      W E N N   N E I N :  S P R U N G   ZU SPRUNGMARKE 1
```

Durchrechnen des Iterationsalgorithmus

```
F Ü R    ZEILE = 1    B I S    ANZAHL    T U E

    SPALTE = 1

    INITIALISIEREN DER KOSTEN:
    KOSTEN(ZEILE) = PRIMÄRKOSTEN(ZEILE) + SEKUNDÄRKOSTEN
    VERURSACHT DURCH DIE KOSTENSTELLE(1)
    ANMERKUNG: PRIMÄRKOSTEN DÜRFEN NUR EINMAL VERRECHNET
               WERDEN. DAHER IST INITIALISIERUNG NOTWENDIG!

    F Ü R    SPALTE = 2    B I S    ANZAHL    T U E

        KOSTEN(ZEILE) = KOSTEN(ZEILE) + SEKUNDÄRKOSTEN
        VEURSACHT DURCH KOSTENSTELLE(SPALTE)


    DURCHSCHNITTSKOSTEN(ZEILE) = KOSTEN(ZEILE)/LEISTUNG(ZEILE)
```

Iterationsverfahren auf Konvergenz prüfen — halbverbale Beschreibung

```
(1)  F Ü R    ALLE ZEILEN  P R Ü F E N

        A B F R A G E : SIND STÜCKKOSTEN UND STARTWERT VERSCHIEDEN?

          W E N N    J A : LETZTE MATRIX SPEICHERN UND AUF DIVERGENZ
                           PRÜFEN, BEI DIVERGENZ: E N D E
          A N S C H L I E S S E N D : RÜCKKEHR INS HAUPTPROGRAMM

          W E N N    N E I N : WEITER BEI (2)

(2)  F Ü R    ALLE ZEILEN    D R U C K E N :

     STÜCKKOSTEN(ZEILE)

(3)  E N D E
```

Eingaberoutinen

```
EINGABE : ANZAHL DER KOSTENSTELLEN
─────────────────────────────────────────────────────
FÜR  ZEILE = 1  BIS  ANZAHL  TUE
    ┌────────────────────────────────────────────────
    │ FÜR  SPALTE = 1  BIS  ANZAHL  TUE
    │    ┌───────────────────────────────────────────
    │    │ EINGABE  DER LEISTUNGSABGABE VON SPALTE
    │    │          AN ZEILE
    │    └───────────────────────────────────────────
    │
    └────────────────────────────────────────────────

─────────────────────────────────────────────────────
FÜR  ZEILE = 1  BIS  ANZAHL  TUE
    ┌────────────────────────────────────────────────
    │ EINGABE  DER PRIMÄRKOSTEN(ZEILE)
    └────────────────────────────────────────────────

─────────────────────────────────────────────────────
FÜR  ZEILE = 1  BIS  ANZAHL  TUE
    ┌────────────────────────────────────────────────
    │ EINGABE  DER LEISTUNG(ZEILE)
    └────────────────────────────────────────────────

─────────────────────────────────────────────────────
FÜR  ZEILE = 1  BIS  ANZAHL  TUE
    ┌────────────────────────────────────────────────
    │ EINGABE  DER STARTWERTE FÜR DIE ITERATION(ZEILE)
    └────────────────────────────────────────────────
```

Programmablaufplan

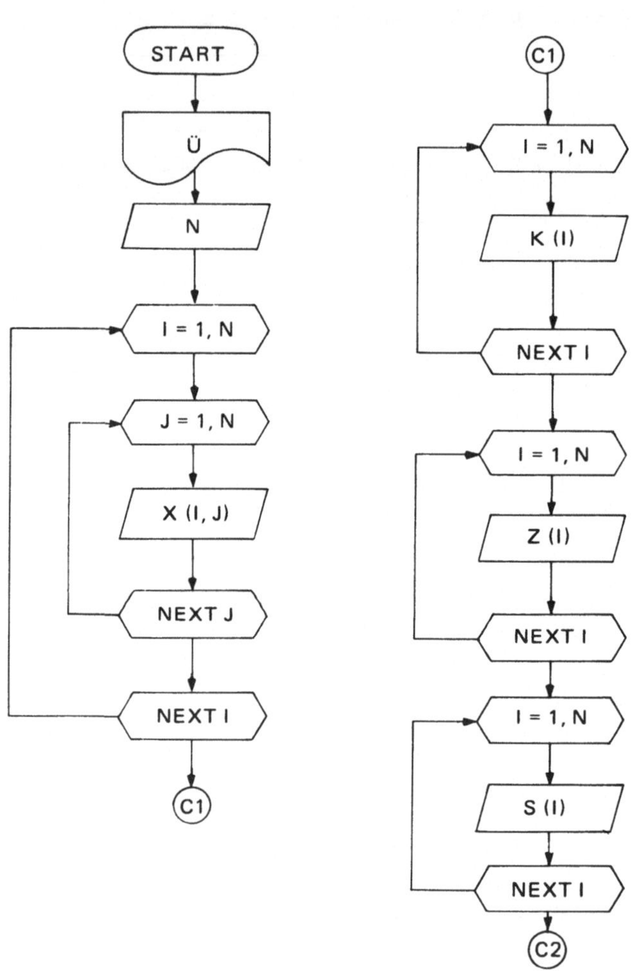

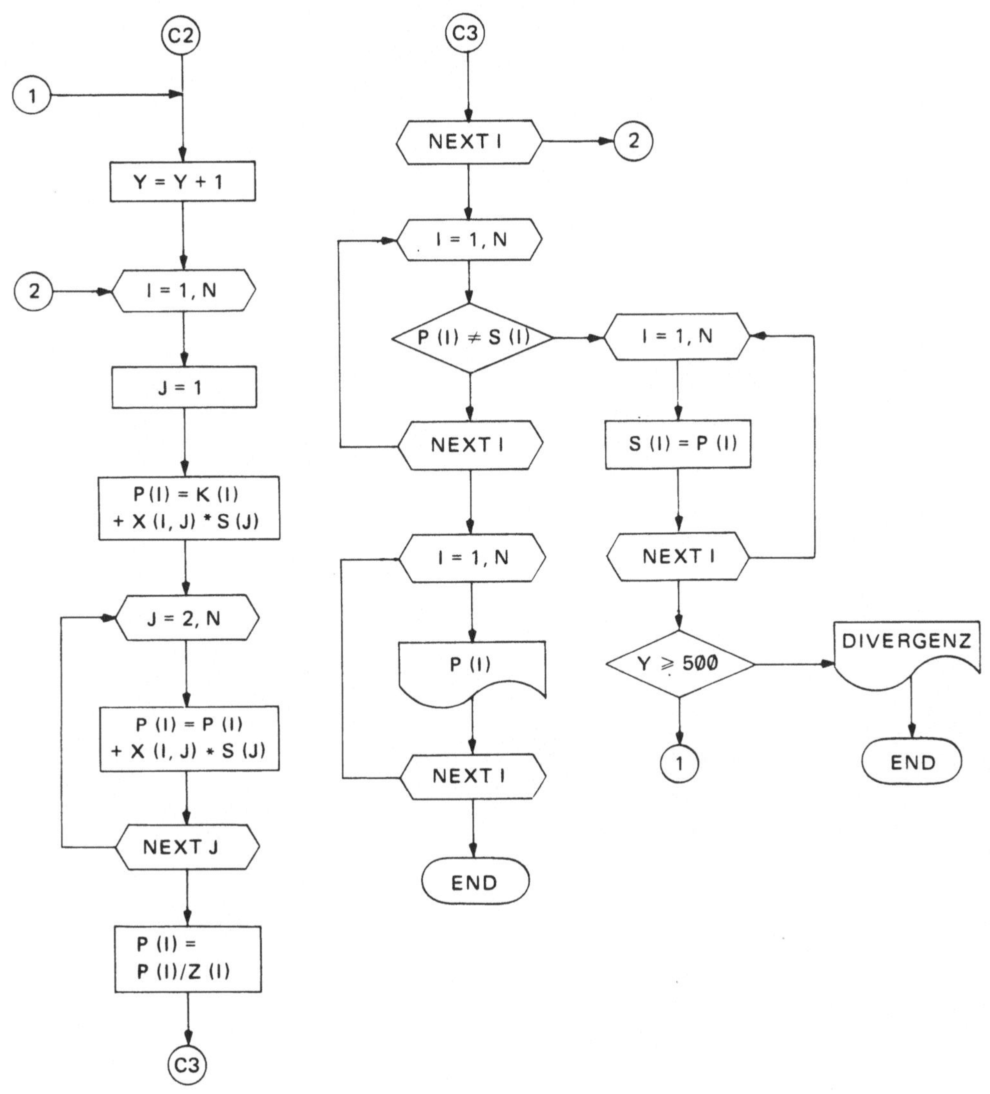

C2
1
Y = Y + 1
2
I = 1, N
J = 1
P (I) = K (I) + X (I, J) * S (J)
J = 2, N
P (I) = P (I) + X (I, J) * S (J)
NEXT J
P (I) = P (I)/Z (I)
C3
C3
NEXT I
2
I = 1, N
P (I) ≠ S (I)
NEXT I
I = 1, N
P (I)
NEXT I
END
I = 1, N
S (I) = P (I)
NEXT I
Y ≥ 500
1
DIVERGENZ
END

Programm

```
1 print"<clr>"
5 dim x(20,20),z(20),k(20),p(20),s(20)
10 rem ***programm zur innerbetrieblichen leistungsverrechnung***
20 rem***programm mit iterationsverfahren von prof.johann weilharter***
30 y=0:rem                      zaehler
40 input"A n z a h l  der Kostenstellen";n
50 fori=1ton
60 forj=1ton
70 print"Leistungsabgabe von";j;"an";i;:inputx(i,j)
80 nextj
90 nexti
100 fori=1ton
110 print"Primärkosten der Kostenstelle";i;:inputk(i)
120 nexti
130 fori=1ton
140 print"Leistung der Kostenstelle";i;:inputz(i)
150 nexti
160 fori=1ton
170 print"Startwert";i;:inputs(i)
180 nexti
184 print:print"";:rem <ctrl>r
185 print"E i n g a b e   p r o t o k o l l i e r e n ? (j/n)"
186 getb$:ifb$<>"j"andb$<>"n"then186
187 ifb$="j"then gosub10000
190 y=y+1
200 fori=1ton
210 j=1
220 p(i)=k(i)+x(i,j)*s(j)
230 forj=2ton
240 p(i)=p(i)+x(i,j)*s(j)
250 nextj
260 p(i)=p(i)/z(i)
270 nexti
280 fori=1ton
290 ifabs(p(i)-s(i))>.001then500
300 nexti
305 print"":print:print
310 print"Naeherungsloesungen"
320 print"==================="
330 fori=1ton
340 print"Einheitskosten für Kostenstelle Nr.";i;"=";int(p(i)*100+.5)/10
350 nexti
354 print:print"";:rem <ctrl>r
355 print"A u s g a b e   p r o t o k o l l i e r e n ? (j/n)"
356 getb$:ifb$<>"j"andb$<>"n"then356
357 ifb$="j"then gosub10000
360 end
500 fori=1ton
510 s(i)=p(i)
520 nexti
530 ify>=500thenprint"keine Konvergenz nach 500 Schritten":end
540 goto190
10000 open3,3:open5,5:print"":rem <home>
10010 forz=1to25:input#3,a$:print#5,a$:nextz
10020 print#5,:close5:print#3,:close3
10030 return
ready.
```

Probelauf

```
Anzahl der Kostenstellen? 3
Leistungsabgabe von 1 an 1 ? 0
Leistungsabgabe von 2 an 1 ? 100
Leistungsabgabe von 3 an 1 ? 50
Leistungsabgabe von 1 an 2 ? 80
Leistungsabgabe von 2 an 2 ? 0
Leistungsabgabe von 3 an 2 ? 150
Leistungsabgabe von 1 an 3 ? 200
Leistungsabgabe von 2 an 3 ? 200
Leistungsabgabe von 3 an 3 ? 0
Primärkosten der Kostenstelle 1 ? 2900
Primärkosten der Kostenstelle 2 ? 3100
Primärkosten der Kostenstelle 3 ? 600
Leistung der Kostenstelle 1 ? 400
Leistung der Kostenstelle 2 ? 600
Leistung der Kostenstelle 3 ? 700
Startwert 1 ? 34
Startwert 2 ? 56
Startwert 3 ? 12


Eingabe protokollieren? (j/n)


Naeherungsloesungen
=============================
Einheitskosten für Kostenstelle Nr. 1 = 10
Einheitskosten für Kostenstelle Nr. 2 = 8
Einheitskosten für Kostenstelle Nr. 3 = 6


Ausgabe protokollieren? (j/n)
```

Erläuterungen zum Programm

Anweisung Nr.	Erläuterung
1	Bildschirm löschen
5	Dimensionierung der verwendeten ein- und zweidimensionalen Felder
40	Eingabe der Anzahl der Kostenstellen
50—90	Schachtelschleife zur Eingabe der Leistungsabgaben (zweidimensionales Feld)
100—120	Eingabeschleife für Primärkosten
130—150	Eingabeschleife für Leistungen
160—180	Eingabeschleife für Startwerte der Iteration (hier wäre eine Fixierung der Startwerte zu überlegen!)
184—187	Abruf eines Eingabeprotokolls, wenn erwünscht
190	Zählerstand erhöhen
200—270	Schachtelschleife zur iterativen Berechnung der neuen Lösung
210, 220	Initialisieren der Iteration
230, 260	Iteration
280—300	Konvergenzprüfung
305—350	Ausgabeschleife
354—357	Abruf eines Ausgabeprotokolls, wenn erwünscht
500—540	Vorbereitung der nächsten Iteration, im Fall der Divergenz Programmabbruch, sonst Aufruf der nächsten Iteration
10000—10030	Hardcopy-Technik

5.6 Das Konjunkturmodell von Samuelson

Problembeschreibung

Nach *Samuelson* entwickelte sich das Volkseinkommen Y (t) der Periode t nach

$$Y(t) = a \cdot Y(t-1) + a \cdot b \cdot (Y(t-1) - Y(t-2)) + c$$

a ... Konsumneigung
b ... Investitionsfaktor
c ... autonome Ausgaben

Die Entwicklung des Volkseinkommens in den einzelnen Perioden ist tabellarisch darzustellen.

Problemanalyse

Variablenlegende:

N   ... Höchstzahl der Perioden
T   ... Periodenzähler
A   ... Konsumneigung
C   ... autonome Ausgaben
B   ... Investitionsfaktor
Y   ... Volkseinkommen der Periode T
YØ ... Volkseinkommen der Periode T-2
Y1 ... Volkseinkommen der Periode T-1

Das Konjunkturmodell von Samuelson ist eine lineare Differenzengleichung. Für die Computerbearbeitung kann sie als rekursive Folge aufgefaßt werden; solche können in einer Schleife leicht durchgerechnet werden.

Aufgabe

Ein Programmablaufplan ist zu erstellen und ein BASIC-Programm zu schreiben.

Eingabe:

    N, YØ, Y1, A, B, C

Berechnung der Folgenglieder: in einer Schleife.

Abbruch: bei Stagnation (= Konvergenz) bzw. nach n Perioden.

Ausgabe:

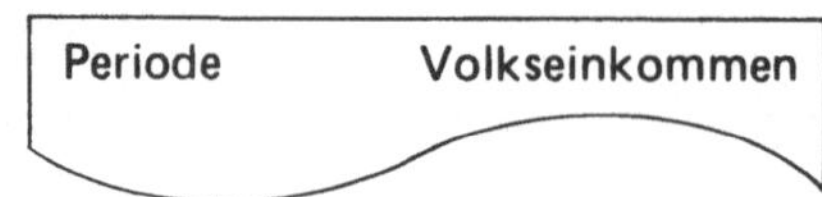

– tabellarisch!

Programmablaufplan

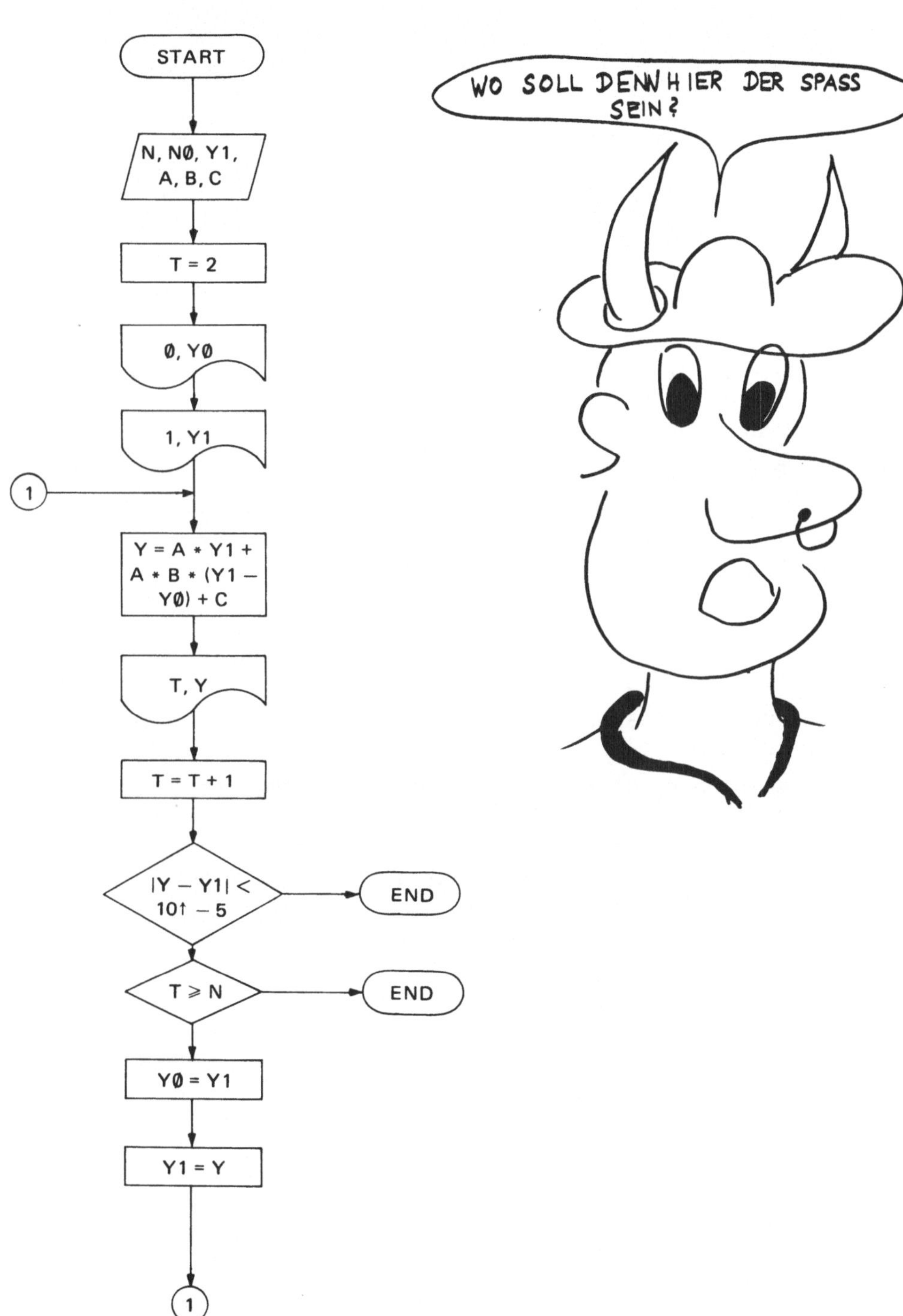

<table>
<tr><td>

E I N G A B E　　VON PERIODENHOCHSTZAHL N, STARTWERTE FÜR
DAS VOLKSEINKOMMEN Y0,Y1, KONSUMNEIGUNG A,
INVESTITIONSFAKTOR B, AUTONOME AUSGABEN C

</td></tr>
<tr><td>

INITIALISIEREN DES PERIODENZÄHLERS: T=2 (DIE ERSTEN ZWEI
PERIODEN SIND VORGEGEBEN)

</td></tr>
<tr><td>

A U S D R U C K E N　　DER STARTWERTE FÜR DAS VOLKSEINKOMMEN
Y0,Y1

</td></tr>
<tr><td>

W I E D E R H O L E

<table>
<tr><td>

B E R E C H N U N G　　DES NEUEN VOLKSEINKOMMENS NACH
DEM KONJUNKTURMODELL VON SAMUELSON:
　　Y = A*Y1 + A*B*(Y1-Y0) + C

</td></tr>
<tr><td>

A U S D R U C K E N　　DES NEUEN VOLKSEINKOMMENS

</td></tr>
<tr><td>

PERIODENZÄHLER ERHÖHEN

</td></tr>
<tr><td>

VOLKSEINKOMMEN UM EINE PERIODE RÜCKVERSETZEN (FÜR DIE
ITERATION): Y0 = Y1, Y1 = Y

</td></tr>
</table>

</td></tr>
<tr><td>

B I S　　SICH DAS VOLKSEINKOMMEN NICHT MEHR ÄNDERT ODER DIE
PERIODENHOCHSTZAHL ÜBERSCHRITTEN WIRD

</td></tr>
</table>

Programm

```
10 print"clr rvsK o n j u n k t u r m o d e l l   v. S a m u e l s o n"
20 print
30 rem ***programm v. prof.j.weilharter, version 7.nov.1982***
40 input"über wieviele Perioden soll simuliert werden";n
50 input"Volkseinkommen 1";y0
60 input"Volkseinkommen 2";y1
70 input"Konsumneigung";a
80 input"Investitionsfaktor";h
90 input"autonome Ausgaben";c
100 print
110 t=2:rem initialisieren des periodenzaehlers
119 print"========================="
120 print"IPeriode";" Volkseinkommen1"
130 print"I";0,y0;tab(23);"I"
140 print"I";1,y1;tab(23);"I"
150 y=a*y1+a*b*(y1-y0)+c
160 print"I";t,int(y*100+.5)/100;tab(23);"I"
170 t=t+1
180 ifabs(y-y1)<0.0000lthen230:rem konvergenzpruefung
190 ift>=nthen  230
200 y0=y1
210 y1=y
220 goto150
230 print"========================="
240 print"rvsH a r d c o p y = L e e r t a s t e (ENDE=E)"
250 geta$:ifa$=""then250
260 ifa$<>" "thenprint"rvsA u f   W i e d e r s e h e n":end
270 open3,3
280 open5,5
290 print"home      "
300 forz=1to25
310 input#3,a$
320 print#5,a$
330 nextz
340 close5,5
350 close3,3
360 end
ready.
```

Probelauf

```
über wieviele Perioden soll simuliert werden? 10
Volkseinkommen 1? 8
Volkseinkommen 2? 8
Konsumneigung? .75

Investitionsfaktor? 1
autonome Ausgaben? 1

=========================
IPeriode Volkseinkommen1
I 0         8            I
I 1         8            I
I 2         7            I
I 3         5.5          I
I 4         4            I
I 5         2.88         I
I 6         2.31         I
I 7         2.31         I
=========================
_ H a r d c o p y = L e e r t a s t e (ENDE=E)
```

Erläuterungen zum Programm

Anweisung Nr.	Erläuterung
10, 20	Löschen des Bildschirms (programmiertes clr), Aktivieren des REVERSE-Modus und Ausgabe der Überschrift
30	Kommentar
40	Eingabe der Periodenzahl (natürliche Zahl)
50, 60	Eingabe der Startwerte für das Volkseinkommen
70, 80	Eingabe von Konsumneigung und Investitionsfaktor als Dezimalzahlen (z. B. 90 % = 0,9)
90	Eingabe der autonomen Ausgaben
110	Initialisieren des Periodenzählers
119, 120	Ausgabe der Tabellenüberschrift
130, 140	Ausgabe der Startwerte des Volkseinkommens
150	Konjunkturformel von Samuelson
160	Ausgabe der Konjunkturentwicklung
170	Zählerstand vermehren
180	Konvergenz überprüfen, gegebenenfalls abbrechen
190	Auf maximale Durchlaufanzahl prüfen, gegebenenfalls abbrechen
200, 210	Umschreiben der Parameter der Konjunkturformel — es wird immer nur auf die zwei vorhergehenden Perioden zurückgegriffen!
220	Unbedingter Sprungbefehl zur Auswertung der folgenden Periode
230	Tabellenabschluß
240—360	Hardcopy-Technik

5.7 Das Simplexverfahren — Hauptverfahren der linearen Optimierung

Problembeschreibung

Das Maximum einer linearen Zielfunktion

$$z = c_1 x_1 + c_2 x_2 + c_3 x_3 + \ldots + c_n x_n$$

unter den Nebenbedingungen

$$x_1 \geqslant 0,\ x_2 \geqslant 0,\ \ldots,\ x_n \geqslant 0$$

(das sind die Nichtnegativitätsbedingungen), und

$$a_{11} x_1 + a_{12} x_2 + \ldots + a_{1n} x_n \leqslant b_1$$
$$a_{21} x_1 + a_{22} x_2 + \ldots + a_{2n} x_n \leqslant b_2$$
$$\ldots \qquad\qquad \ldots$$
$$a_{m1} x_1 + a_{m2} x_2 + \ldots + a_{mn} x_n \leqslant b_m$$

(das sind die Restriktionen), ist zu bestimmen.

Problemanalyse

Das Ausgangstableau des Simplexverfahrens kann als Matrix interpretiert werden:

Ausgangstableau

$$
\begin{array}{c|cccc|c}
 & x_1 & x_2 & \cdots & x_n & \\
\hline
u_1 & a_{11} & a_{12} & \cdots a_{1n} & & b_1 \\
u_2 & a_{21} & a_{22} & \cdots a_{2n} & & b_2 \\
\cdot & \multicolumn{4}{c}{\dotfill} & \\
u_m & a_{m1} & a_{m2} & \cdots a_{mn} & & b_m \\
 & -c_1 & -c_2 & \cdots -c_n & & 0
\end{array}
$$

Matrix

$$
\begin{pmatrix}
a_{11} & a_{12} & a_{13} & \cdots & a_{1k} \\
a_{21} & a_{22} & a_{23} & \cdots & a_{2k} \\
\multicolumn{5}{c}{\dotfill} \\
a_{m1} & a_{m2} & a_{m3} & \cdots & a_{mk} \\
a_{11} & a_{12} & a_{13} & \cdots & a_{1k}
\end{pmatrix}
$$

$k = n + 1$

$l = m + 1$

l ... Zeilenanzahl

k ... Spaltenanzahl des Simplexverfahrens

Das Simplex-Verfahren hat folgende Schritte:

1. Bildung des Ausgangstableaus.
2. Das Minimum der Kostenfaktoren bildet die Eingangsspalte.
3. Alle Elemente der letzten Spalte werden durch das entsprechende Element der Eingangsspalte dividiert (Bildung der Quotienten).
4. Das Minimum der Quotienten bildet die Ausgangszeile.
5. Das alte Kreuzungselement liegt in der Kreuzung zwischen Eingangsspalte und Ausgangszeile, das neue Kreuzungselement ist der Kehrwert des alten Kreuzungselements.
6. Die restlichen neuen Elemente der Eingangsspalte erhält man, indem man die alten Elemente mit dem negativen neuen Kreuzungselement multipliziert.
7. Die restlichen neuen Elemente der Ausgangszeile erhält man, indem man die alten Elemente mit dem neuen Kreuzungselement multipliziert.
8. Die übrigen Elemente erhält man, indem man vom alten Element das Produkt aus dem Element A (in derselben Zeile, in der Eingangsspalte) und dem Element B (in derselben Spalte, in der Ausgangszeile) und dem neuen Kreuzungselement subtrahiert.
9. Wenn noch negative Kostenfaktoren vorhanden sind, muß das Verfahren ab Schritt 2 wiederholt werden.

Achtung:

In jedem Durchgang müssen in der Eingangsspalte und der Ausgangszeile Basis- und Nichtbasisvariable ausgetauscht werden.

Aufgabe

Das Simplexverfahren ist in einem kommentierten Programmablaufplan darzustellen. Das entsprechende BASIC-Programm ist zu schreiben — Eingabe mit INPUT.

Variablenlegende

M   ... Zeilenanzahl
N   ... Spaltenanzahl
I   ... Zeilenindex
J   ... Spaltenindex
A (I, J) ... Elemente der Matrix
X   ... Zähler
L   ... Index für Minimumsuche bei Kostenfaktoren
K   ... Markierung
Q (I)   ... Quotienten
H   ... Index für Minimumsuche bei den Quotienten
F   ... Markierung
P   ... markierter Wert der Zielfunktion

Halbverbale Beschreibung des Algorithmus

```
(1)  E I N G A B E    DER MATRIXDIMENSION UND ES AUSGANGSTABLEAUS
                      ( SIMPLEXMATRIX)
(2)  S P R U N G M A R K E   1
(3)  D R U C K E N    DER SIMPLEXMATRIX NR.X
(4)  S O R T I E R E N    DER KOSTENFAKTOREN ZUR ERMITTLUNG DER
                          EINGANGSSPALTE. MINIMUM DER KOSTENFAKTOREN
                          UND EINGANGSSPALTE MARKIEREN
(5)  A B F R A G E : IST DAS MINIMUM DER KOSTENFAKTOREN NICHTNEGATIV?
     W E N N   J A : D R U C K E N : OPTIMALE LOSUNG
     A N S C H L I E S S E N D : E N D E
     W E N N   N E I N : WEITER BEI (6)
(6)  BILDUNG DER QUOTIENTEN FÜR DAS QUOTIENTENKRITERIUM
(7)  S O R T I E R E N    DER QUOTIENTEN ZUR ERMTTLUNG DER
                          AUSGANGSZEILE. MINIMUM DER QUOTIENTEN UND
                          AUSGANGSZEILE MARKIEREN
(8)  A B F R A G E : IST DAS MINIMUM SEHR GROSS?
     W E N N   J A : D R U C K E N : ZIELFUNKTION NICHT BESCHRÄNKT
     A N S C H L I E S S E N D : E N D E
     W E N N   N E I N : WEITER BEI (9)
(9)  DEN ALTEN WERT DER ZIELFUNKTION ABSPEICHERN.
(10) S I M P L E X I T E R A T I O N :
     NEUES KREUZUNGSELEMENT BERECHNEN
     ÜBRIGE ELEMENTE BERECHNEN (HIER WERDEN DIE ELEMENTE DER ALTEN
                      EINGANGSSPALTE UND AUSGANGSZEILE
                      NOCH BENÖTIGT)
     ELEMENTE DER AUSGANGSZEILE BERECHNEN
     ELEMENTE DER EINGANGSSPALTE BERECHNEN
(11) TABLEAUZÄHLER ERHÖHEN
(12) A B F R A G E : IST DER WERT DER ZIELFUNKTION UNVERÄNDERT?
     W E N N   J A : D R U C K E N : ENTARTUNG
     W E N N   N E I N : WEITER BEI (13)
(13) S P R U N G   ZU SPRUNGMARKE 1
```

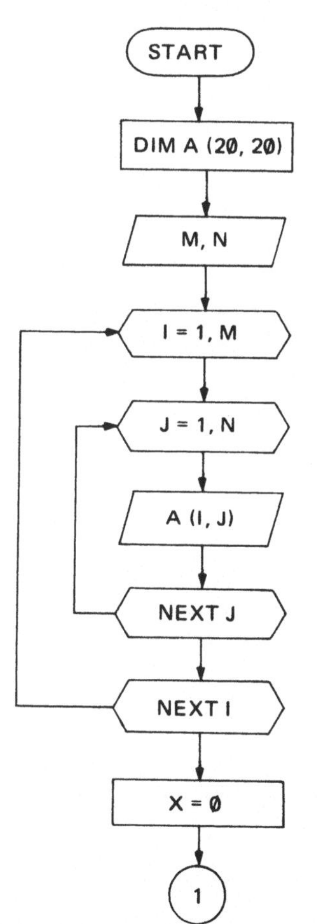

Programmablaufplan

START

DIM A (2Ø, 2Ø)

M, N

I = 1, M

J = 1, N

A (I, J)

NEXT J

NEXT I

X = Ø

1

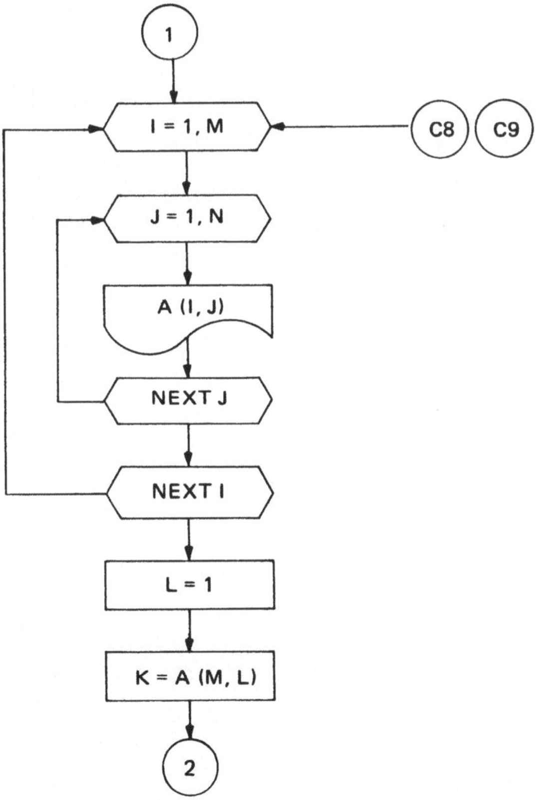

1

I = 1, M   ←   C8   C9

J = 1, N

A (I, J)

NEXT J

NEXT I

L = 1

K = A (M, L)

2

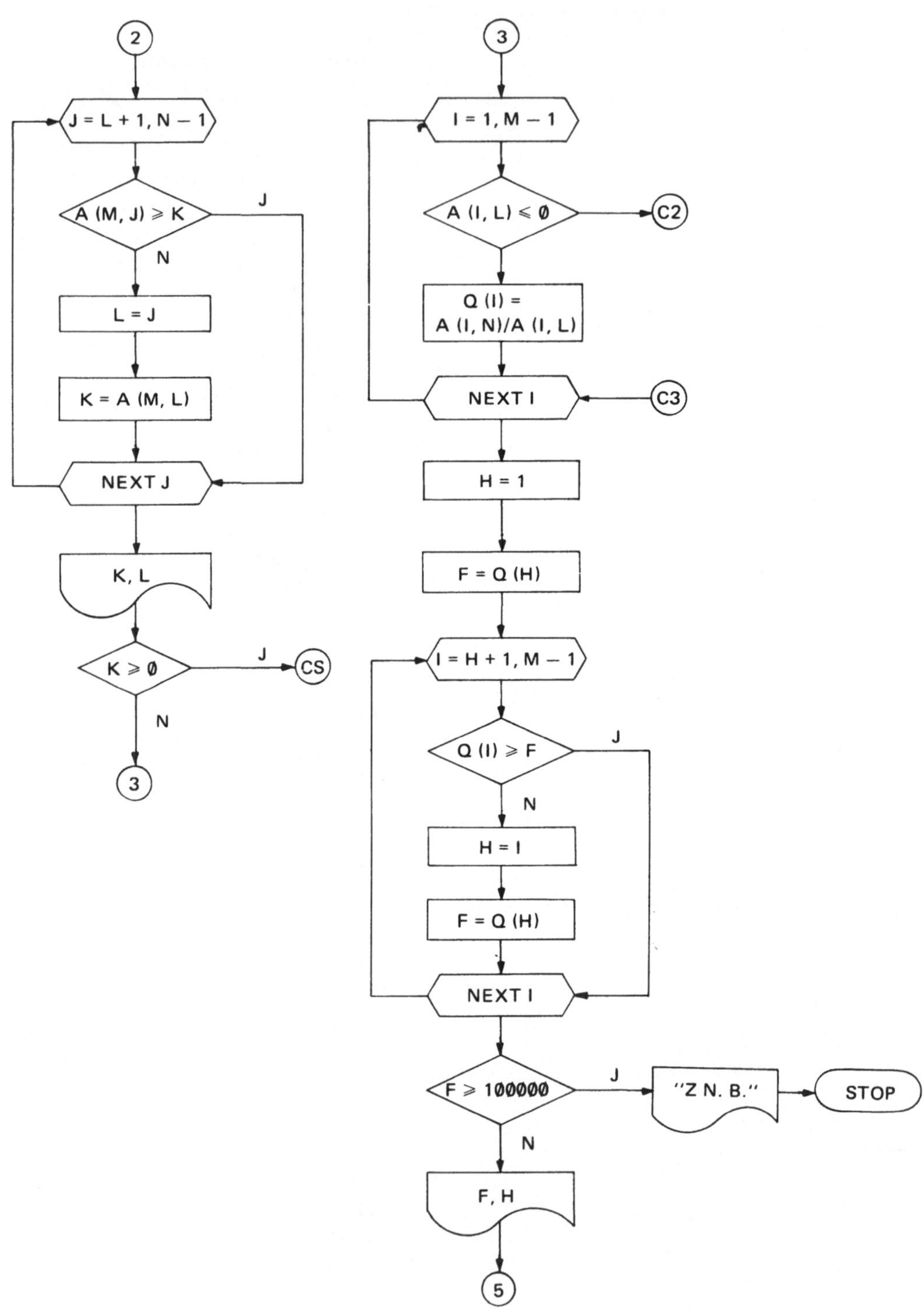
2
J = L + 1, N − 1
A (M, J) ⩾ K
J
N
L = J
K = A (M, L)
NEXT J
K, L
K ⩾ 0
J
CS
N
3
3
I = 1, M − 1
A (I, L) ⩽ 0
C2
Q (I) = A (I, N)/A (I, L)
NEXT I
C3
H = 1
F = Q (H)
I = H + 1, M − 1
Q (I) ⩾ F
J
N
H = I
F = Q (H)
NEXT I
F ⩾ 100000
J
"Z N. B."
STOP
N
F, H
5

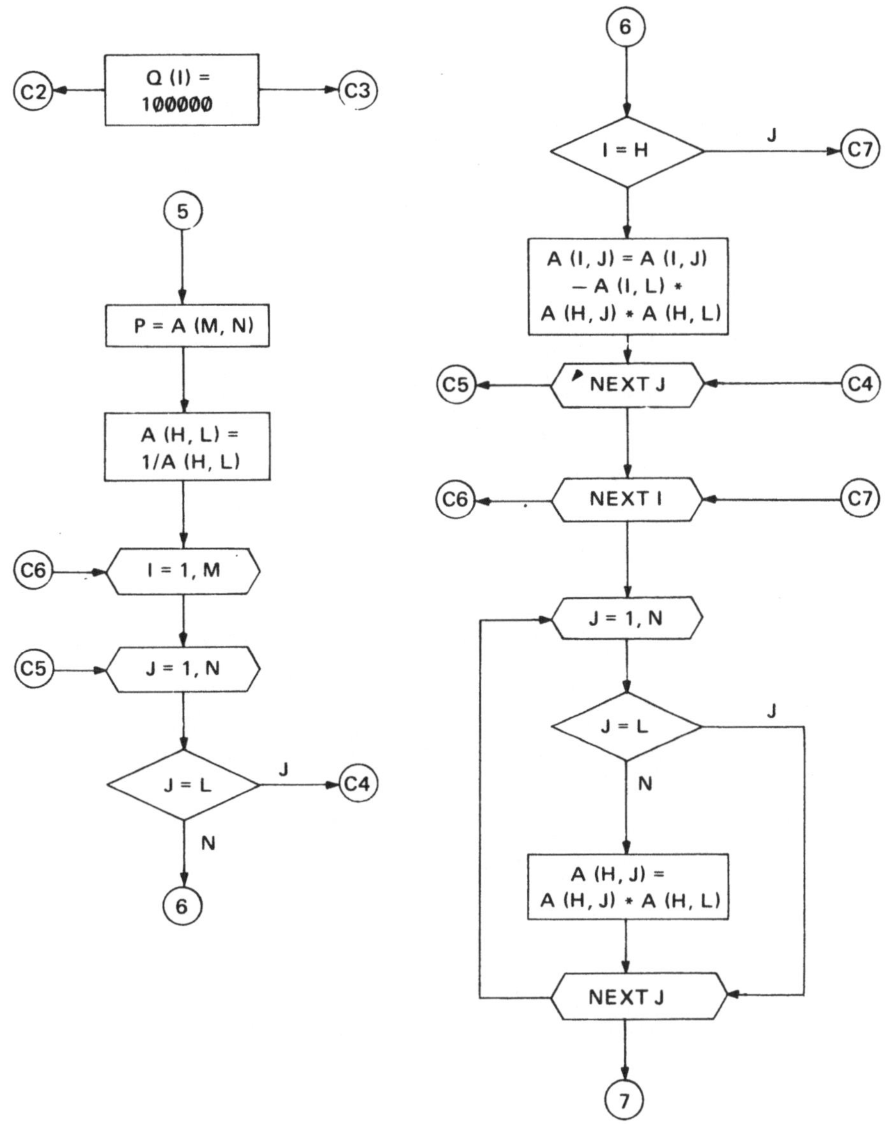
Q (I) =
100000
C2
C3
5
P = A (M, N)
A (H, L) =
1/A (H, L)
C6
I = 1, M
C5
J = 1, N
J = L
J
C4
N
6
6
I = H
J
C7
A (I, J) = A (I, J)
− A (I, L) *
A (H, J) * A (H, L)
C5
NEXT J
C4
C6
NEXT I
C7
J = 1, N
J = L
J
N
A (H, J) =
A (H, J) * A (H, L)
NEXT J
7

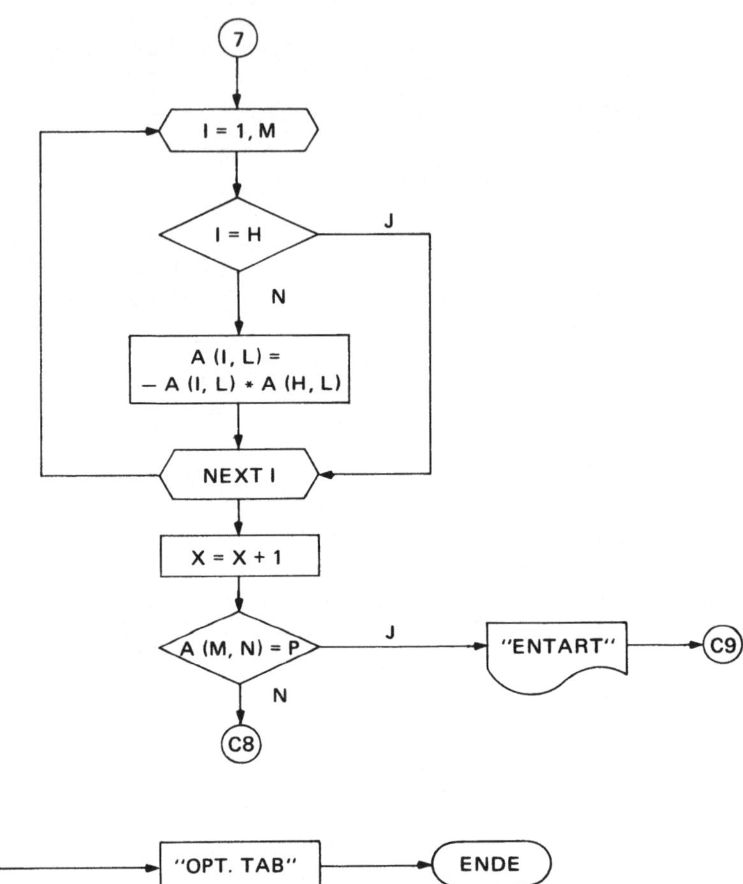

7
I = 1, M
I = H
J
N
A (I, L) =
— A (I, L) * A (H, L)
NEXT I
X = X + 1
A (M, N) = P
J
"ENTART"
C9
N
C8
C1
"OPT. TAB"
ENDE

Das Programm, Teil 1

```
1 PRINT "SOLL ICH RECHNEN? DANN 1; SONST 0"
2 INPUT B
3 IF B=0 THEN 1000
4 IF B=1 THEN 10
10 DIM A(20,20)
20 PRINT "REGULAERS SIMPLEXVERFAHREN"
25 PRINT "ZEILENANZAHL"
30 INPUT M
35 PRINT "SPALTENANZAHL"
40 INPUT N
45 PRINT "ZEILENWEISE EINGABE DER SIMPLEXMATRIX"
50 FOR I=1 TO M
60 FOR J=1 TO N
70 INPUT A(I,J)
80 NEXT J
90 NEXT I
100 X=0
110 PRINT X;"-TE ITERATION"
120 PRINT
130 FOR I=1 TO M
140 FOR J=1 TO N
150 PRINT A(I,J);
160 NEXT J
170 PRINT
180 NEXT I
190 L=1
200 K=A(M,L)
210 FOR J=L+1 TO N-1
220 IF A(M,J)>=K THEN 250
230 L=J
240 K=A(M,L)
250 NEXT J
260 PRINT K;"=MINIMUM DER KOSTENFAKTOREN"
270 PRINT L;"-TE SPALTE IST EINGANGSSPALTE"
280 IF K>=0 THEN 630
290 FOR I=1 TO M-1
300 IF A(I,L)<=0 THEN 417
310 Q(I)=A(I,N)/A(I,L)
320 NEXT I
330 H=1
340 F=Q(H)
350 FOR I=H+1 TO M-1
360 IF Q(I)>=F THEN 390
370 H=I
380 F=Q(H)
390 NEXT I
```

Das Programm, Teil 2

```
395 IF F>=100000! THEN 414
400 PRINT F;"= MINIMUM DER QUOTIENTEN"
410 PRINT H;"-TE ZEILE IST AUSGANGSZEILE"
412 GOTO 420
414 PRINT "ZIELFUNKTION IST NICHT BESCHRÄNKT"
416 STOP
417 Q(I)=100000!
418 GOTO 320
420 F=A(M,N)
425 A(H,L)=1/A(H,L)
430 FOR I=1 TO M
440 FOR J=1 TO N
450 IF J=L THEN 480
460 IF I=H THEN 490
470 A(I,J)=A(I,J)-A(I,L)*A(H,J)*A(H,L)
480 NEXT J
490 NEXT I
500 FOR J=1 TO N
510 IF J=L THEN 530
520 A(H,J)=A(H,J)*A(H,L)
530 NEXT J
540 FOR I=1 TO M
550 IF I=H THEN 570
560 A(I,L)=-A(I,L)*A(H,L)
570 NEXT I
580 X=X+1
590 IF A(M,N)=F THEN 610
595 GOTO 110
610 PRINT "ENTARTUNG"
620 GOTO 110
630 PRINT "OPTIMALES TABLEAU"
```

Ein Probelauf

```
SOLL ICH RECHNEN? DANN 1; SONST 0
? 1
REGULAERES SIMPLEXVERFAHREN
ZEILENANZAHL
? 3
SPALTENANZAHL
? 3
ZEILENWEISE EINGABE DER SIMPLEXMATRIX
? 2
? 4
? 6789
? 3
? 23
? 12345
? -34567
? -12345
? 0
0 -TE ITERATION

2    4    6789
3    23   12345
-34567 -12345  0
-34567 = MINIMUM DER KOSTENFAKTOREN
1 -TE SPALTE IST EINGANGSSPALTE
3394.5 = MINIMUM DER QUOTIENTEN
1 -TE ZEILE IST AUSGANGSZEILE
1 -TE ITERATION

.5    2    3394.5
-1.5  17   2161.5
17283.5   56789   1.17338E+08
17283.5 = MINIMUM DER KOSTENFAKTOREN
1 -TE SPALTE IST EINGANGSSPALTE
OPTIMALES TABLEAU

READY
```

Erläuterungen zum Programm

Anweisung Nr.	Erläuterung
1–4	Provisorische Entscheidungstechnik über Programmausführung — weglassen (oder durch Paßwortsicherung ersetzen)!
10	Dimensionierung des Simplextableaus
20	Ausgabe der Programmüberschrift
25, 30	Eingabe der Zeilenzahl des Simplextableaus
35, 40	Eingabe der Spaltenzahl des Simplextableaus
45–90	Eingabe des Ausgangstableaus des Simplexverfahrens mittels Schachtelschleife
100	Iterationszähler initialisieren
110, 120	Ausgabe der Tabellenüberschrift
130–180	Ausgabe der Iterationen mittels Schachtelschleife
190–270	Ermittlung der Eingangsspalte durch Minimumsortieren der letzten Zeile des Simplextableaus
280	Prüfen der Abbruchbedingung: wenn das Minimum der Kostenfaktoren nicht negativ ist, gibt es überhaupt keinen negativen Kostenfaktor
290–320	Ermittlung der Quotienten für das Quotientenkriterium
330–410	Ermittlung der Ausgangszeile durch Minimumsortieren der Quotienten
417	Werte der Eingangsspalte, die negativ oder null sind, dürfen im Quotientenkriterium nicht berücksichtigt werden (siehe Zeile 300)
420	Der aktuelle Wert der Zielfunktion wird gespeichert
425	Das neue Kreuzungselement ist der Kehrwert des alten Kreuzungselements
430–490	Errechnung der Elemente des neuen Tableaus die weder in der Eingangsspalte noch in der Ausgangszeile des alten Tableaus liegen (diese Werte dürfen nicht vorher iteriert werden!)
500–530	Iteration der Ausgangszeile, ausgenommen das Kreuzungselement
540–570	Iteration der Eingangsspalte, ausgenommen das Kreuzungselement
580	Iterationszähler erhöhen
590	Auf Entartung prüfen
595, 620	Unbedingter Sprung zur nächsten Iteration
630	Konvergenzmeldung

Programmvariante (modernes BASIC)

```
100 E$ = CHR$(27):'                    Definieren des ESC-Befehles
110  CLS$ = E$+"E"
120 PRINT CLS$
130 PRINT E$"0" "S i m p l e x v e r f a h r e n " E$"1"
140 DIM A(20,20):'                     Dimensionierung der Simplexmatrix
150 '
160 '
170 PRINT
180 PRINT
190 INPUT "Zeilenanzahl":M
200 PRINT
210 INPUT "Spaltenanzahl":N
220 PRINT
230 PRINT E$"p" " Zeilenweise Eingabe der Simplexmatrix " E$"q"
240 FOR I = 1 TO M
250  FOR J = 1 TO N
260    PRINT "a(":I:",":J:")":;INPUT A(I,J)
270  NEXT J
280 NEXT I
290 '
300 '
310 IF X=0 THEN PRINT "A u s g a n g s t a b l e a u "
320           ELSE PRINT X:"-te Iteration"
330 PRINT
340 FOR I = 1 TO M
350  FOR J = 1 TO N
360    PRINT USING "#######.##":A(I,J):
370  NEXT J
380  PRINT
390 NEXT I
400 '
410 '
420 L = 1
430 K = A(M,L)
440 FOR J=L+1 TO N-1
450  IF A(M,J)>=K THEN 480
460  L=J
470  K = A(M,L)
480 NEXT J
490 '
500 '
510 PRINT K:"=Minimum der Kostenfaktoren"
520 PRINT L:"-te Spalte ist Eingangsspalte"
530 '
540 '
550 IF K>=0 THEN PRINT E$"p" " O p t i m a l e s   T a b l e a u " E$"q":EN
560 FOR I = 1 TO M-1
570  IF A(I,L)<=0 THEN Q(I)=100000!
580              ELSE Q(I)=A(I,N)/A(I,L)
590 NEXT I
600 '
610 '
620 H = 1
630 F = Q(H)
640 FOR I = H+1 TO M-1
650  IF Q(I)>=F THEN 680
660  H=I
670  F = Q(H)
```

```
0 NEXT I
0 '
0 '
0 '
0 '
0 PRINT F;"= Minimum der Quotienten"
0 '
0 '
0 L = 1
0 K = A(M,L)
0 FOR J=L+1 TO N-1
0   IF A(M,J)>=K THEN 480
0   L=J
0   K = A(M,L)
0 NEXT J
0 '
0 '
0 PRINT K;"=Minimum der Kostenfaktoren"
0 PRINT L;"-te Spalte ist Eingangsspalte"
0 '
0 '
0 IF K>=0 THEN PRINT E$"p" " O p t i m a l e s    T a b l e a u " E$"q":END
0 FOR I = 1 TO M-1
0   IF A(I,L)<=0 THEN Q(I)=100000!
0                  ELSE Q(I)=A(I,N)/A(I,L)
0 NEXT I
0 '
0 '
0 H = 1
0 F = Q(H)
0 FOR I = H+1 TO M-1
0   IF Q(I)>=F THEN 680
0   H=I
0   F = Q(H)
0 NEXT I
0 '
0 '
0 '
0 '
0 PRINT F;"= Minimum der Quotienten"
0 PRINT H;"-te Zeile ist Ausgangszeile"
0 '
0 '
0 P = A(M,N)
0 A(H,L) = 1/A(H,L)
0 FOR I = 1 TO M
0   IF I=H THEN 850
0   FOR J = 1 TO N
0     IF J=L THEN 840
0     A(I,J) = A(I,J)-A(I,L)*A(H,J)*A(H,L)
0   NEXT J
0 NEXT I
0 '
0 '
0 FOR J = 1 TO N
0   IF J=L THEN 910
0   A(H,J) = A(H,J)*A(H,L)
0 NEXT J
0 '
0 '
```

```
940 FOR I = 1 TO M
950  IF I = H THEN 970
960  A(I,L) = -A(I,L)*A(H,L)
970 NEXT I
980 '
990 X = X+1
1000 IF A(M,N) = P THEN PRINT "Entartung":GOTO 310
                   ELSE 310
```

5.8 Quellenverzeichnis (Rekursions- und Iterationsverfahren)

(5.2)   Aufteilung einer Herde
        Loyd, S., Gardner, M.: Noch mehr mathematische Rätsel und Spiele. Köln: DuMont Taschen-
        buch 85, DuMont Buchverlag 1979

(5.3)   Die Ratten verlassen das sinkende Schiff
        Tischel, G.: Lineare Algebra I, Studienbücher Mathematik. Frankfurt und Aarau: Diesterweg-
        Salle Verlag 1975

(5.4)   Markovketten (zur Theorie der Warteschlangen)
        Meyer, M., Hansen, K., Klausmann, H. S.: Mathematische Planungsverfahren II. Essen: W.
        Giradet 1975

(5.5.) Innerbetriebliche Leistungsverrechnung mit Iterationsverfahren
        Schwarze, J.: Mathematik für Wirtschaftswissenschaftler Bd. 3 (Lineare Algebra und Lineare
        Programmierung). Herne: Verlag Neue Wirtschaftsbriefe Berlin 1977

(5.6)   Das Konjunkturmodell von Samuelson
        Tischel, G.: Angewandte Mathematik. Frankfurt: Verlag Moritz Diesterweg, Otto Salle Verlag
        1980

(5.7)   Das Simplexverfahren
        Brunner, H., Gleißner, W., Kunesch, A.: Planungsmathematik. Wien: Österreichischer Gewerbe-
        verlag 1973

6 Da war doch noch etwas

6.1 Netzplantechnik

Problembeschreibung

Die beigefügte Abbildung zeigt einen vorschriftsmäßig numerierten Vorgangspfeil-Netzplan nach der Methode CPM (*Critical Path Method*), in dem die Zeitdauern der Vorgänge eingetragen sind. Die Zeitplanungsrechnungen sind auszuwerten.

Problemanalyse

Die Auswertung der Zeitplanung erfordert umfangreiche (wenn auch einfache) Berechnungen:

- Vorwärtsrechnung,
- Rückwärtsrechnung,
- tabellarische Berechnung der Pufferzeiten und
- Ermittlung des kritischen Weges.

Für die weitere Analyse benutzen wir die angegebene Variablenlegende.

A. Die Vorwärtsrechnung

(Berechnung der frühesten Zeitpunkte)

1. Der Projektanfang (das Startereignis) erhält den frühestens Zeitpunkt Ø (braucht daher nicht initialisiert zu werden).
2. Hat ein Ereignis nur ein Vorereignis, so ist zum frühesten Zeitpunkt des Vorereignisses $(x(i(a)))$ die Dauer des Vorgangs $(t(a))$ zu addieren:

$$x(j(a)) = x(i(a)) + t(a)$$

Beispiel:

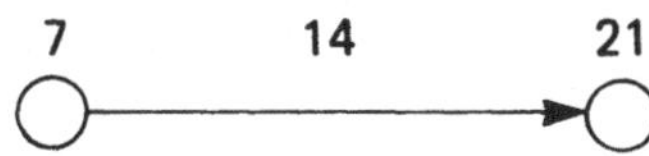

3. Hat ein Ereignis mehrere Vorereignisse, so ist sein frühester Zeitpunkt das Maximum jener Summen, die aus den frühesten Zeitpunkten der Vorereignisse und den entsprechenden Vorgangsdauern gebildet werden:

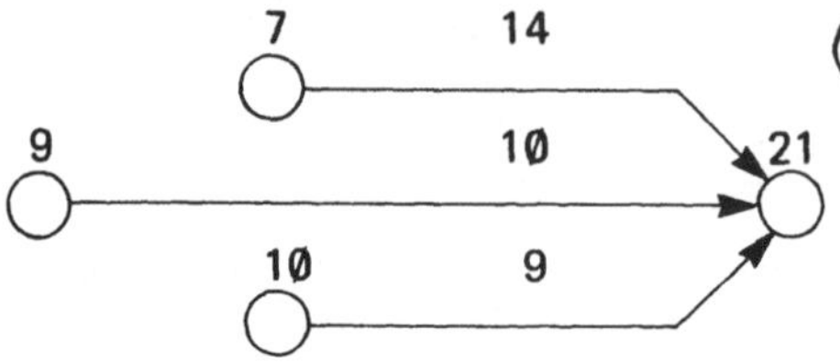

Das wird durch *Maximumsortieren* gelöst.

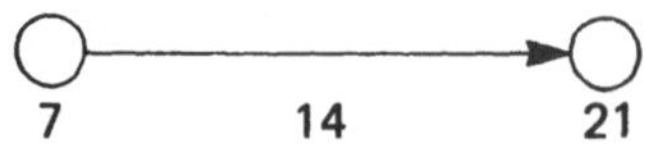

B. Die Rückwärtsrechnung

(Berechnung der spätesten Zeitpunkte)

1. Für das Projektende werden der früheste und späteste Zeitpunkt gleichgesetzt:

$$z\,(j\,(n)) = x\,(j\,(n))$$

2. Hat ein Ereignis nur ein Nachereignis, so ist vom spätesten Zeitpunkt des Nachereignisses $(z\,(j\,(a)))$ die Dauer des Vorganges $(t\,(a))$ zu subtrahieren:

$$z\,(i\,(a)) = z\,(j\,(a)) - t\,(a)$$

Beispiel:

3. Hat ein Ereignis mehrere Nachereignisse, so ist sein spätester Zeitpunkt das Minimum jener Differenzen, die aus den spätesten Zeitpunkten der Nachereignisse und den Vorgangsdauern gebildet werden.

Das läßt sich durch *Minimumsortieren* erreichen.

C. Die Pufferzeiten

1. Der *Gesamtpuffer* ist die Zeit, um die der Anfang eines Vorgangs verschoben werden kann, wenn die Vorgänger möglichst früh enden und die Nachfolger möglichst spät beginnen.
2. Der *freie Puffer* ist die Zeit, um die der Anfang eines Vorgangs verschoben werden kann, wenn die Vorgänger möglichst früh enden, die Nachfolger aber möglichst früh beginnen.
3. Der *unabhängige Puffer* ist die Zeit, um die der Anfang eines Vorganges verschoben werden kann, wenn die Vorgänger möglichst spät enden und die Nachfolger möglichst früh beginnen.

— — —

Pufferzeiten können nicht negativ sein.

— — —

Daraus ergeben sich die *Pufferformeln:*

$$g\,(a) = z\,(j\,(a)) - x\,(i\,(a)) - t\,(a)$$
$$f\,(a) = x\,(j\,(a)) - x\,(i\,(a)) - t\,(a)$$
$$u\,(a) = \max\,(\emptyset,\, x\,(j\,(a)) - z\,(i\,(a)) - t\,(a)$$

d. h. für die Bestimmung von u (a) ist eine Abfrage erforderlich.

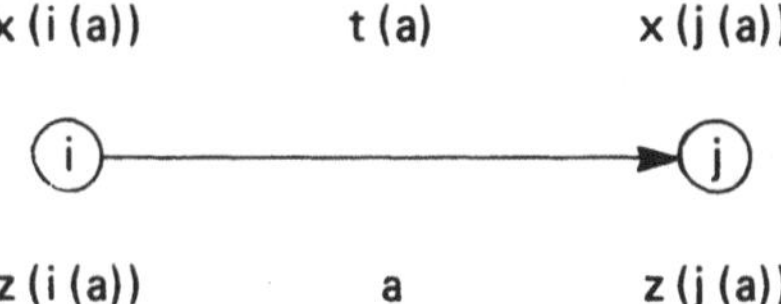

Am kritischen Weg sind alle Pufferzeiten $\emptyset$.

Aufgabe

Es ist ein Programmablaufplan zu erstellen und in BASIC zu codieren. Dabei sind die folgenden Auflagen zu beachten:

1. Eingabe mit INPUT:
   - Nummer des Vorereignisses
   - Nummer des Nachereignisses
   - Zeitdauer des Vorgangs
2. Datenendbedingung:
   - negative Zeitdauer
3. Erfassung der Netzplanordnungsstruktur:
   Die Technik der indizierten Variablen mit indizierten Indizes erlaubt den Aufbau einer solchen Struktur, wie gezeigt wird.
4. Ausgabe: *Tabelle*

i (a), j (a), x (i (a)), x (j (a)), z (i (a)), z (j (a)), g (a), f (a), u (a), c\$

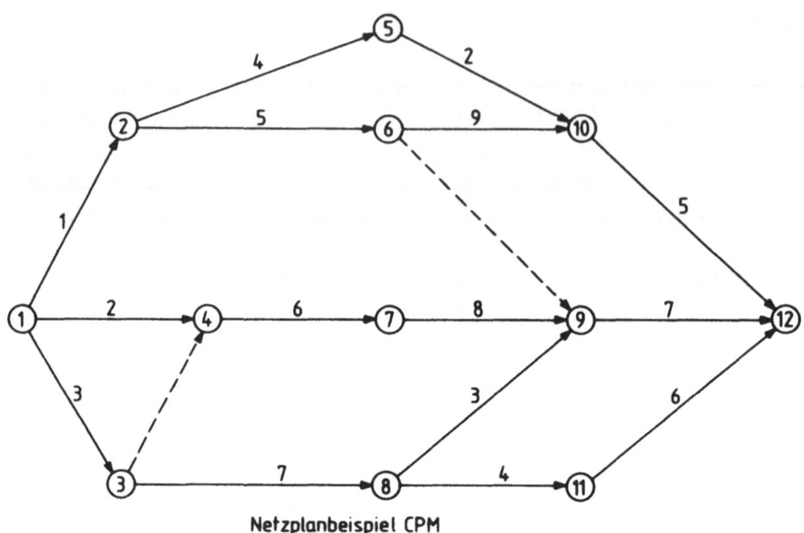

Variablenlegende

a$ ... Entscheidungsvariable
y   ... Kanalnummer der Ausgabeeinheit
n   ... Zähler
a   ... Indizierung der Vorgänge
i (a)   ... Nummer des Vorereignisses von Vorgang a
j (a)   ... Nummer des Nachereignisses von Vorgang a
t (a)   ... Dauer des Vorgangs a
s (j (a)) ... Vorereigniszähler
x (j (a)) ... frühester Zeitpunkt des Nachereignisses von Vorgang a
m (j (a)) ... —"— (Hilfsvariable zum Maximumsortieren)
k (i (a)) ... Nachereigniszähler
z (i (a)) ... spätester Zeitpunkt des Vorereignisses von Vorgang a
r (i (a)) ... —"— (Hilfsvariable zum Minimumsortieren)
g (a)   ... Gesamtpuffer
f (a)   ... freier Puffer
u (a)   ... unabhängiger Puffer
c$ ... Markierung des kritischen Weges

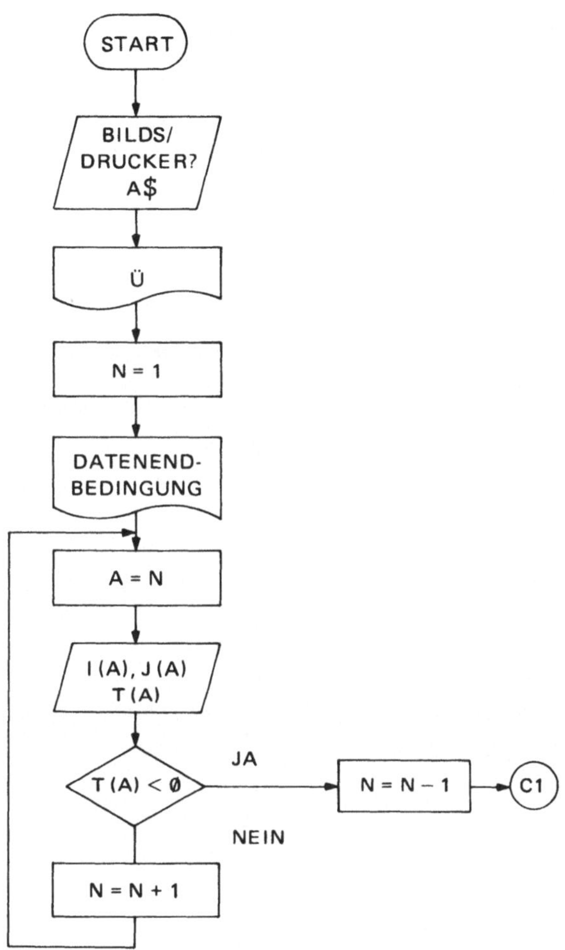

START
BILDS/
DRUCKER?
A$
Ü
N = 1
DATENEND-
BEDINGUNG
A = N
I (A), J (A)
T (A)
T (A) < Ø
JA
NEIN
N = N – 1
C1
N = N + 1

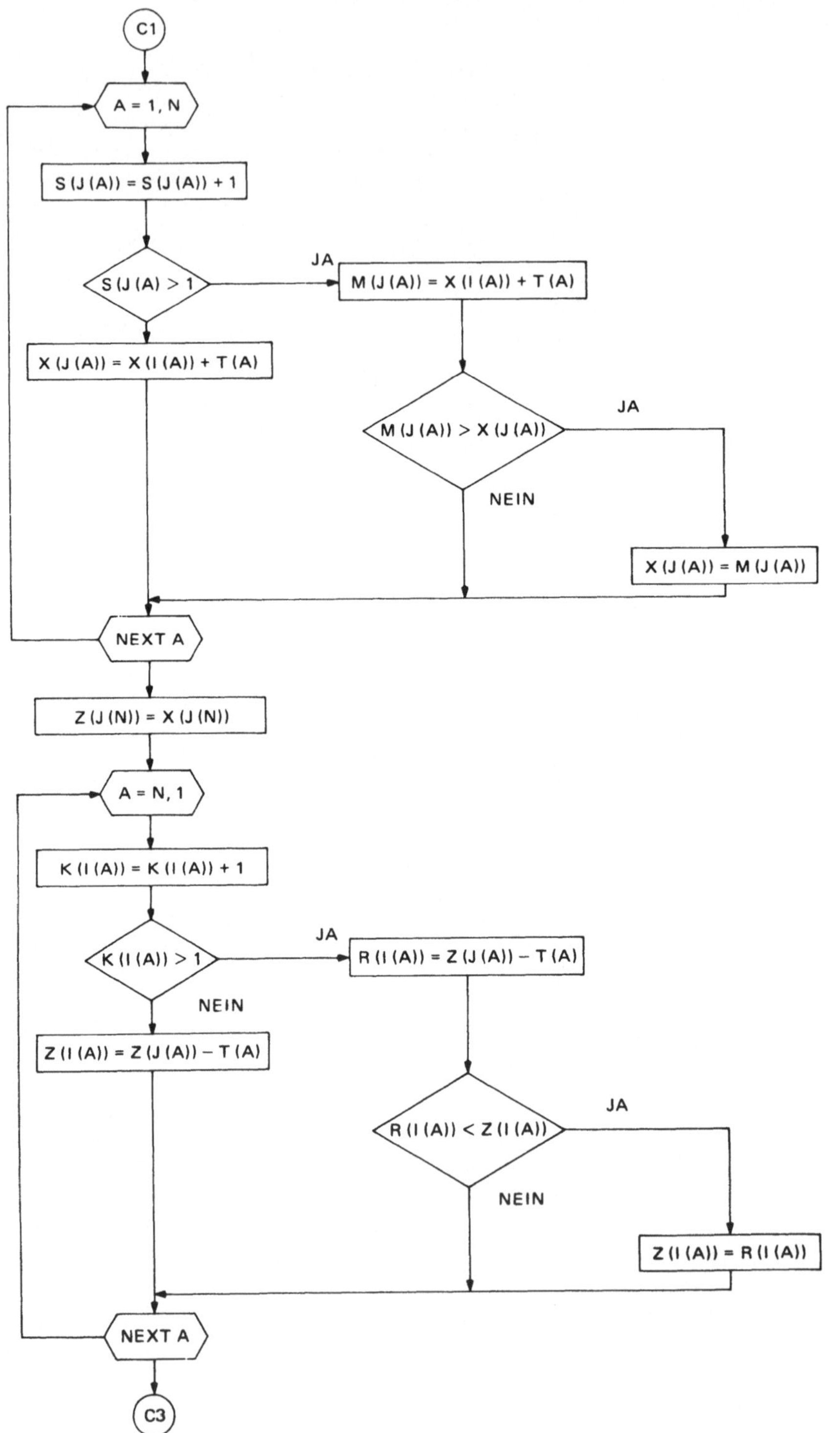
C1
A = 1, N
S (J (A)) = S (J (A)) + 1
S (J (A) > 1
JA
M (J (A)) = X (I (A)) + T (A)
X (J (A)) = X (I (A)) + T (A)
M (J (A)) > X (J (A))
JA
NEIN
X (J (A)) = M (J (A))
NEXT A
Z (J (N)) = X (J (N))
A = N, 1
K (I (A)) = K (I (A)) + 1
K (I (A)) > 1
JA
R (I (A)) = Z (J (A)) − T (A)
NEIN
Z (I (A)) = Z (J (A)) − T (A)
R (I (A)) < Z (I (A))
JA
NEIN
Z (I (A)) = R (I (A))
NEXT A
C3

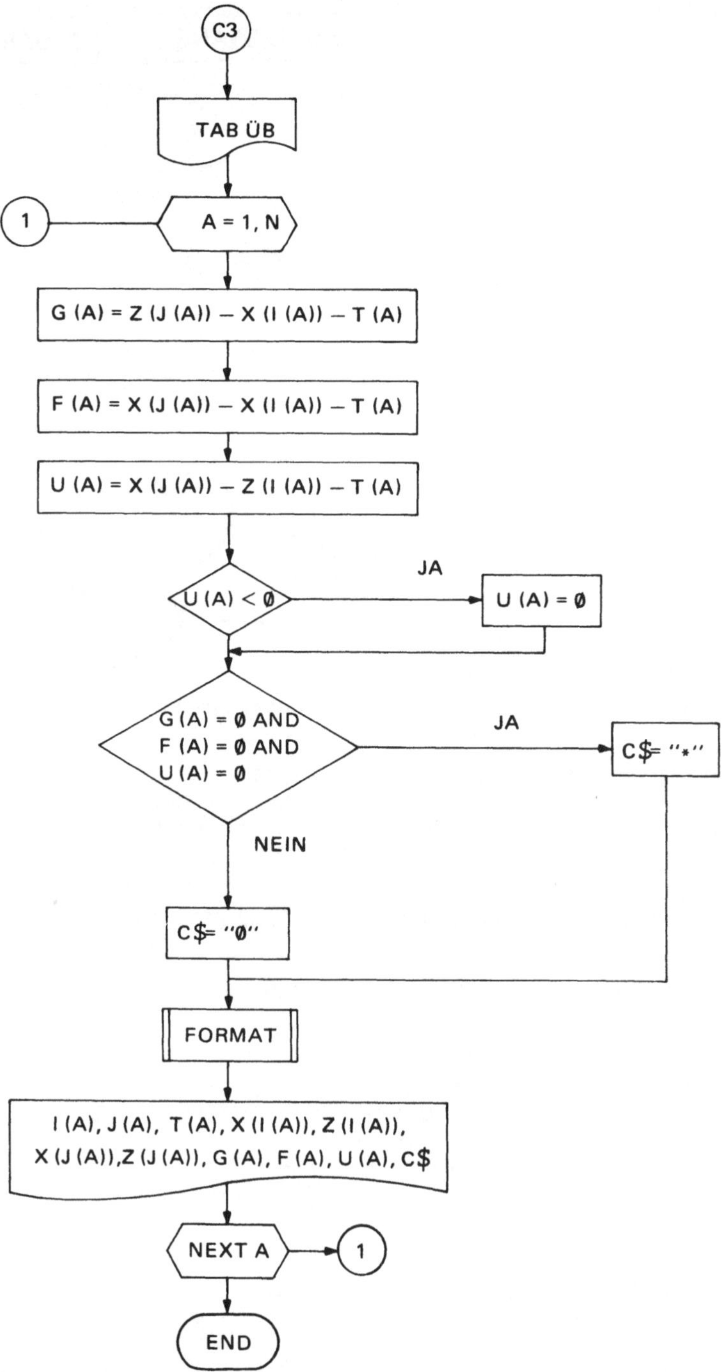

Das Unterprogramm „FORMAT" wird nicht als Programmablaufplan dargestellt.

<table>
<tr><td>

E I N G A B E   DES GEWÜNSCHTEN AUSGABEMEDIUMS (BILDSCHIRM
                 ODER DRUCKER):
                 A$
A U S G A B E   DER PROGRAMMÜBERSCHRIFT
I N I T I A L I S I E R E N   DES ZÄHLERS: N=1
A U S G A B E   DER VEREINBARTEN DATENENDBEDINGUNG:
                 NEGATIVE ZEITDAUER

</td></tr>
<tr><td>

W I E D E R H O L E   B I S   VORGANGSDAUER NEGATIV

<table>
<tr><td>

INDIZIERUNG DER VORGANGS UND ZÄHLERSTAND GLEICHSETZEN:
A = N

</td></tr>
<tr><td>

E I N G A B E   DER NUMMER DES VOREREIGNISSES,
                 DER NUMMER DES NACHEREIGNISSES
                 UND DER VORGANGSDAUER:
                 I(A), J(A), T(A)

</td></tr>
<tr><td>

ZÄHLERSTAND ERHÖHEN:
N = N+1

</td></tr>
</table>

</td></tr>
<tr><td>

ZÄHLERSTAND UM 1 VERMINDERN (DER VORGANG MIT DER NEGATIVEN
ZEITDAUER DARF NICHT MITGEZÄHLT WERDEN!):
N = N-1

</td></tr>
</table>

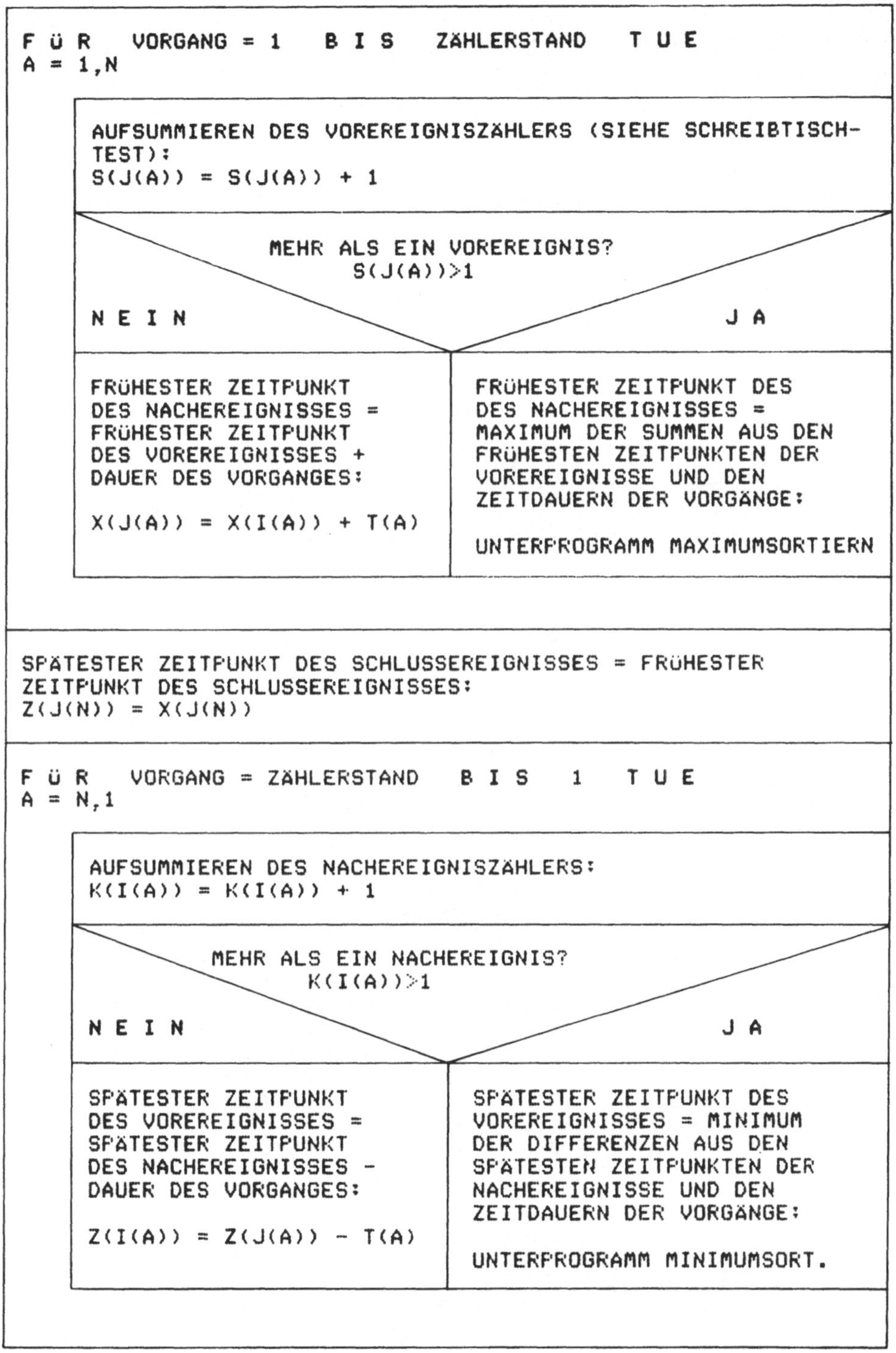

```
FÜR   VORGANG = 1   BIS   ZÄHLERSTAND   TUE
A = 1,N
┌──────────────────────────────────────────────────────────┐
│ AUFSUMMIEREN DES VOREREIGNISZÄHLERS (SIEHE SCHREIBTISCH-  │
│ TEST):                                                    │
│ S(J(A)) = S(J(A)) + 1                                     │
├──────────────────────────────────────────────────────────┤
│          MEHR ALS EIN VOREREIGNIS?                        │
│               S(J(A))>1                                    │
│ NEIN                                    JA                │
├────────────────────────┬─────────────────────────────────┤
│ FRÜHESTER ZEITPUNKT    │ FRÜHESTER ZEITPUNKT DES         │
│ DES NACHEREIGNISSES =  │ DES NACHEREIGNISSES =          │
│ FRÜHESTER ZEITPUNKT    │ MAXIMUM DER SUMMEN AUS DEN     │
│ DES VOREREIGNISSES +   │ FRÜHESTEN ZEITPUNKTEN DER      │
│ DAUER DES VORGANGES:   │ VOREREIGNISSE UND DEN          │
│                        │ ZEITDAUERN DER VORGÄNGE:       │
│ X(J(A)) = X(I(A)) + T(A)│                                │
│                        │ UNTERPROGRAMM MAXIMUMSORTIERN  │
└────────────────────────┴─────────────────────────────────┘

SPÄTESTER ZEITPUNKT DES SCHLUSSEREIGNISSES = FRÜHESTER
ZEITPUNKT DES SCHLUSSEREIGNISSES:
Z(J(N)) = X(J(N))

FÜR   VORGANG = ZÄHLERSTAND   BIS   1   TUE
A = N,1
┌──────────────────────────────────────────────────────────┐
│ AUFSUMMIEREN DES NACHEREIGNISZÄHLERS:                     │
│ K(I(A)) = K(I(A)) + 1                                     │
├──────────────────────────────────────────────────────────┤
│          MEHR ALS EIN NACHEREIGNIS?                       │
│               K(I(A))>1                                    │
│ NEIN                                    JA                │
├────────────────────────┬─────────────────────────────────┤
│ SPÄTESTER ZEITPUNKT    │ SPÄTESTER ZEITPUNKT DES        │
│ DES VOREREIGNISSES =   │ VOREREIGNISSES = MINIMUM       │
│ SPÄTESTER ZEITPUNKT    │ DER DIFFERENZEN AUS DEN        │
│ DES NACHEREIGNISSES -  │ SPÄTESTEN ZEITPUNKTEN DER      │
│ DAUER DES VORGANGES:   │ NACHEREIGNISSE UND DEN         │
│                        │ ZEITDAUERN DER VORGÄNGE:       │
│ Z(I(A)) = Z(J(A)) - T(A)│                                │
│                        │ UNTERPROGRAMM MINIMUMSORT.     │
└────────────────────────┴─────────────────────────────────┘
```

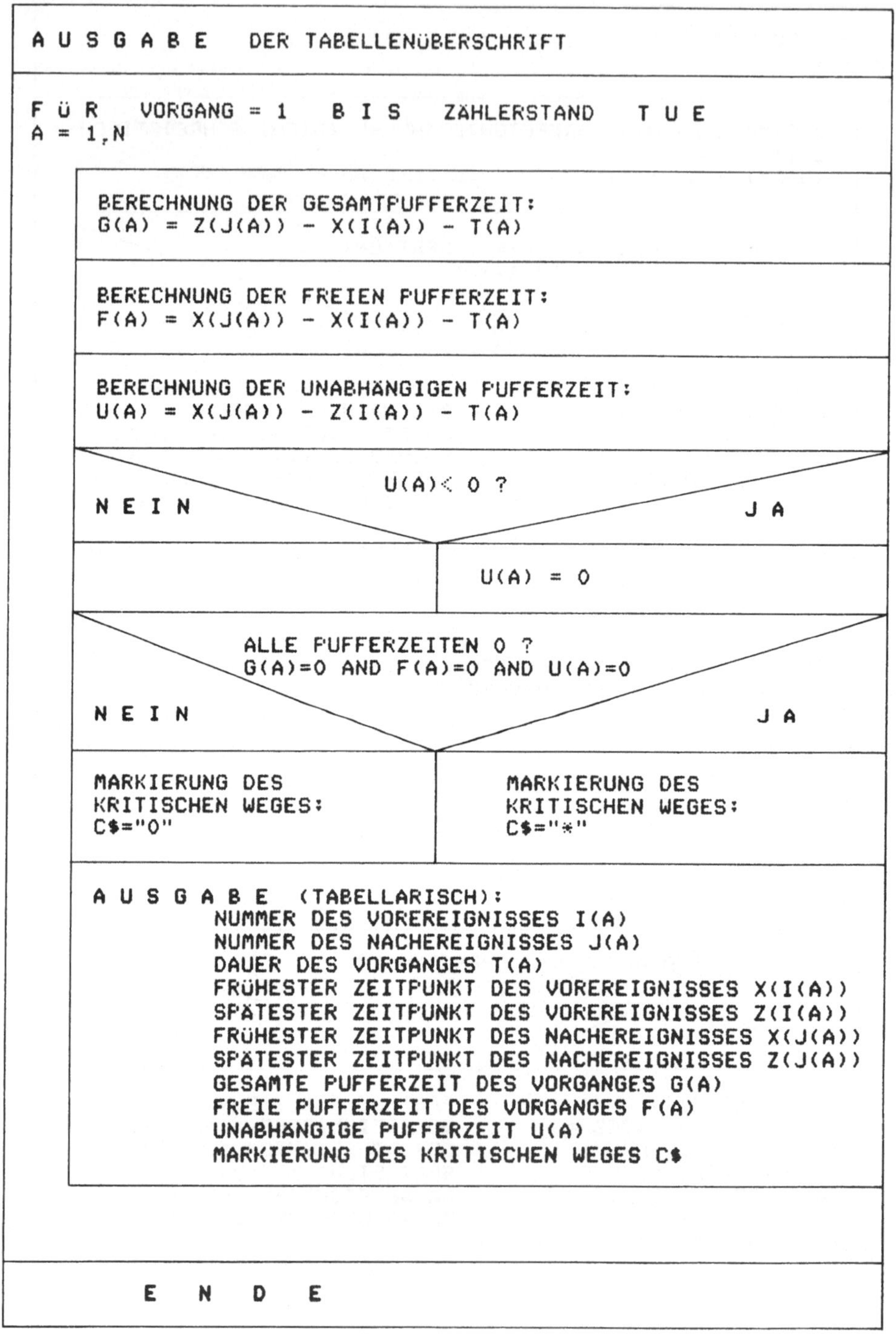

```
┌─────────────────────────────────────────────────────────────────┐
│ A U S G A B E   DER TABELLENÜBERSCHRIFT                          │
├─────────────────────────────────────────────────────────────────┤
│ F Ü R   VORGANG = 1   B I S   ZÄHLERSTAND   T U E               │
│ A = 1,N                                                          │
│   ┌───────────────────────────────────────────────────────────┐ │
│   │ BERECHNUNG DER GESAMTPUFFERZEIT:                          │ │
│   │ G(A) = Z(J(A)) - X(I(A)) - T(A)                          │ │
│   ├───────────────────────────────────────────────────────────┤ │
│   │ BERECHNUNG DER FREIEN PUFFERZEIT:                        │ │
│   │ F(A) = X(J(A)) - X(I(A)) - T(A)                          │ │
│   ├───────────────────────────────────────────────────────────┤ │
│   │ BERECHNUNG DER UNABHÄNGIGEN PUFFERZEIT:                  │ │
│   │ U(A) = X(J(A)) - Z(I(A)) - T(A)                          │ │
│   ├───────────────────────────────────────────────────────────┤ │
│   │                    U(A) < 0 ?                            │ │
│   │ N E I N                                       J A         │ │
│   ├─────────────────────────┬─────────────────────────────────┤ │
│   │                         │ U(A) = 0                        │ │
│   ├─────────────────────────┴─────────────────────────────────┤ │
│   │            ALLE PUFFERZEITEN 0 ?                          │ │
│   │            G(A)=0 AND F(A)=0 AND U(A)=0                   │ │
│   │ N E I N                                       J A         │ │
│   ├─────────────────────────┬─────────────────────────────────┤ │
│   │ MARKIERUNG DES          │ MARKIERUNG DES                  │ │
│   │ KRITISCHEN WEGES:       │ KRITISCHEN WEGES:               │ │
│   │ C$="0"                  │ C$="*"                          │ │
│   ├─────────────────────────┴─────────────────────────────────┤ │
│   │ A U S G A B E  (TABELLARISCH):                           │ │
│   │       NUMMER DES VOREREIGNISSES I(A)                     │ │
│   │       NUMMER DES NACHEREIGNISSES J(A)                    │ │
│   │       DAUER DES VORGANGES T(A)                           │ │
│   │       FRÜHESTER ZEITPUNKT DES VOREREIGNISSES X(I(A))     │ │
│   │       SPÄTESTER ZEITPUNKT DES VOREREIGNISSES Z(I(A))     │ │
│   │       FRÜHESTER ZEITPUNKT DES NACHEREIGNISSES X(J(A))    │ │
│   │       SPÄTESTER ZEITPUNKT DES NACHEREIGNISSES Z(J(A))    │ │
│   │       GESAMTE PUFFERZEIT DES VORGANGES G(A)              │ │
│   │       FREIE PUFFERZEIT DES VORGANGES F(A)                │ │
│   │       UNABHÄNGIGE PUFFERZEIT U(A)                        │ │
│   │       MARKIERUNG DES KRITISCHEN WEGES C$                 │ │
│   └───────────────────────────────────────────────────────────┘ │
├─────────────────────────────────────────────────────────────────┤
│       E   N   D   E                                              │
└─────────────────────────────────────────────────────────────────┘
```

Schreibtischtest (Vorereigniszähler)

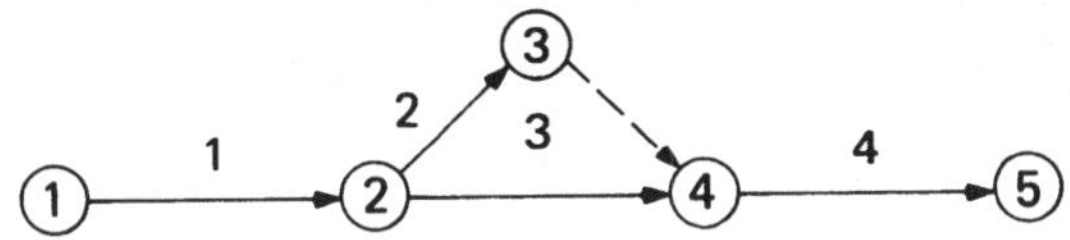

Eingabeliste

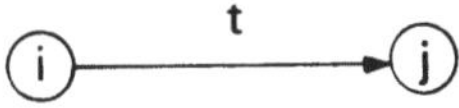

```
a     i     j     t
=================
1     1     2     1
2     2     3     2
3     2     4     3
4     3     4     0
5     4     5     4


S p e i c h e r p l a n :

i(1) = 1     j(1) = 2     t(1) = 1
i(2) = 2     j(2) = 3     t(2) = 2
i(3) = 2     j(3) = 4     t(3) = 3
i(4) = 3     j(4) = 4     t(4) = 0
i(5) = 4     j(5) = 5     t(5) = 4

 s(j(1)) = s(j(1)) + 1     ---->  s(2) = s(2) + 1
 s(j(2)) = s(j(2)) + 1     ---->  s(3) = s(3) + 1
 s(j(3)) = s(j(3)) + 1     ---->  s(4) = s(4) + 1
 s(j(4)) = s(j(4)) + 1     ---->  s(4) = s(4) + 1    d.h. s(4) > 1
                                  Das Ereignis (4) hat zwei
                                  Vorereignisse, dort enden also
                                  zwei Vorgänger

 s(j(5)) = s(j(5)) + 1     ---->  s(5) = s(5) + 1
```

Programm

```
1 input"Bildschirm oder Drucker";a$:a$=left$(a$,2)
2 if a$="Dr" then y=5: go to 4
3 y=3
4 open 1,y
5 dim i(50),j(50),x(50),z(50),k(50),g(50),f(50),u(50),c(50),r(50),m(50)
6 dim s(50),t(50)
10 print#1,"Berechnung der Pufferzeiten und des kritischen Weges":
20 print#1,:print#1,"Programm Krejsa":print#1,:
30 n=1:print"Negative Zeitdauern als Datenendbedingung"
40 print"Eingabe der Nummer des Vorereignisses, der Nummer des
50 print"Nachereignisses und Eingabe der Dauer des betreffenden Vorgang
60 a=n
65 input "Nummer des Vorereignisses";i(a)
67 input"Nummer des Nachereignisses";j(a)
70 input"Dauer des Vorgangs";t(a)
72 if t(a)<0 then n=n-1:go to 140
75 n=n+1:go to 60
140 for a=1 to n
145 s(j(a))=s(j(a))+1
150 if s(j(a))>1 then 1020
160 x(j(a))=x(i(a))+t(a)
170 next a
180 z(j(n))=x(j(n))
190 for a=n to 1 step -1
200 k(i(a))=k(i(a))+1
210 if k(i(a))>1 then 1060
220 z(i(a))=z(j(a))-t(a)
230 next a
232 print#1,"Vorgang";spc(3)"tf";spc(5)"ts";spc(5)"Tf";spc(5)"Ts";
234 print#1,spc(5)"GP";spc(5)"FP";spc(5)"UP";spc(5)"kritischer Weg":
240 for a=1 to n
250 g(a)=z(j(a))-x(i(a))-t(a)
260 f(a)=x(j(a))-x(i(a))-t(a)
270 u(a)=x(j(a))-z(i(a))-t(a):if u(a)<0 then u(a)=0
280 if g(a)=0 and f(a)=0 and u(a)=0 then 300
290 c$="0":go to 310
300 c$="*"
310 gosub 1100:print#1,i(a);"-";j(a);spc(10-b)x(i(a));spc(5-ga)z(i(a));
312 print#1,spc(5-gb)x(j(a));spc(5-gc)z(j(a));spc(5-gd)g(a);
314 print#1,spc(5-ge)f(a);spc(5-gf)u(a);spc(6-gh)c$:
320 next a

330 stop
1020 m(j(a))=x(i(a))+t(a)
1030 if m(j(a))>x(j(a)) then 1050
1040 go to 170
1050 x(j(a))=m(j(a)):go to 170
1060 r(i(a))=z(j(a))-t(a)
1070 if r(i(a))<z(i(a)) then 1090
1080 go to 230
1090 z(i(a))=r(i(a)):go to 230
1100 rem "sp:Stellenanzahlbestimmung"
1110 ga$=str$(x(i(a))):ga=len(ga$)-1
1120 gb$=str$(z(i(a))):gb=len(gb$)-1
1130 gc$=str$(x(j(a))):gc=len(gc$)-1
1140 gd$=str$(z(j(a))):gd=len(gd$)-1
1150 ge$=str$(g(a)):ge=len(ge$)-1
1160 gf$=str$(f(a)):gf=len(gf$)-1
1170 gh$=str$(u(a)):gh=len(gh$)-1
1180 b$=str$(i(a)):b=len(b$):w$=str$(j(a)):w=len(w$):b=b+w+4
1190 return
ady.
```

Probelauf

```
Programm Krejsa

Vorgang      tf       ts       Tf       Ts       GP       FP       UP       kritischer Weg
 1 -  2       0        0        1        5        4        0        0        0
 1 -  3       0        0        3        3        0        0        0        *
 1 -  4       0        0        3        3        1        1        1        0
 2 -  5       1        5        5       17       12        0        0        0
 2 -  6       1        5        6       10        4        0        0        0
 3 -  8       3        3       10       14        4        0        0        0
 3 -  4       3        3        3        3        0        0        0        *
 4 -  7       3        3        9        9        0        0        0        *
 5 - 10       5       17       15       19       12        8        0        0
 6 -  9       6       10       17       17       11       11        7        0
 6 - 10       6       10       15       19        4        0        0        0
 7 -  9       9        9       17       17        0        0        0        *
 8 -  9      10       14       17       17        4        4        0        0
 8 - 11      10       14       14       18        4        0        0        0
 9 - 12      17       17       24       24        0        0        0        *
10 - 12      15       19       24       24        4        4        0        0
11 - 12      14       18       24       24        4        4        0        0
```

Erläuterungen zum Programm

Anweisung Nr.	Erläuterung
1–4	Auswahl und Öffnen der Ausgabeeinheit (Bildschirm = 3, Tally-Printer = 5)
5,6	Dimensionierung der verwendeten eindimensionalen Felder
10, 20	Überschrift
30	Initialisieren eines Zählers
60–75	Eingabe der Daten aus dem Netzplanentwurf in einer Schleife
72	Überprüfen, ob Datenendbedingung eingegeben wurde; gegebenenfalls Vorgangsnummer löschen und verzweigen
140, 170	Anweisungspaar für Schleife zur Vorwärtsrechnung des Netzplans
145	Zählen, wie oft ein und dasselbe Ereignis als Nachereignis von Vorgängen auftritt
150	Tritt ein Ereignis mehrfach als Nachereignis auf, so ist der früheste Zeitpunkt des Nachereignisses das Maximum der frühesten Zeitpunkte; Verzweigung zum Maximumsortieren
160	Berechnung der frühesten Zeitpunkte, Normalfall
180	Für das Endereignis sind frühester und spätester Zeitpunkt gleichzusetzen
190, 230	Anweisungspaar für Schleife zur Rückwärtsrechnung des Netzplanes
200	Zählen, wie oft ein und dasselbe Ereignis als Vorereignis von Vorgängen auftritt
210	Tritt ein Ereignis mehrfach als Vorereignis auf, so ist der späteste Zeitpunkt des Vorereignisses das Minimum der spätesten Zeitpunkte; Verzweigungen zum Minimumsortieren
220	Berechnung der spätesten Zeitpunkte; Normalfall
232, 234	Überschrift der Ergebnistabelle ausdrucken
240, 320	Anweisungspaar für Schleife zur Berechnung der Pufferzeiten
250	Berechnung der gesamten Pufferzeit
260	Berechnung der freien Pufferzeit
270	Berechnung der unabhängigen Pufferzeit
280	Berechnung des kritischen Weges, gegebenenfalls Verzweigung
290, 300	Markierung des kritischen Weges, kritische Vorgänge werden mit ''*'' markiert
310, 320	Tabellenausdruck mit Ansteuerung des Unterprogramms zur Formatierung
1020–1050	Maximumsortieren für die Vorwärtsrechnung
1060–1090	Minimumsortieren für die Rückwärtsrechnung
1100–1190	Unterprogramm zur Formatierung des Tabellenausdrucks

6.2 Die Lösung von Gleichungssystemen nach dem Gauss-Jordanverfahren

Problembeschreibung

Das Gleichungssystem

$$\begin{array}{rcrcrcrcrcr}
x_1 &+& 2x_2 &+& 3x_3 &+& 4x_4 &+& 5x_5 &=& 6 \\
-2x_1 &+& x_2 &+& x_3 &+& x_4 &+& x_5 &=& -4 \\
2x_1 &-& 3x_2 &-& 5x_3 &+& x_4 &+& x_5 &=& -2 \\
x_1 &-& 5x_2 &-& 6x_3 &+& 2x_4 &+& 2x_5 &=& 2 \\
2x_1 &-& 3x_2 &+& 2x_3 &+& 2x_4 &+& x_5 &=& 1
\end{array}$$

ist zu lösen.

Problemanalyse

Die Aufgabe läßt sich computergerecht darstellen, wenn man die Matrizen- bzw. Vektor-schreibweise verwendet:

$$A = \begin{pmatrix}
1 & 2 & 3 & 4 & 5 \\
-2 & 1 & 1 & 1 & 1 \\
2 & -3 & -5 & 1 & 1 \\
1 & -5 & -6 & 2 & 2 \\
2 & -3 & 2 & 2 & 1
\end{pmatrix}$$

ist die Koeffizientenmatrix. Sie entspricht einem zweidimensionalen Feld:

$$a(i, j) \quad (i = 1, 2, ..., n; \quad j = 1, 2, ..., n)$$

Im speziellen Fall ist $n = 5$.

$b^T = (6, -4, -2, 2, 1)$ entspricht einem eindimensionalen Feld:

$$b(j) \quad (j = 1, 2, ..., n)$$

Falls die Matrix A regulär ist, kann die Inverse gebildet werden (zweckmäßig nach dem Verfahren der elementaren Basistransformation) und der Lösungsvektor des Systems

$$A x = b$$

lautet

$$x = A^{-1} b$$

Der Algorithmus der elementaren Basistransformation ist ähnlich dem Simplexverfahren.

Aufgabe

Es ist ein Blockdiagramm zu erstellen und ein BASIC-Programm zur konkreten Problemlösung zu schreiben.

Auflagen:

- Ausgabe wahlweise über Bildschirm oder Drucker
- Eingabe
  - Anzahl der Unbekannten
  - Koeffizientenmatrix
  - Vektor
- Eingabeüberprüfung
- Ausgabe
  - inverse Matrix
  - Lösungsvektor

Programmablaufplan

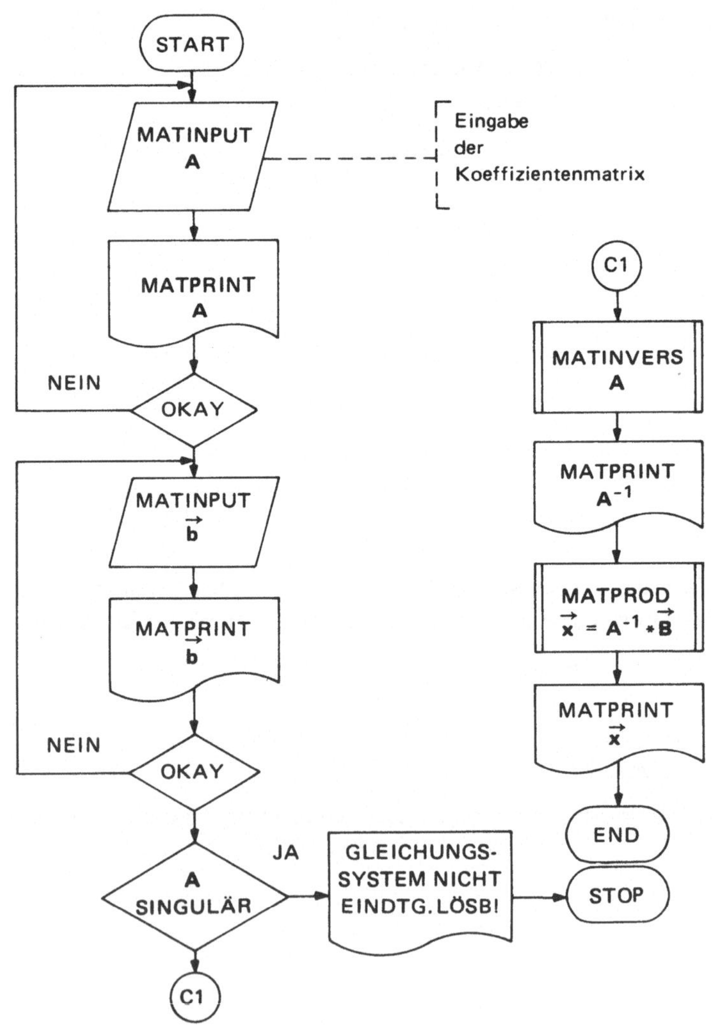

Programm

```
1 print "
2 print "Bildschirm oder Drucker (b/d) ?";
3 get a$:if a$<>"b"and a$<>"d"then 3
4 if a$="d"thenka=5:goto6
5 ka=3
6 open1,ka
7 print:print
10 dim a(20,20)
15 dim b(20)
16 print#1,"Lösung von Gleichungssystemen"
21 print"Anzahl der Unbekannten"
30 input n
41 print"Zeilenweise Eingabe der Koeffizientenmatrix"
45 for i = 1 to n
50 for j= 1 to n
56 print"a(";i;",";j;")";
60 input a(i,j)
70 next j
80 next i
90 print#1,"Koeffizientenmatrix"
95 print#1,
96 print
100 for i = 1 to n
110 for j = 1 to n
120 print#1,a(i,j);
130 next j
140 print#1,
150 next i
160 print#1,
171 print"Koeffizientenmatrix okay?(1,0)"
180 input g
190 if g=0 then 40
201 print"Eingabe des Vektors b"
210 for j = 1 to n
221 print "b(";j;")";
230 input b(j)
240 next j
250 print#1,"Vektor b"
260 print#1,
261 print
270 for j = 1 to n
280 print#1,b(j)
290 next j
301 print "Vektor b okay?(1/0)"
310 input r
320 if r = 0 then 200
330 for h=1 to n
340 if a(h,h)=0 then 690
350 a(h,h)=1/a(h,h):rem bildung des neuen kreuzungselements
360 for i = 1 to n
370 for j = 1 to n
380 if j=h then 410
390 if i=h then 420
400 a(i,j)=a(i,j)-a(i,h)*a(h,j)*a(h,h):rem transformation restl. elem.
410 next j
420 next i
430 for j=1 to n
440 if j=h then 460
450 a(h,j)=a(h,j)*a(h,h):rem berechnung neue ausgangszeile
460 next j
470 for i = 1 to n
```

```
 480 if i = h then 500
 490 a(i,h)= -a(i,h)*a(h,h):rem berechnung neue eingangsspalte
 500 next i
 510 next h
 530 print#1,"Inverse Matrix"
 540 print#1,
 541 print
 550 for i = 1 to n
 560 for j = 1 to n
 570 print#1,a(i,j);
 580 next j
 590 print#1,
 600 next i
 610 for i = 1 to n
 615 x(i)=0
 620 for j=1 to n
 630 x(i)=x(i)+a(i,j)*b(j):rem multiplikation matrix*vektor
 640 next j
 650 next i
 660 print#1,"Lösungsvektor"
 665 for i = 1 to r
 670 print#1,"x(";i;")=";x(i)
 680 next i
 685 goto 700
 690 print#1,"System nicht (eindeutig) lösbar"
 700 cmd1:list
ready.
```

Probelauf

```
ready.
Lösung von Gleichungssystemen
Koeffizientenmatrix

  1   2   3   4   5
 -2   1   1   1   1
  2  -3  -5   1   1
  1  -5  -6   2   2
  2  -3   2   2   1

Vektor b

  6
 -4
 -2
  2
  1
Inverse Matrix

  .0641025642  -.211538462   .314102563  -.243589743   .0641025638
 -.0128205135   .442307693   .737179487  -.551282052  -.0128205127
  .0512820513  -.269230769  -.448717949   .205128205   .0512820513
 -.358974357   1.88461537    2.14102563  -1.43589743    .641025636
  .448717947  -1.48076922  -1.80128204   1.29487179  -.551282047
Lösungsvektor
x( 1 )= .179487187
x( 2 )=-4.43589744
x( 3 )= 2.74358975
x( 4 )=-16.2051281
x( 5 )= 14.2564102
```

Erläuterungen zum Programm

Anweisung Nr.	Erläuterung
1	Bildschirm löschen: print" ctrl S" (im Listing nicht vollständig wiedergegeben)
2—6	Auswahl und Ansprechen der gewünschten Ausgabeeinheit (Bildschirm = 3, Drucker = 5)
10, 15	Dimensionierung der verwendeten Felder
16	Programmüberschrift
21, 30	Eingabedialog: Anzahl der Unbekannten
41—80	Eingabedialog: Koeffizientenmatrix
90—190	Probeausdruck zur Eingabeprüfung der Koeffizientenmatrix auf Fehler, gegebenenfalls Eingabe wiederholen
201—240	Eingabedialog: Vektor **b**
250—320	Probeausdruck zur Eingabeprüfung des Vektors **b** auf Fehler, gegebenenfalls Eingabe wiederholen
330—510	Elementare Basistransformation
330, 510	Markierung der Pivotelemente (Pivotisierung entlang der Hauptdiagonalen)
340	Wenn das Pivotelement = 0 ist, kann die Matrix singulär sein. Hier liegt eine Schwachstelle des Programms, da durch Zeilenpermutation ein solches Pivotelement eventuell vermieden werden kann (siehe Inversion von Matrizen!)
350	Transformation des Pivotelements
360—420	Transformation der restlichen Elemente (Pivotzeile und Pivotspalte ausgenommen)
430—460	Transformation der Privotzeile (Pivotelement ausgenommen)
470—500	Transformation der Pivotspalte (Pivotelement ausgenommen)
530—600	Ausdrucken der inversen Matrix
610—650	Berechnung des Lösungsvektors durch Matrixmultiplikation
660—680	Ausdrucken des Lösungsvektors
700	Dokumentation

6.3 Quellenverzeichnis (Da war doch noch etwas ...)

(6.1) Netzplantechnik
Brunner, H./Gleißner, W./Kunesch, A.: Planungsmathematik. Wien: Österreichischer Gewerbeverlag 1973

(6.2) Lösung von Gleichungssystemen nach dem Gauß-Jordanverfahren
Faddejew, D. K./Faddejewa, W. N.: Numerische Methoden der Linearen Algebra. Berlin: Deutscher Verlag der Wissenschaften 1978

Z BASIC ZZZ
ENDE

Literaturverzeichnis

(1) *Schneider, W.:* Einführung in BASIC. Programmieren von Mikrocomputern 1, Braunschweig: Vieweg Verlag 1979

(2) *Schneider, W.:* BASIC für Fortgeschrittene. Programmieren von Mikrocomputern 3. Braunschweig: Vieweg Verlag 1982

(3) *Oetzmann, G.:* Lehr- und Übungsbuch für die Rechnerserien CBM 4001 und CBM 8001. Programmieren von Mikrocomputern 5. Braunschweig: Vieweg Verlag 1982

(4) *Lampert, W.:* Elektronische Datenverarbeitung. Wien: Verlag Carl Ueberreuter 1977

(5) *Spencer, D. D.:* Anleitung zum praktischen Gebrauch von BASIC. München/Wien: R. Oldenbourg Verlag 1974

(6) *Deller, H.:* Informatik in der Sekundarstufe II. Frankfurt: Verlag Moritz Diesterweg 1980

(7) *Gottfried, B. S.:* Programmieren mit BASIC, Reihe: SCHAUM. Düsseldorf: McGraw-Hill 1978

(8) *Schumny, H.:* Taschenrechner + Mikrocompufer Jahrbuch 1981. Braunschweig: Vieweg Verlag 1980

(9) *Schärf, J.:* BASIC für Anfänger. Wien/München: R. Oldenbourg Verlag 1970

Sachwortverzeichnis
ohne BASIC-Elemente